KB275623

한국사를 보다

한국사를 보다 1

1판 1쇄 발행 2011년 11월 16일
1판 19쇄 발행 2024년 1월 22일

지은이 박찬영, 정호일 **펴낸이** 박찬영 **편집** 안주영, 황민지, 이호영, 박민정
그림 문수민 **마케팅** 조병훈, 박민규, 최진주, 김도언 **디자인** 이재호, 박시내, 박민정, 김선주, 한은경
발행처 (주)리베르스쿨 **주소** 서울특별시 성동구 왕십리로 58 서울숲포휴 11층
등록번호 제2013-16호 **전화** 02-790-0587, 0588 **팩스** 02-790-0589 **홈페이지** www.liber.site
커뮤니티 blog.naver.com/liber_book(블로그), cafe.naver.com/talkinbook(카페)
e-mail skyblue7410@hanmail.net **ISBN** 978-89-6582-010-9(세트), 978-89-6582-011-6(04900)
Copyright ⓒ PCY, 2011

리베르(LIBER)는 디오니소스 신에 해당하며, 책과 전원의 신을 의미합니다.

한국사를 보다

1

선사
고조선
삼국

㈜리베르스쿨

머리말

스토리텔링으로 풀어 쓴 초중고 한국사의 모든 것!

-역사가 깨어나 말을 하다

『한국사를 보다』에는 초등학교와 중학교 교과서는 물론 고등학교 교과서의
내용까지 충실히 반영돼 있습니다. 풍부한 이미지와 다양한 스토리텔링으로
우리 역사를 소개하고 있어 교과서만으로 이해할 수 없는 내용도 쉽고 재미
있게 공부할 수 있을 것입니다.

　초ㆍ중등 교과서에는 주요한 역사적인 사실들이 교과 과정에 따라 분산되
어 실려 있는 경우가 많습니다. 많은 내용을 소개하려다 보니 교과서의 내용
이 간략해져 전체적인 흐름을 파악하기도 쉽지 않습니다. 또한 교과서에는
서술의 특성상 배경이 되는 내용이 빠져 있는 경우가 많아 그 자체만으로는
이해하기 어렵습니다.

　특히 고등학교 역사 교과서가 재미없게 느껴지는 이유는 어려운 용어가
많이 나오기 때문입니다. 하지만 고등학교 역사 교과 과정도 결국 초등학교
와 중학교 교과 과정에서 배우지 않은 새로운 내용이 일부 추가된 것에 불과
합니다. 어려운 용어는 다양한 배경지식과 역사적 의미를 제시해 누구나 쉽
게 이해할 수 있도록 구성했습니다.

　시대별로 주제를 정해 통사적으로 접근한 이 책에는 역사적 사실과 관련
된 일화와 인물들이 빠짐없이 소개되어 있고 분야별로 정리돼 있어 교과서

속 배경지식에 쉽게 접근할 수 있습니다. 게다가 초 · 중등 교과서의 내용을 면밀하게 분석해 선택적으로 선행 학습을 하며 읽을 수 있도록 했습니다. 특히 '이것만 알면 시험 걱정 끝'에서는 꼭 알아야 할 본문 내용을 체계적으로 정리해 내신과 수능 대비에도 도움이 되도록 했습니다. '생각해 보세요'에서는 논술 시험과 수행 평가에 도움이 될 수 있도록 역사적 문제의식을 일깨우는 데 초점을 맞추었습니다.

이 책에는 초 · 중등 한국사 교과서의 모든 것이 스토리텔링 방식으로 녹아 있습니다. 하지만 교과서의 내용뿐 아니라 앞으로 교과서에 꼭 수록해야 할 우리의 잃어버린 역사를 소개하는 작업도 게을리하지 않았습니다. 단군 조선, 랴오허 문명 등이 그러합니다. 고인돌, 한사군의 위치, 광개토호태왕릉비와 칠지도, 신라의 한반도 남부 통일, 화랑 제도, 위화도 회군, 이순신의 죽음 등 논란이 많은 내용도 고증 자료와 유물에 근거해 새롭게 서술했습니다.

이 책은 잃어버린 우리의 역사를 유물과 유적을 통해 복원하고, 역사의 고비마다 담겨 있는 의미를 재해석하는 데 주안점을 두었습니다. 역사는 암기하는 과목이 아니라 생각하는 과목이기 때문입니다. 유물과 유적은 오늘날까지 살아 있는 역사적 증거입니다. 그래서인지 최근에는 체험 학습이 강조되고 있고 각종 시험에서도 유물과 유적 사진을 제시하는 문제가 자주 출제되고 있습니다.

지상(紙上) 최대의 한국사 박물관!
-이것이 바로 살아 있는 역사 여행이다

유물과 유적을 바로 눈앞에서 보듯이 되살리기 위해 수년 동안 전국을 누비며 확인한 역사의 현장을 사진과 글로 생생하게 담았습니다. 관련 사진은 현장에서 직접 찍은 수만 컷의 사진 중에서 선별하거나 여러 기관의 도움을 받아 수록한 것입니다. 그동안 학교에서 한국사 공부를 하면서 머리로만 생각했던 것을 이 책에서는 눈으로 확인하는 기쁨을 누릴 수 있을 것입니다. 최근의 시험 경향이 자료 분석에 있다는 점을 감안할 때 이런 방식의 학습 습관은 초등학교 때부터 길러야 합니다.

  사진과 그림은 내용의 이해를 도울 뿐 아니라 역사의 현장을 재현하는 복원도 역할을 합니다. 또한 시각적으로 한국사의 주요 사항을 정리할 수 있습니다. 역사의 현장을 여행할 때는 이 책의 이미지들을 떠올리며 '온 세상이 공부의 마당'이라는 깨달음을 얻을 수도 있을 것입니다.

  이 책에서는 역사적 사건이 일어난 장소의 위치를 확인하기 위해 매 과마다 지도를 실었습니다. 한국사를 세계사와 연계해 파악할 수 있도록 세계사 개요와 함께 당시의 세계사 지도도 함께 실었습니다. 주요 사건이 일어난 장소와 연도를 지도에서 확인하면 관련 내용을 정확하게 떠올릴 수 있을 것입니다.

　지도는 단지 독서의 효율성 때문에 활용하는 것은 아닙니다. 지도를 통해 우리가 살고 있는 이 땅에서 무슨 일이 일어났는지 반추해 볼 수 있습니다. 역사적 장소에 대해 미리 알고 찾아간다면 유적 하나하나가 좀 더 현실감 있게 다가올 것입니다. 바로 이것이 살아 있는 한국사 여행이 아닐까요?

　이 책에 한국사의 모든 것을 담기 위해 노력했지만 접근하기 힘든 유물도 간혹 있었습니다. 하지만 많은 기관이 자료 협조에 흔쾌히 도움을 주셨습니다. 이 지면을 빌려 관계자들에게 깊은 감사를 드립니다. 독자들이 다양한 자료를 보며 우리의 유물·유적에 대한 이해와 관심을 높이고 현장을 직접 방문하는 계기로 삼기를 바랍니다. 또한 『한국사를 보다』 시리즈를 우수 저작 당선작으로 뽑아 주신 문화부 산하 한국간행물윤리위원회의 심사 위원들에게도 감사의 마음을 전합니다.

　이 책은 초등학생부터 일반인까지 누구나 즐길 수 있는 '한국사의 모든 것'일 뿐 아니라 다양하고 알찬 현장 학습 자료라고 자부합니다. 한국사를 공부하는 학생은 물론, 한국사를 새로운 시각으로 바라보고자 하는 일반 독자들에게도 많은 도움이 되기를 기대합니다.

　　　　　　　　　　　　　　　　　　　　　　　　　　　지은이 씀

차례

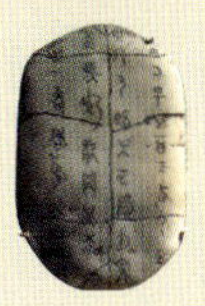

1 선사 시대와 고조선 시대

지구 상에 인류가 처음으로 출현한 때는 약 300만~350만 년 전으로 알려져 있습니다. 최초의 인류는 오스트랄로피테쿠스인데, 그 화석은 아프리카에서 발견됐어요. 기원전 50만 년경에는 베이징인, 자와인, 하이델베르크인 등 호모 에렉투스(곧선사람, 원인(原人))가 나타났고, 기원전 20만 년경에는 네안데르탈인과 우리나라의 역포 사람, 덕천 사람 등 호모 사피엔스(슬기 사람, 고인(古人))가 등장합니다. 구석기 시대 후기인 약 4만 년 전부터는 크로마뇽인과 우리나라의 흥수 아이, 용곡 사람, 승리산 사람 등 현생 인류인 호모 사피엔스 사피엔스(슬기 슬기 사람, 신인(新人))가 출현하지요. 이들은 현생 인류에 속하는 여러 인종의 직계 조상으로 추정됩니다. 신석기 시대에는 농경과 목축을 시작해 생활 양식이 크게 변하는데, 이를 신석기 혁명이라고 하지요. 기원전 3000년경을 전후해 메소포타미아의 티그리스 강과 유프라테스 강, 이집트의 나일 강, 인도의 인더스 강, 중국의 황허 강, 고조선의 강역인 요동의 랴오허 강 등의 유역에서 청동기 문명이 형성됨으로써 인류는 선사 시대를 지나 역사 시대로 접어듭니다.

선사 인류의 화석 발견지와 문명 발생지

1 한반도 최초의 인류 | 한반도의 선사 시대

어 렸을 적부터 우리나라의 역사가 반만년이라는 소리를 귀가 따갑게 듣고 자랐기 때문일까요, 아니면 단군 조선의 역사를 재미있는 신화로 배워서일까요? 5,000년이라는 우리나라 역사의 무게를 제대로 실감하는 사람은 많지 않은 것 같습니다. 여러분은 어떤가요? 기원전 2333년에 개국한 단군 조선이 홍익인간(弘益人間)의 정신을 앞세우며 오랫동안 번영을 누렸다는 말을 믿나요? 여기에서 한 발 더 나아가 한반도에 언제부터 사람들이 살기 시작했는지, 한반도의 석기 시대와 청동기 시대는 어떠했는지 얼마나 알고 있습니까? 한반도에 살았던 선사 시대 인류를 '조선 옛 유형 사람'이라고 해요. 이들이 어떤 과정을 거쳐 청동기 문화를 이루고 단군 조선을 건국했는지 살펴보는 것은 우리나라의 역사를 이해하는 데 매우 중요한 주춧돌이 될 것입니다.

• **기원전 100만~
기원전 70만 년경** 한반도에 구석기인이 거주하기 시작하다. 평양시 검은모루 동굴 유적에서 구석기인의 것으로 추정되는 유골이 나와 한반도에 호모 에렉투스인 구석기인이 살기 시작했음을 알 수 있다.

• **기원전 70만 년경** 한반도 남쪽에서도 구석기인이 거주하기 시작하다. 충청북도 단양군 금굴 유적에서 선사 인류의 주거지가 발견됨으로써 한반도 남쪽에서도 구석기인이 살기 시작했음을 알 수 있다.

• **기원전 4만 년경** 한반도에 후기 구석기인이 거주하기 시작하다. 충청북도 청원군 두루봉 동굴 유적에서 발굴된 어린아이 화석(흥수 아이)을 통해 한반도에 후기 구석기인이 살기 시작했음을 알 수 있다.

우리나라 구석기 유적

한국인의 먼 조상

한반도에 가장 먼저 정착한 인류는 누구일까요? 그들은 언제부터 한반도에 정착하기 시작한 것일까요? 시간 여행이 가능한 타임머신이 있다면 모를까, 질문에 대한 답은 역사적인 유물에 근거한 추론을 바탕으로 내릴 수밖에 없습니다.

지금까지 발굴된 유적에 따르면 평양시 상원군 흑우리 검은모루 동굴에 살았던 원인이 한반도에 가장 먼저 정착한 인류입니다. 이들은 기원전 100만~기원전 70만 년경의 전기 구석기인이에요. 검은모루 동굴에서는 찌르개와 주먹 도끼 등 여섯 점의 구석기가 발굴됐는데, 우리 고고학계의 최대 성과로 평가됩니다. 그만큼 한반도의 선사 시대가 앞당겨졌기 때문이에요.

충청북도 단양군 배포면 도담리 단양 금굴에서도 구석기 유적이

발견됐어요. 이 동굴은 너비 6m, 높이 9m, 길이 80m에 달해 완벽한 주거지의 조건을 갖춘 곳으로 유명합니다. 단양 금굴에는 대략 기원전 70만~3000년경에 형성된 구석기, 신석기, 청동기 유물이 켜켜이 쌓여 있는데, 이처럼 선사 시대의 모든 문화층이 발견된 곳은 세계적으로도 유래가 드뭅니다.

또한 충청남도 공주시 장기면 석장리에서도 구석기 유적이 발견됐어요. 이 유적은 1964년 홍수가 난 후에 발견됐는데, 북한의 함경북도 웅기군 굴포리 유적과 함께 우리나라의 구석기 연구 자료로서 중요한 의의가 있습니다. 지금껏 일제의 식민 사관에 따라 우리나라에는 구석기 문화가 존재하지 않은 것처럼 잘못 알려져 있었는데, 석장리 유적의 발굴로 우리나라에도 구석기 문화가 존재했음이 입증됐기 때문이에요. 그 결과 1974년부터 구석기 문화에 관한 내용을 교과서에 수록했습니다.

이외에도 구석기 시대의 유적으로는 함경북도 동관진, 평안남도 덕천 승리산 동굴, 경기도 연천 전곡리, 충청북도 청원 두루봉 동굴, 충청북도 단양 금굴, 충청북도 제천 점말 동굴, 제주도 빌레못 동굴 등 수를 헤아릴 수 없을 정도로 많아요.

구석기 시대는 석기를 다듬는 방식에 따라 전기, 중기, 후기의 세 시기로 나뉩니다. 전기에는 큰 석기 한 개를 여러 용도로 썼으나, 중기에는 몸돌에서 떼어 낸 돌조각인 격지를 다듬어서 사용했어요. 자연스럽게 석기의 크기는 작아지고, 하나의 석기가 한 가지 용도로 쓰이게 됐지요. 후기에는 쐐기를 대고 형태가 같은 여러 개의 돌날 격지를 만들 수 있게 됐어요. 대표적인 석기로 슴베찌르개를 사용했고, 석회암이나 동물의 뼈 또는 뿔 등을 이용해 조각품을 만들기도 했지요.

선사 시대
선사 시대는 문자를 사용하기 이전의 시기를 말한다. 반면에 역사 시대는 문자를 만들어 쓰기 시작한 이후의 시기를 뜻한다.

슴베찌르개
주로 구석기 시대 후기에 사용된 석기다. 자루 속에 박히는 부분인 슴베가 달린 찌르개로 창에 꽂아서 썼다.

금굴의 주변 모습

금굴 유적

충청북도 단양군 배포면 도담리의 남한강가에 있는 석회암 동굴 유적이다.
완벽한 주거지 조건을 갖춘 이 동굴 유적은 기원전 70만~기원전 3000년경에
이르는 전기·후기 구석기 시대 문화층과 신석기·청동기 시대 문화층을 모두
가진 복합 유적이다. 1930년대에 금굴에서 호모 에렉투스로 추정되는 남녀의
뼈 화석이 발견됐으나 일제 강점기에 유실됐다고 한다. 한반도의 구석기 문화를
인정하기 싫었던 일본이 의도적으로 없앤 것으로 보고 있다.

화석과 유적이 말해 주는 우리나라 구석기 시대

구석기 유적에서 발견된 유물 가운데 가장 주목을 받는 것은 인류 화석입니다. 평양시 역포 대현동 유적에서는 고인(호모 사피엔스)의 형태학적 특징을 고스란히 담고 있는 사람의 머리뼈 화석이 발견됐어요. 이 화석의 이름은 '역포 사람'입니다. 평안남도 덕천 승리산 동굴의 맨 아래층에서 발견된 고인의 화석은 '덕천 사람'이라고 부르지요.

이것이 인류 화석의 전부는 아닙니다. 신인(호모 사피엔스 사피엔스)의 인류 화석도 있어요. 평양시 상원군 용곡리 1호 동굴 유적과 중리의 금천 동굴 유적, 평안남도 덕천 승리산 동굴 유적, 평양 승호 구역 만달리 동굴 유적 등이 지금까지 발견된 유적들입니다.

북한 지역에서만 인류 화석이 발견된 것은 아니에요. 남쪽에서는 충청북도 제천 점말 동굴을 비롯해 단양 상시 동굴, 청원 두루봉 동굴 등에서 발견됐어요. 이 중에서 1983년 김흥수 씨가 석회석 광맥을 찾아 헤매다가 충청북도 청원군 두루봉 동굴에서 발견한 5세가량의 어린 아이 유골은 특히 주목할 만합니다. 이 아이는 발견자의 이름을 따서 '흥수 아이'라고 불리는데, 약 4만 년 전에 한반도에 살았던 신인, 즉 크로마뇽인이었어요. '흥수 아이'의 유골이 발견된 곳에서는 꽃가루도 같이 나왔지요.

이처럼 한반도에서는 크로마뇽인의 흔적이 발견됐습니다. 이들의 문화가 축적된 신석기 시대는 기원전 8000년경에 시작된 것으로 추정할 수 있어요.

그렇다면 구석기인은 어떻게 생활했을까요? 이들의 계통을 파악할 때는 화석이 유용하지만, 이들의 문화를 파악할 때는 유물을 확인해야 합니다.

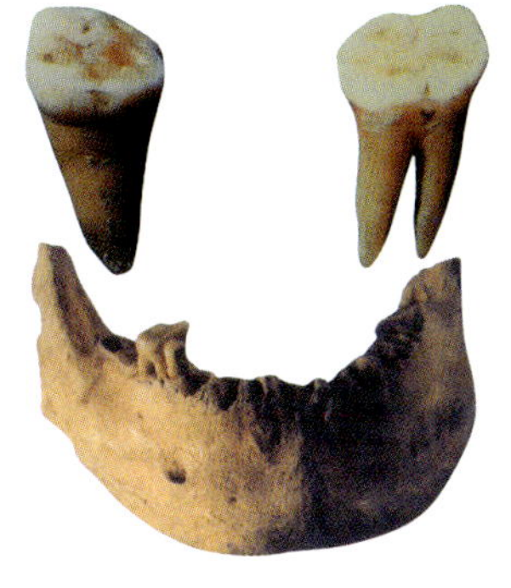

(왼쪽부터)

역포 사람 화석

평양시 역포 구역 대현동 유적지에서 출토된 7~8세가량의 어린아이 화석으로 슬기 사람에 속한다.

덕천 사람 어금니와 승리산 사람 아래턱뼈

평안남도 덕천 승리산의 석회암 동굴에서 출토됐다.

만달 사람 머리뼈

평양시 승호 구역 만달리 동굴 유적에서는 거의 완전한 사람의 머리뼈 한 개와 아래턱뼈 두 개, 골반뼈 두 개, 팔뼈 한 개, 넓적다리뼈 한 개가 발견됐다.

이들이 사용한 도구는 대부분 석기였어요. 대체로 자연의 돌을 그대로 사용하거나 인위적으로 깨뜨려 만든 뗀석기(타제 석기)를 사용했는데, 용도별로 보면 주먹 도끼나 긁개, 찍개, 찌르개 등이 주를 이루었습니다. 구석기인은 처음에는 찍개 같은 도구를 여러 가지 용도로 사용하다가 점차 용도가 뚜렷한 작은 석기들을 만들었어요. 주먹 도끼나 찍개 등은 사냥 도구로 사용했고 긁개나 밀개 등은 조리 도구로 사용했습니다.

구석기인은 동굴이나 바위 그늘에서 살거나 강가에 막집을 짓고 살았어요. 그 흔적은 상원의 검은모루, 제천 창내, 공주 석장리에 남아 있습니다. 또한 구석기인은 무리를 지어 사냥감을 찾아다녔어요. 무리 중에는 지도자가 있었으나 세력을 형성할 정도는 아니었으므로 모든 사람이 평등한 공동체 생활을 했습니다.

단양 금굴 유적에서는 당시 구석기인이 사냥한 동물을 확인할 수 있습니다. 쌍코뿔이를 비롯해 하이에나, 젖소, 말의 뼈가 발견됐어요. 이는 당시의 기후가 오늘날과 달랐음을 보여 주는 중요한 근거입니다. 구석기인이 사용한 도구를 보면, 그들의 삶이 매우 힘겨웠다는 것을 짐작할 수 있어요. 따라서 혼자 사냥하기는 힘들었을 것이고, 무리 지어 생활하면서 집단 사냥을 한 것이지요.

남한 지역의 구석기인, 흥수 아이

1982년 충청북도 청원군 두루봉 흥수굴에서 두 개체분의 사람 뼈가 출토됐다. 그중 거의 완전한 형태로 출토된 '흥수 아이 1호'는 판판한 석회암 판자 돌을 위아래에 놓고 바로 펴 묻은 상태로 있었다. 집중적으로 가슴 부위에서 석기와 국화과의 꽃가루가 검출됐다. 이 사실은 흥수 아이가 살았던 약 4만 년 전에 이미 매장 의식이 행해졌음을 알려 준다. '흥수 아이 1호'가 현대인과 선사인의 특징을 모두 가지고 있다는 점 또한 흥미롭다. 충북대학교박물관 소장

복원한 흥수 아이 1호의 전신상
흥수 아이 1호의 전신상은 체질 인류학적 방법을 적용해
실제 크기(110cm)로 복원한 것이다.

홍수 아이 1호 유골
동아시아에서 발견된 인골 중
유일하게 전신의 형태가 완전하다.

두루봉 동굴의 동물들

두루봉 동굴에서는 흥수 아이 외에도 쌍코뿔이, 동굴곰, 큰꽃사슴 등의 동물 뼈와 각종 석기들이
무더기로 발굴됐다. 하지만 '아시아 구석기 문화의 빛'으로 평가받았던 두루봉 동굴은 광산 채굴로
인해 지금은 흔적조차 없어졌다. 충북대학교박물관 소장

쌍코뿔이

1980년 두루봉 동굴에서 출토된 쌍코뿔이 세 개체분 중 하나다.
더운 기후 동물인 쌍코뿔이의 출토를 통해 두루봉 동굴에서 살았던 구석기 사람들이
큰 젖먹이 동물을 사냥했고, 간빙기에 해당하는 당시의 기후는 오늘날의 아열대
기후와 비슷했을 것이라 추측된다.

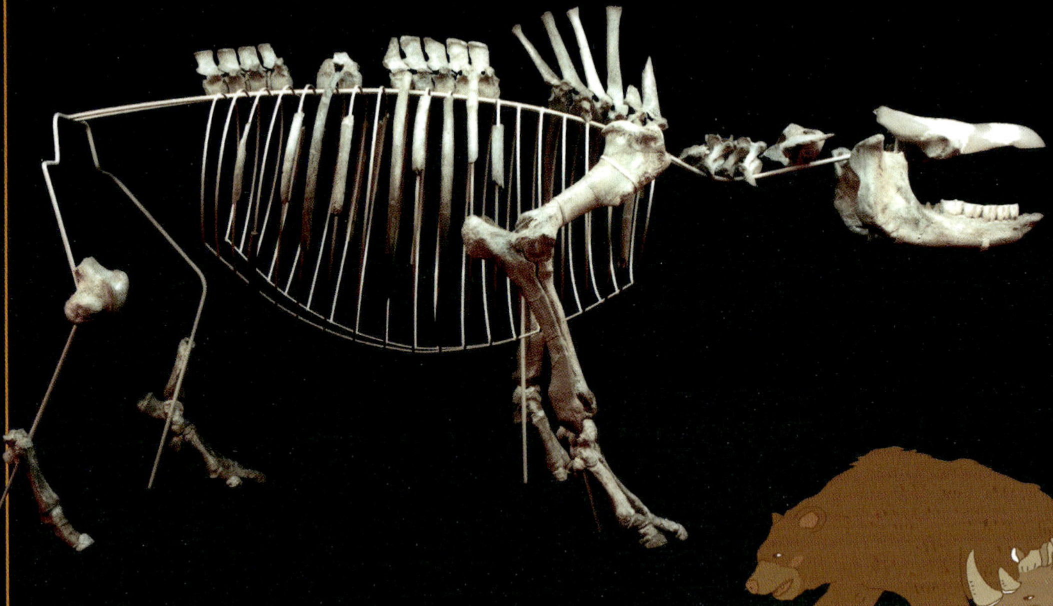

동굴곰과 쌍코뿔이 복원도

동굴곰

1980년 두루봉 동굴에서 큰꽃사슴의 뿔과 함께 완전한
개체의 동굴곰이 출토됐다. 출토 당시 곰 뼈와 사슴 뼈가
의도적으로 배치되어 있었는데 이는 당시 이곳에서 의식
행위가 이루어졌다는 것을 알려 준다.

뗀석기(타제 석기)

뗀석기란 돌을 깨서 만든 석기로 구석기 시대를 대표하는 유물이다. 전기에서 후기로 갈수록 크기가 점점 작아지고, 전문적 기능을 가진 정교한 석기로 다양하게 분화·발전했다. 용도별로 보면 주먹 도끼나 긁개, 찍개, 찌르개 등이 주를 이루고 있다.

아슐리안형 주먹 도끼(국립중앙박물관)
주먹 도끼는 인류가 만들어 낸 최초의 정형화된 도구다.
가장자리가 날카로워 큰 동물을 도살하거나 땅을 파는
용도로 사용했다. 찍는 날과 자르는 날을 모두 가지고
있어 구석기 시대의 만능 칼이라고 할 수 있다.
아슐리안형 주먹 도끼란 타원형 몸체에 끝이 뾰족하거나
납작한 양날 석기다. 우리나라에서는 경기도 연천군
전곡리에서 아슐리안형 주먹 도끼가 출토됐다.

검은모루 동굴의
주먹 도끼 모양 석기와 외날찍개(제형석기)

평양시 상원군 검은모루 동굴에서 출토된 구석기
시대의 뗀석기다. 길이는 20cm 정도이고 석회암으로
만든 이 도구들은 주로 사냥을 하거나 구멍을 뚫는
찍개로 쓰였다.

슴베찌르개(국립중앙박물관)

후기 구석기 시대의 돌날 기법이 출현한 이후에 만들어진 석기다. 돌날의 두꺼운 부분을 슴베로 만들고
얇은 쪽을 뾰족하게 만들었다. 슴베는 자루에 장착하는 부분인데, 양옆을 오목하거나 비스듬히 잔손질해
좁고 길쭉하다.

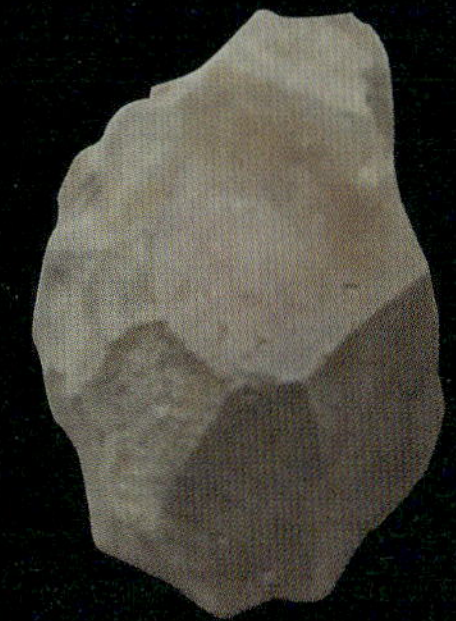

긁개(중기 구석기)

조리 기구로서 짐승의 가죽을 벗겨 손질하거나 음식물을 긁는 데 사용했다.

유물로 살펴본 신석기인의 생활

기원전 8000년경 후빙기가 시작되면서 한반도의 자연환경이 크게
변하기 시작했어요. 그 뒤 기원전 5500년경부터 기원전 3000년경까지
한반도의 지형과 기후는 오늘날과 비슷하게 바뀌었지요. 구석기 시대
에서 신석기 시대로 접어들면서 빙하기가 지나고 기후가 따뜻해진
것입니다. 날씨가 추웠을 때는 매머드, 털코뿔이 같은 거대한 동물이
많이 살았지만, 날씨가 따뜻해지면서 사슴이나 멧돼지 같은 동물이
나타났어요.

　신석기인은 토끼, 여우, 새 등 따뜻해진 날씨에 적응한 작은 짐승을

잡기 위해 잔석기로 활을 만드는 등 변화하는 자연환경에 대응해 나갔어요. 이들은 더욱 작게 만든 잔석기를 나무나 뼈에 꽂아 톱, 활, 창, 작살 등의 이음 도구를 만들었습니다.

그리고 신석기인은 돌멩이를 쓰임새에 맞게 정교하게 다듬어 사용하기 시작했어요. 간석기(마제 석기)를 비롯해 동물의 뼈를 이용한 돌낫이나 갈판, 갈돌, 골각기 등을 사용한 것이지요. 큰 돌에서 떼어 낸 뗀석기를 사용한 시대를 '구석기 시대'라고 부르고, 돌을 갈아 만든 간석기를 사용한 시대를 '신석기 시대'라고 부릅니다.

자연환경이 바뀌면서 신석기인은 강이나 바닷가에서 고기잡이를

했어요. 작물을 재배하기 전이었지만 인간은 고기잡이를 하면서 비로소 정착 생활을 할 수 있었습니다. 구석기인이 이곳저곳을 떠돌며 수렵이나 채집 활동을 했다면, 신석기인은 점차 한곳에 정착하면서 짐승을 기르거나 농사를 지었지요.

황해도 봉산 지탑리, 평양 남경, 부산 동삼동, 충청북도 옥천 대천리 등지에서 확인된 조, 피 등의 탄화물과 여러 유적에서 출토된 괭이, 삽, 보습, 낫, 도끼 등의 농경용 석기로 미루어 보아 신석기 중기에는 곡식 농사를 시작했음을 알 수 있어요. 하지만 여전히 고기잡이, 사냥, 채집으로 얻는 식량이 많았어요. 농경 기술이 발달하면서 이런 방식의 비중은 점점 줄어들었지요.

빙하기에서 벗어나 거대한 동물이 사라지고 동물의 개체가 다양해지면서 사냥 도구와 기술도 더욱 발달했습니다. 돌로 만든 창과 화살은 더욱 날카로워졌고 형태도 다양해졌지요. 활과 화살까지 만들어 날쌘 사슴과 멧돼지도 잡을 수 있게 된 거예요. 신석기 시대의 유적에서는 개와 돼지의 뼈들이 발견됐는데 이를 통해 이때부터 개와 돼지를 길렀음을 추측할 수 있습니다.

신석기인은 정착 생활을 위해 움집이라는 새로운 형태의 집을 지었습니다. 움집은 구덩이를 파고 기둥을 세운 다음 그 위에 갈대 등으로 지붕을 엮어 만들었어요. 움집의 중앙에는 불씨를 보관하거나 취사와 난방을 하기 위한 화덕이 있었습니다. 화덕이나 출입문 옆에는 저장 구덩을 만들어 식량이나 도구를 보관했지요. 집터의 규모는 4, 5명 정도의 한 가족이 살기에 적합했어요. 움집터는 강원 양양 오산리, 서울 암사동, 부산 동삼동 등 우리나라 전역에서 발견됐지요.

신석기인은 부족 사회를 이루고 살았어요. 부족의 기본 구성 단위는 혈연을 바탕으로 한 씨족이었습니다. 씨족끼리 서로 혼인함으로써 부족을 이룬 것이지요. 신석기인의 부족 사회는 구석기 시대의 사회 처럼 연장자나 경험이 많은 사람이 부족을 이끌어 가는 평등 사회였습니다.

신석기인은 정착 생활을 시작하면서 식량을 저장하거나 담을 수 있는 토기를 만들었어요. 이 시대의 대표적인 토기는 빗살무늬 토기이지만, 이보다 앞선 시기의 토기로 무늬가 없는 토기(이른 민무늬 토기), 몸체에 덧띠를 붙인 토기(덧무늬 토기), 눌러 찍은 무늬가 있는 토기(눌러찍기무늬 토기) 등이 발견됐습니다. 이런 토기는 제주도 한경 고산리, 강원도 고성 문암리, 강원도 양양 오산리, 부산 동삼동 조개더미 등에서 발견됐어요.

이에 비해 빗살무늬 토기는 전국 각지에 분포되어 있는데 대표적인 유적지는 서울 암사동, 평양 남경, 김해 수가리 등이에요.

암사동 움집
기원전 6000년~기원전 4000년에 형성된 서울 암사동 선사 주거지의 움집 모형이다. 움집의 중앙에는 불씨를 보관하거나 취사와 난방을 하기 위한 화덕이 있었다.

간석기(마제 석기)

숫돌로 돌이나 뼈를 갈거나 구멍을 뚫어 만든 석기로, 신석기 시대의 대표적인 유물이다. 시간이
지날수록 제작 기술이 발달해 형태와 모양이 매우 정교해졌다.

돌도끼(국립중앙박물관)
울진 후포리에서 출토됐다. 작고 길이가 짧은 것은 끌이나 대팻날로 썼고,
길고 날씬한 것은 자루를 묶어서 땅을 파거나 나무를 베는 데 썼다.

숫돌(국립중앙박물관)

갈판과 갈돌(국립중앙박물관)
평안남도 대동군 대동강 주변에서 출토됐다.
간석기이지만 청동기 시대 유물에 속한다.
나무 열매나 곡물의 껍질을 벗기고 가루로
만드는 데 쓰던 원시적인 맷돌의 일종이다.
갈판과 갈돌은 한 쌍이다.

돌톱과 숫돌(간석기 제작 도구, 국립중앙박물관)

강원도 양양군 손양면 오산리 유적에서 발견된 돌톱과 통영
연대도에서 출토된 숫돌이다. 숫돌을 만들 때는 주로 사암(모래 돌)을
썼고 미세한 부분에는 이암(진흙 돌)을 사용했다. 돌톱은 단단한
혈암으로 만들었으며 23개의 톱니를 가지고 있다.

뒤지개(돌보습, 국립중앙박물관)

뒤지개는 알뿌리를 캐내고 땅을
고르는 도구다. 오늘날의 삽이나
괭이 등의 기능을 동시에 지녔다.

이음낚시와 어망추

고기잡이 도구인 이음낚시는 돌로 된 허리 부분과 동물 뼈로 만든 바늘 부분을 끈으로 이어서 썼다. 대구나 다랑어와 같은 큰 물고기를
잡을 때 사용한 것인데, 우리나라 남해안과 동해안 지역에서 주로 출토된다. 일본 서북 규슈 지방에서도 출토되고 있어 두 지역 간 문화
교류가 있었음을 알 수 있다. 어망추는 그물을 물속에 가라앉게 하는 부속 도구다. 신석기 시대에는 주로 자갈돌의 양 측면을 깨뜨려 홈을
만들어 이용했고, 청동기 시대부터는 흙으로 만들었다.

신석기 시대의 토기

민무늬 토기, 덧무늬 토기, 눌러찍기무늬 토기(압인문 토기), 빗살무늬 토기 등 신석기 시대에 새롭게 발명된 토기는 불에 직접 닿아도 쉽게 파손되지 않아 음식을 조리할 때 이용했다. 이로써 전에는 날것이라서 먹기 어려웠던 음식물을 쉽게 먹을 수 있었다.

덧무늬 토기(보물 제597호, 융기문 토기, 국립중앙박물관)
기원전 6000~기원전 4000년 무렵에 사용된 덧무늬 토기는 겉면에 진흙 띠를 덧붙여
무늬 효과를 냈다. 남해안 조개더미의 빗살무늬 토기층 아래에서 출토되고 있어
빗살무늬 토기보다 이른 시기에 제작됐음을 알 수 있다.

덧무늬 토기
(부산 영도구 동삼동, 국립중앙박물관)

덧무늬 토기
(강원도 고성군 문암리,
국립중앙박물관)

빗살무늬 토기(국립중앙박물관)
기원전 5000년경 한반도 중서부 지방을 중심으로 나타난 새로운 양식의 토기다. 대체로
바닥이 뾰족한 포탄 모양이다. 토기의 겉면은 점과 선으로 구성된 기하학적 무늬로 장식됐다.

가락바퀴(함경북도 경성군, 지금 4~5cm)
가락바퀴(방추차)는 가장 원시적인 형태의 실 뽑는 기구다.
가운데 뚫린 구멍에 축이 될 막대를 넣고 그 축을 돌리는
방식으로 실을 꼬아서 뽑는다. 신석기인은 이 가락바퀴로
실을 짜고 뼈바늘로 옷을 지어 입었다. 이 방법은 최근까지
남아메리카 인디오 마을에서도 볼 수 있었다고 한다.

신석기인의 공예

정착 생활을 하면서 여유가 생긴 신석기인은 자신들의 정신세계를 표현하기 시작했다. 주로 돌, 흙, 동물의 뿔과 뼈 등을 재료로 해 사람이나 동물의 형상을 만들었다. 울산 신암리의 흙으로 빚은 여인상, 부산 동삼동의 조가비 탈, 양양 오산리의 얼굴상 등은 신석기인의 의식 세계를 잘 보여 준다.

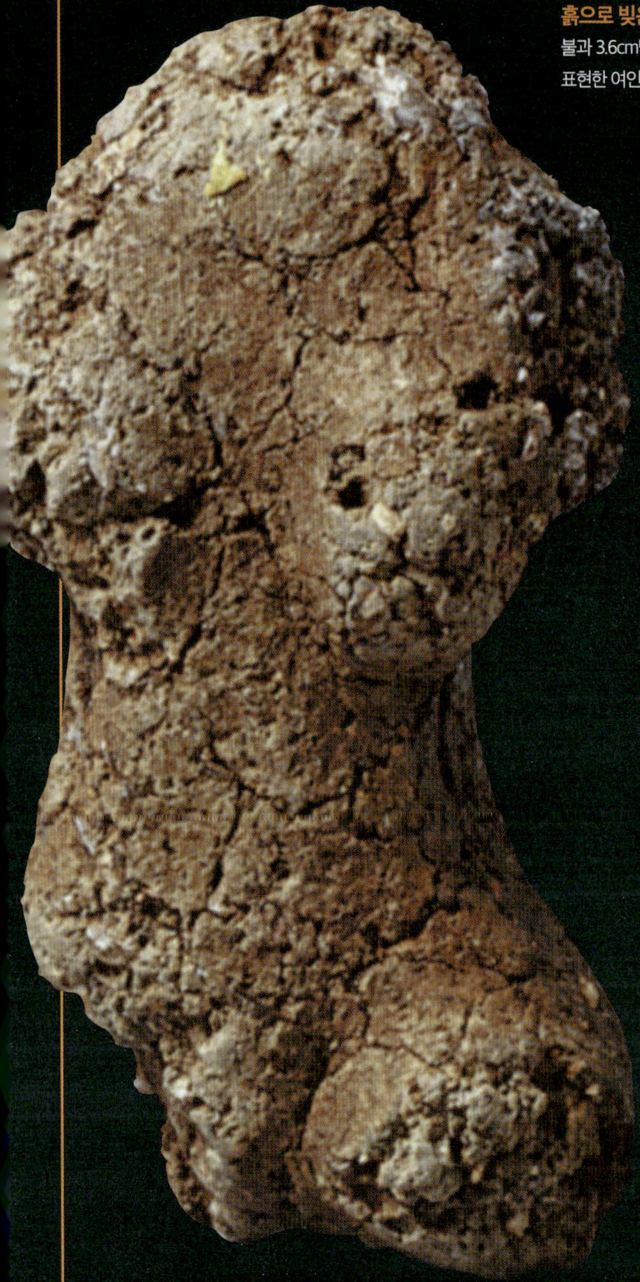

흙으로 빚은 여인상(국립중앙박물관)
불과 3.6cm밖에 안 되지만 잘록한 허리와 풍만한 가슴을 표현한 여인상이다.

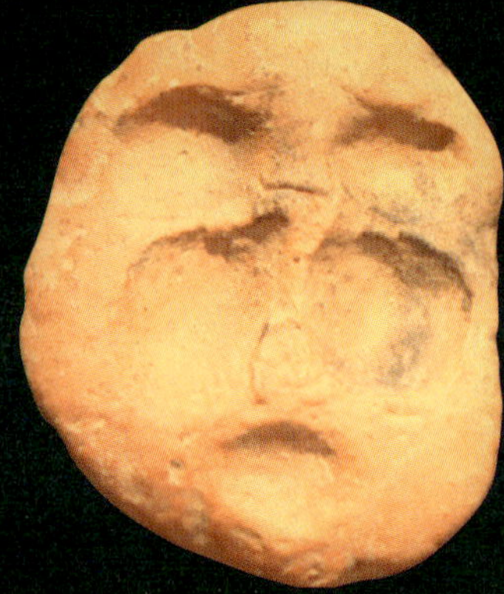

얼굴상(오산리 선사유적박물관)
강원도 양양군 손양면 오산리 유적에서 출토된 흙으로 빚은 얼굴상이다. 작고 둥근 점토판을 손가락으로 눌러 사람 얼굴 모양을 표현했다. 우리나라에서 가장 오래된 초기 신상(身像)의 하나이고 풍요를 기원하는 의미에서 만들어졌다.

조가비 탈(길이 10.7cm, 국립중앙박물관)
가리비 껍데기에 작은 구멍 두 개를 뚫어 눈을 만들고, 큰 구멍 하나를 뚫어 입을 만들었다. 눈과 입 사이의 비례과 구도, 크기가 정교하다.

꾸미개(국립중앙박물관)

신석기인은 동물의 이빨이나 뼈, 조가비, 돌, 흙 등의 재료를 가공해 꾸미개를 만들었다. 종류로는 귀걸이, 목걸이, 팔찌, 발찌 등이 있다. 몸을 치장하는 데 썼을 뿐 아니라 의례나 주술 등 상징적인 목적으로도 사용했다.

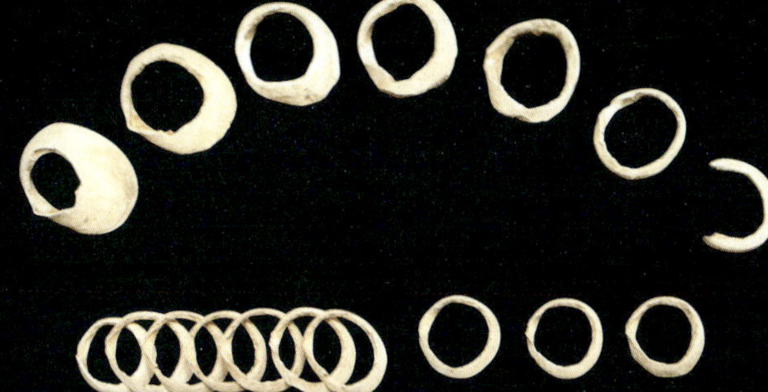

빗살무늬 토기는 강가나 해안가에서 사용하기 편리하도록 끝을 뾰족하게 만든 것이 특징입니다.

신석기인은 정착 생활을 하면서 자신들의 정신세계를 표현하기 시작했어요. 주로 돌, 흙, 동물의 뿔과 뼈 등을 재료로 해 사람이나 동물의 형상을 만들었는데, 울산 신암리의 흙으로 빚은 여인상, 부산 동삼동의 조가비 탈, 양양 오산리의 얼굴상 등은 신석기인의 의식 세계를 잘 보여 줍니다.

신석기인은 원시적이나마 종교 의식도 지니게 됐어요. 동물이나 식물 등을 숭배하는 토테미즘, 태양·불·물·구름과 같은 자연물에도 정령이 있다고 믿는 애니미즘, 인간과 초자연적인 존재를 연결해 주는 무당과 그 주술을 믿는 샤머니즘 등이 신석기인의 의식 세계를 지배하게 되었지요.

신석기 시대를 거쳐 청동기를 사용하는 인류가 등장함으로써 한반도의 문화는 급속도로 발전했습니다. 그리고 마침내 한반도 최초의 국가인 단군 조선이 세워져 우리 민족의 뿌리가 형성되지요.

1-1 한반도의 선사 시대

1 구석기 시대

- **시작** 기원전 100만~기원전 70만 년경부터 한반도에 구석기 문화가 시작됨
- **전기** 하나의 큰 석기를 여러 가지 용도로 사용. 주먹 도끼 · 찍개 등
- **중기** 몸돌에서 떼어 낸 하나의 석기를 한 가지 용도로 사용. 긁개 · 밀개 등
- **후기** 잔석기와 이음 도구를 활용. 슴베찌르개(자루 속에 박히는 슴베가 달린 찌르개, 창과 같은 기능을 함)
- **대표 유적지** 평양시 상원군 검은모루 동굴, 평안남도 덕천 승리산 동굴, 충청북도 단양군 단양 금굴, 충청남도 공주시 석장리, 충청북도 청원군 두루봉 동굴, 경기도 연천 전곡리
- **경제 활동** 뼈 도구와 뗀석기를 사용. 사냥 · 채집 생활을 하고 불을 사용함
- **주거지** 이동 생활을 하며 주로 동굴 · 바위 그늘 · 막집에 거주. 강가의 막집에는 3, 4명에서 10명 정도 거주했는데 불을 땐 흔적이 남아 있음
- **사회** 평등 사회로 무리 지어 생활함. 경험이 많은 사람이 지도자 역할을 했으나 지배자는 아니었음

2 신석기 시대

- **시작** 기원전 8000년경부터 농경과 목축 시작(신석기 혁명)
- **대표 유적지** 서울 암사동, 강원도 고성 문암리, 강원도 양양 오산리, 부산 동삼동 조개더미
- **유물과 유적** 사냥 · 채집 등의 용도를 지닌 간석기 사용. 이른 민무늬 · 덧무늬 · 빗살무늬 토기 사용
- **경제 활동** 농경이 시작됨(조 · 피 · 수수 등 잡곡을 경작하는 밭농사 중심). 원시적 수공업 생산(가락 바퀴 · 뼈바늘). 여전히 사냥과 고기잡이가 중요한 식량 확보 수단이었음
- **주거지** 강가나 바닷가에 움집(바닥은 원형 또는 원형에 가까운 사각형, 중앙에 화덕 설치)을 짓고 정착 생활
- **사회** 족외혼을 통해 여러 씨족이 모여 살며 부족을 형성함. 공동 생산. 평등 사회
- **예술 활동** 흙으로 빚은 여인상(울산 신암리), 조가비 탈(부산 동삼동), 얼굴상(양양 오산리)
- **종교** 애니미즘, 영혼 숭배, 조상 숭배, 샤머니즘, 토테미즘

우리 민족의
직계 조상은 누구일까요?

한반도에는 역포 사람, 승리산 사람, 흥수 아이 등 다양한 구석기인이 존재했어요. 하지만 우리는 이들을 우리 민족의 직계 조상으로 인정하지 않습니다. 대신에 단군 조선의 건국에서 그 뿌리를 찾고 있지요. 왜 그럴까요?

일정한 지역에서 동일한 언어와 문화를 공유하는 민족이 구성원 간의 정치·경제·문화적 결속을 통해 굳건히 자리를 잡으려면 일정한 공통분모를 기반으로 국가의 형태를 갖추어야 해요. 국가는 민족을 이루는 각 개인을 더욱 강력히 결속시키기 때문이지요. 만약 국가를 이루지 못한다면 공고한 결합 없이 뭉치고 흩어짐을 거듭하겠지요.

대체로 각 민족은 통합된 최초의 국가를 민족의 기원으로 삼는데, 우리 민족은 단군 조선을 기원으로 삼고 있습니다. 이유는 다음과 같아요.

최초의 화석 인류는 오스트랄로피테쿠스입니다. 오스트랄로피테쿠스는 현생 인류와 신체나 지적 조건이 매우 달라요. 사람이라기보다는 원숭이에 가까운 편이지요. 그 후 직립 원인인 호모 에렉투스가 등장했고, 호모 사피엔스와 호모 사피엔스 사피엔스가 뒤를 이었어요. 이처럼 현생 인류는 일련의 진화 과정을 통해 현재의 모습으로 바뀌었지만, 가장 고등한 단계로 진화한 호모 사피엔스 사피엔스마저 지금의 인류와는 혈통적인 면에서 다소 차이가 있습니다.

그렇다면 인류보다 범위가 훨씬 좁은 민족은 어떨까요? 호모 사피엔스 사피엔스를 현생 인류의 뿌리라고 인정하면서도 민족의 조상이라고 하지 않는 것은 민족마다 크고 작은 차이가 존재하기 때문입니다.

여러분은 우리 민족의 직계 조상이 누구인지 알고 있나요? 이와 관련해 예맥과 한족을 한 민족의 뿌리로 보는 사람들이 있습니다. 하지만 이들은 단군 조선보다 훨씬 후대에 등장한 민족이에요. 예맥은 숙신, 동호와 함께 고대 중국의 동북부와 한반도 북부 지역에 거주한 민족입니다. 예맥은 기원전 126년 이후 압록강과 두만강 유역 및 한반도의 동부 및 중부에 정착했지요. 따라서 이들을 한민족의 직계 조상이라고 하기에는 다소 무리가 따릅니다.

한민족의 직계 조상은 예, 맥, 한 등의
단군족이에요.

그렇다면 단군 조선이라는 틀 안에 존재했다는 점에서 '단군족'이라고 하는 것은 어떨까요? 오늘날 우리나라 사람을 전라도, 경상도, 충청도, 평안도 사람으로 구분하듯이 예, 맥, 한의 단군족을 단군 조선이라는 특정 지역에 거주했던 민족으로 분류하는 것도 하나의 방법입니다.

예족이 호랑이에게 제를 지냈다는 기록도 있고, 맥족의 맥(貊)이 곰을 의미한다고 말하는 사람들도 있어요. 예족과 맥족의 관계가 단군 신화에 반영됐다는 주장도 있지요. 하늘과 태양을 숭배하는 천신족이, 호랑이가 부족의 상징인 예족과 곰이 부족의 상징인 맥족을 평정하고 복속시켰다는 것을 단군 신화에서 보여 준다는 것입니다.

2 고인돌로 살펴본 단군 조선의 영역 |
청동기 시대와 초기 철기 시대

고인돌은 동아시아 지역, 특히 한반도를 중심으로 만주와 요동 지역 일대에서 무더기로 발견됐습니다. 그중에서도 규모가 큰 고인돌은 주로 평양에서 발견됐어요. 이를 근거로 기원전 3000년경에 요령 지방을 중심으로 만주와 한반도를 잇는 드넓은 고대 국가가 있었음을 추측할 수 있지요. 고인돌은 청동기 시대의 유적이자 단군 조선의 유물로서 단군의 역사적 실체를 규명하는 중요한 증거입니다. 고인돌의 덮개돌에는 인위적인 구멍이 뚫려 있는데, 크기와 형태, 배열 모양으로 보아 밤하늘의 별자리와 비슷하다는 사실이 밝혀졌어요. 이를 성혈(性穴) 또는 석각 천문도라고 부릅니다. 석각 천문도는 고구려의 천문도(天文圖)와 조선의 천상열차분야지도 각석(天象列次分野之圖刻石)으로 계보가 이어집니다.

- **기원전 2000~기원전 1500년경**   한반도 일대에 청동기 문화가 시작되다.
- **기원후 355년경**   고구려에서 천상열차분야지도 각석의 원형인 석각 천문도를 제작하다.
- **기원후 1395년**   태조 4년에 흑요암에 새긴 천상열차분야지도 각석을 제작하다.

고인돌이 말하는 단군 조선의 영토

고대사를 공부할 때, 유물과 유적에 관한 내용을 많이 보게 됩니다. 역사를 기록하기 시작한 시기가 그리 오래되지 않았고, 기록이 남아 있다고 하더라도 내용이 매우 빈약할뿐더러 상대적으로 연원이 짧은 경우가 대부분이기 때문이에요. 그래서 유물과 유적을 통해 고대인의 발자취를 추정할 수밖에 없습니다. 예컨대 유물과 유적이 화려하면 당시의 삶도 화려했을 것이라고 추정하는 식이지요. 그러므로 유물과 유적을 확인하면 당시에 어떤 민족이 얼마나 번영했는지 알 수 있습니다.

그런데 유물과 유적을 확인할 때 가장 큰 문제점은 해석의 관점이 조금씩 다르다는 것입니다. 과학 기술에 의거한다고 해도 모든 문제를 명쾌하게 해결할 수 있는 것은 아니거든요. 여러 가지 정황을 놓고 종합적으로 판단해야 하는데, 이 과정에서 논란이 생기기도 하지요. 그러므로 객관적인 논리를 내세워 해석하고 판단해야 합니다.

현재 고대 한반도의 모습을 추측할 수 있는 가장 객관적인 증거물은 고인돌뿐이에요. 고인돌은 겉보기엔 평범한 돌처럼 보입니다. 그러나 고인돌은 단군 조선의 존재를 입증하는 중요한 유물이지요.

그런데 누가 이 엄청난 무게의 돌을 운반해 무덤을 만들려고 했을까요? 고대 이집트 피라미드의 경우처럼 강력한 왕권 사회가 아니라면 도저히 이해하기 어려운 일입니다.

지금까지 알려진 바에 따르면 거석문화 유산의 하나인 고인돌은 전 세계에서 약 7만여 기가 발견됐는데, 그중 3만 기 이상이 한반도에 집중돼 있다고 합니다. 즉, 한반도가 고인돌의 본거지인 셈이지요.

동아시아 지역의 고인돌은 한반도와 만주, 요동반도에 집중적으로

분포해 있습니다. 중국 동부의 산둥 반도 일대와 일본 북부의 규슈 지
방에 일부 고인돌이 분포하는 것으로 확인됐지만 고인돌은 한반도를
중심으로 나타난 유적이에요.

이 사실은 어떻게 해석하는 것이 옳을까요? 우선 위에서 언급한 지
역의 문화적인 동질성은 인정해야 할 것입니다. 이를 근거로 산둥 반도
일대가 단군족의 활동 무대였음을 추론할 수 있어요. 물론 한반도 이
외의 곳에서 발견된 고인돌은 한반도 이주민에 의한 문화 전파로 보면
됩니다. 매장 풍습은 보수성과 전통성이 매우 강해서 쉽게 바꾸기 어렵
거든요.

억지로 꿰맞추는 것이 아니냐고 반문하는 사람이 있을지도 모릅니다.
하지만 지금까지 발견된 고인돌의 분포나 형태 등을 보면 누구도 쉽게
부인하기 어려울 거예요. 큰 덮개돌은 50t에서 100t이 넘는 것도 있는
데 지금처럼 기계의 힘을 빌린다면 모를까, 사람의 힘만으로 과연 누
가 이런 일을 시도할 수 있었을까요? 이는 예로부터 내려오는 풍습에

근거해 강한 결속력을 가진 집단만이 해낼 수 있는 일입니다. 고인돌 유적이 일부 지역에서만 발견되는 것은 바로 이런 이유 때문이지요.

아마도 고인돌 한 기를 세우려면 엄청난 노동력이 필요했을 것입니다. 이는 강력한 권력을 지닌 지배자가 사람들을 강제로 동원해 축조했다고밖에 설명할 수 없어요. 많은 사람들을 지속적으로 동원하려면 강력한 국가 권력이 전제돼야 합니다. 고인돌의 축조 시기에 따라 한반도의 고대 국가가 어느 시기에 등장했는지 가늠할 수 있다는 말이지요.

강화도 부근리에 있는 고인돌은 덮개돌 하나만도 수십 t에 이릅니다. 돌을 운반하려면 적어도 장정 500명 정도가 필요했을 거라고 학자들은 말하지요. 신석기 시대의 움집을 근거로 볼 때, 한 가족을 다섯 명 정도로 추측할 수 있으므로 이 고인돌의 주인공은 약 2,500명 정도를 동원할 수 있는 유력자였을 거예요.

그렇다면 한반도에서 발견된 고인돌은 언제 축조된 것일까요? 1972년 문화재관리국 발굴단이 찾아낸 경기도 양평군 양수리 고인돌의 경우, 방사성 탄소 연대 측정법으로 확인한 결과 기원전 2500년경의 유적으로 추정하고 있어요.

평양 일대에서 발굴된 고인돌은 발굴된 지역의 이름에 따라 침촌형, 오덕형, 묵방형으로 구분합니다. 침촌형은 기원전 4000년대 후반부터 기원전 3000년대까지, 오덕형은 기원전 3000년대 후반부터 기원전 2000년대 전반까지, 가장 늦게 등장한 묵방형은 기원전 3000년대 전반부터 기원전 2000년대 전반까지 존속했던 것으로 알려져 있어요.

따라서 『삼국유사』에 기록된 단군 조선의 건국 시기는 매우 신빙성이 높다고 할 수 있어요. 지금까지의 자료에 따르면 그 시기 그 지역에

침촌형(왼쪽)

황해북도 황주군 침촌리 일대에 다수 분포하고 있는 형식이다. 강원도 춘천시 천전리에서도 볼 수 있다. 하나의 묘역 안에 5~6기 또는 10여 기의 고인돌이 밀집되어 있는 형태다. 하나의 돌무지인 묘역 안에 여러 기의 무덤이 밀집돼 있어서 집합식 고인돌이라고도 한다.

오덕형(가운데)

황해북도 연탄군 오덕리에 다수 분포하고 있는 형식이다. 하나의 돌무지로 된 묘역 안에 두께 15cm 정도의 판돌 네 개를 세워서 돌관을 조립하고, 그 위에 큰 뚜껑돌을 덮었다. 오덕형은 하나의 묘역 안에 오직 1기의 무덤만 있다.

묵방형(오른쪽)

평안남도 개천시 묵방리에 다수 분포하고 있는 형식이다. 하나의 묘역 안에 1기의 고인돌 무덤이 있지만, 돌관을 조각돌이나 강돌로 쌓아서 만들고 그 위에 뚜껑을 덮었다.

존재했던 국가는 단군 조선밖에 없었습니다. 더욱이 대부분의 학자들은 고인돌을 청동기 시대의 유적이자 단군 조선의 유물로 인정하고 있으므로 단군 조선의 건국은 분명한 사실이에요.

하지만 일본과 중국 등 주변 국가는 우리나라에 고대 국가가 존재했다는 사실을 인정하지 않고 자신들의 방식으로 역사를 왜곡하고 있습니다. 그래서 우리 자신조차도 융성했던 고대 국가의 존재를 의심하고 있으니 참으로 안타까운 일이에요. 무엇보다 우리의 미래를 책임질 청소년이 제대로 된 단군 조선의 역사를 배우지 못하고 있다는 사실은 참으로 부끄러운 일입니다.

왜 과거 일본이 자행한 역사 왜곡은 바로잡히지 않는 걸까요? 지금의 연대 측정법을 믿지 못하기 때문일까요? 아니면 단군 조선의 건국 신화를 말 그대로 신화로만 해석하기 때문일까요? 이 땅에 청동기가 사용된 시기를 기원전 10세기경으로 보기 때문일까요? 문제의 해결책은 먼 데 있지 않습니다. 가장 객관적인 방법으로 서로 다른 고인돌의 연대를 측정한다면 언젠가는 기원이 밝혀질 거예요.

강화도 고인돌 유적

인천광역시 강화군 부근리, 삼거리, 오상리 등에 고려산 기슭을 따라 120여 기의 탁자식(북방식) 고인돌이 분포하고 있다. 고인돌 가운데 강화 지석묘(부근리 고인돌)는 우리나라 최대의 탁자식 고인돌이다. 강화 지석묘는 높이 2.6m의 긴 고임돌 두 개가 길이 7.1m, 너비 5.6m의 덮개돌을 받치고 있는 형태다.

삼거리 고인돌

강화군 하점면 삼거리 일대의 고려산 서쪽 5부 능선 상에는 북방식 고인돌
9기가 일렬로 분포하고 있다. 고인돌의 덮개돌 위에는 성혈로 보이는 구멍이
여러 개 있다. 주변에 고인돌을 채석한 흔적이 보이는 채석장이 있어 축조
과정을 밝히는 중요한 실마리가 되고 있다.

오상리 고인돌

강화군 내가면 오상리 일대의 고인돌군은 유네스코 세계 문화유산으로
등록된 다섯 개의 고인돌군 중 하나이고, 총 11기의 고인돌이 군집을 이루고
있다. 대부분 덮개돌이 밀려나 있고 받침돌도 한쪽으로 기울어져 있었으나,
2000년에 실시한 발굴 조사 때 북방식 고인돌로 확인됐다.

화순 고인돌

전라남도 화순군 도곡면 효산리와 춘양면 대신리 일대의 계곡을 따라 약 10km에 걸쳐 500여 기의 고인돌이 군집을 이루고 있다. 보존 상태가 좋고 채석장도 함께 발견돼 석재를 다루는 기술이나 축조, 운반 방법 등을 확인할 수 있다.

감태바위 고인돌
갓을 쓴 사람의 모습을 닮았다고 해 이름 붙여졌다. 이 고인돌 주변에는 크고 작은 고인돌이 모여 있다. 화순의 고인돌 중 가장 웅대하고 아름다운 풍광을 유지하고 있다. 감태바위 채석장은 화순의 고인돌군이 유네스코 세계 문화유산으로 지정되는 데 결정적인 역할을 했다.

핑매바위 고인돌

두께가 4m나 돼 우리나라 고인돌 중 가장 크다. 산기슭보다 약간 높은 대지에 있고, 규모가 크고 잘 다듬어진 점 등으로 미루어 무덤이라기보다는 제단의 역할을 한 것으로 추정된다.

고창 고인돌 공원
전라북도 고창군 고창읍 죽림리 일대의 고인돌 유적지에 조성한 공원이다. 고창 지석묘(고인돌)군은
국내 최대 규모인데, 고창군 고창읍 죽림리와 아산면 상갑리 일대의 매산 마을을 중심으로 고인돌
총 447기가 분포하고 있다.

유럽의 고인돌과 스톤헨지의 뿌리

고인돌과 선돌(입석)은 거석문화의 상징물입니다. 이집트나 마야의 피라미드, 중동의 지구라트, 영국의 스톤헨지 등이 모두 거석문화의 산물이지요. 세계에 분포한 7만여 기의 고인돌 중에 3만 기 이상이 한반도에 분포하고 있습니다. 한반도의 고인돌이 인류 문화의 토대라는 사실을 인정해 유네스코에서는 강화, 화순, 고창의 고인돌을 세계문화유산으로 지정했어요.

문명이란 크거나 많은 곳에서 작거나 적은 곳으로 이동하기 때문에 단군 조선 시기의 고인돌이 유럽의 고인돌에 영향을 끼쳤을 수도 있습니다. 스톤헨지 주변의 묘지에서 발굴된 유골의 주인공이 청동기 문화를 전파한 아시아 인이라는 연구 결과가 이를 뒷받침하고 있어요.

그러므로 기원전 2333년에 건국된 단군 조선의 이야기를 더 이상 신화라고 하기 어렵습니다. 이와 관련해 고인돌이 분포하고 있는 모든 지역을 단군 조선의 영토로 추정할 수 있지요.

그렇다면 기원전 2000년대 이전에 축조된 고인돌 유적은 누구의 것일까요? 단정적으로 말하기는 어렵지만 『삼국유사』에서 환인과

스톤헨지
영국의 솔즈베리 근교에 있는 기원전 1900~기원전 1500년경에 구축된 고대 거석 기념물이다. 중앙에 제단석이 놓여 있고, 이를 둘러싼 돌기둥이 말굽 모양으로 늘어서 있다. 바깥쪽에는 높이 2~7m에 달하는 기둥 모양의 돌이 둘러싸고 있어 삼중의 고리 모양을 이루고 있다.

우리나라와 유럽의 고인돌
왼쪽은 전라북도 고창 죽암리의
고인돌이고, 오른쪽은 아일랜드의
고인돌이다. 둘의 형태는 거의
비슷하다.

환웅을 언급하고 있는 것으로 보아 당시 사회와 결부시켜 볼 수도 있습니다.

물론 고인돌은 한정된 지역에 분포하지만 모양이 모두 같은 것은 아니므로, 고인돌이 있다는 이유만으로 단군 조선의 영토로 보기는 어렵다는 지적도 있어요. 그러나 고인돌의 형태와 종류가 다르다고 해서 공통점이 없는 것은 아닙니다. 무엇보다 고인돌이 분포된 지역과 단군 조선 초기의 대표적인 유물인 비파형 단검, 비파형 창, 조롱박형 단지 등이 분포된 지역이 크게 다르지 않아요. 그렇다면 고인돌 또한 단군 조선의 영향 아래에 있었다고 볼 수 있지요.

문화는 전파 과정에서 원형이 그대로 유지되는 것이 아니라 바뀌게 마련이에요. 그러므로 지역에 따라 고인돌의 형태가 다를 수 있고, 세월이 흐르면서 더욱 세련된 형태로 발전됐다고 보는 것이 타당합니다. 이런 점에서 보면 단군 조선은 아사달에서 건국돼 한반도 남부와 만주, 요동 지역으로 세력을 확대했다고 봐야 해요. 왜냐하면 『삼국유사』에서는 단군 조선이 아사달에서 건국됐다고 밝히고 있는데, 이를 아무런 이유 없이 부정할 수 없기 때문이지요. 게다가 북한 학계의 연구에 따르면 평양 지역에서는 여러 가지 유형과 형식으로 구분되는 고인돌이 많이 발견된다고 합니다.

요동이나 산둥, 절강 일대에서 350여 기의 고인돌이 발견됐고, 일본의 규슈 지역에서도 550여 기의 고인돌이 발견됐지만 형태의 다양성이나 수로는 한반도에 미치지 못합니다. 전라남도 지역에서만 1만 9,000여 기의 고인돌이 발견됐고, 평양을 중심으로 발견된 고인돌만도 1만 4,000여 기이니 비교도 할 수 없지요.

고인돌의 분포 조밀도를 단위 면적으로 환산해 따져 보면 평양이 다른 곳에 비해 훨씬 높습니다. 다른 지역보다도 평양 지역에 고인돌이 집중적으로 분포하고 있는 거지요. 이에 근거해 단군 조선이 평양에서 건국됐다고 할 수 있습니다.

그리고 고인돌은 한반도 남부는 물론이고 요동과 만주에서도 발견되고 있어요. 이로 보아 고조선이 이 지역에 걸쳐 세력을 넓혔다고 볼 수 있습니다. 이는 단군 조선이 아사달에서 건국됐지만 평양성, 백악산 아사달, 장당경 등으로 도읍을 옮겼다는 『삼국유사』의 내용과도 일치한다고 할 수 있어요. 즉, 수도를 옮기면서 단군 조선의 세력을 확대한 것이지요.

고인돌에 새긴 별자리, 석각 천문도

고인돌은 뛰어난 과학 기술과 높은 천문학적 수준을 보여 주는 유적이에요. 돌을 떼어 내고 운반 및 축조하는 과정에서 여러 기술적 공법을 사용해야 하지요.

예컨대 돌을 원하는 대로 떼어 내려면 결이 난 방향으로 쪼개지는 편마암의 특성을 가진 돌을 골라야 해요. 그러려면 돌에 대한 일정한 지식이 필요합니다. 알려진 바에 따르면 돌에 구멍을 뚫고 나무를 박아 물에 불린 후 돌을 쪼갰다고 하는데, 이렇게 하려면 구멍의 간격을

일정하게 뚫어야 해요. 또 고인돌의 덮개돌 중 큰 것은 70t에서 100t까지 나가는데, 밑에 있는 고임돌이 덮개돌의 무게를 견디려면 돌의 크기와 무게를 합리적으로 결정해야 합니다. 이와 같이 고인돌 하나를 세우기 위해서는 해결해야 할 과제가 한둘이 아니에요. 이를 통해 어느 정도의 과학 기술이 뒷받침되었다는 사실을 알 수 있지요.

고인돌의 덮개돌에는 구멍이 뚫려 있는데, 크기와 형태, 배열 모양을 감안하면 별자리를 나타낸 것이라는 해석이 유력해요. 북두칠성이나 자미원 등과 같이 한 개의 별자리만을 새긴 것도 있지만, 20여 개의 별자리를 새긴 것도 있다고 합니다. 한마디로 석각 천문도인 셈이지요. 이를 통해 단군 조선 시기에 이미 천문학적 지식이 있었다는 것을 알 수 있어요.

천문학적 지식은 하늘의 아들인 왕권을 상징하는 확실한 징표이자 농사를 짓는 데 필요한 지식이었어요. 일상생활에서 얼마나 도움이 되었는지 알 수 없으나 단군 조선 시기에 이미 천문학적 지식을 활용하고 있었다는 것은 참으로 감탄을 금하기 어려운 일입니다.

결론적으로 고인돌이 한반도에 집중적으로 분포돼 있으면서도 한

천상열차분야지도 각석(1395년, 211x122cm, 국립고궁박물관)

태조 4년에 흑요암에 새긴 이 석각 천문도는 중국 남송의 '순우 천문도'에 이어 세계에서 두 번째로 오래된 것이다. 이성계가 왕조의 권위를 보여 주기 위해 명을 내려 만든 천문도다. 고구려의 천문도를 토대로 오차를 수정한 뒤 정교하게 돌에 새겼다. 윗부분에는 별자리 그림이 새겨져 있고, 아랫부분에는 천문도의 이름, 작성 배경과 과정, 작성 시기 및 작성자의 이름이 적혀 있다. 별자리 그림을 통해 해, 달, 5행성(수성, 금성, 토성, 화성, 목성)의 움직임을 알 수 있고, 그 위치에 따라 절기를 구분할 수도 있다. 2007년 1월 22일부터 발행된 만 원권 뒷면 배경에 약식으로 모사한 천상열차분야지도가 그려져 있다.

1395년에 처음 새긴 천상열차분야지도 각석이 닳아서 잘 보이지 않자 숙종 13년(1687년)에 다시 새겨 놓은 것이다. 내용은 처음 만든 것과 같고 구도상의 차이만 있는데 전체적인 구성이 더 뛰어나다.

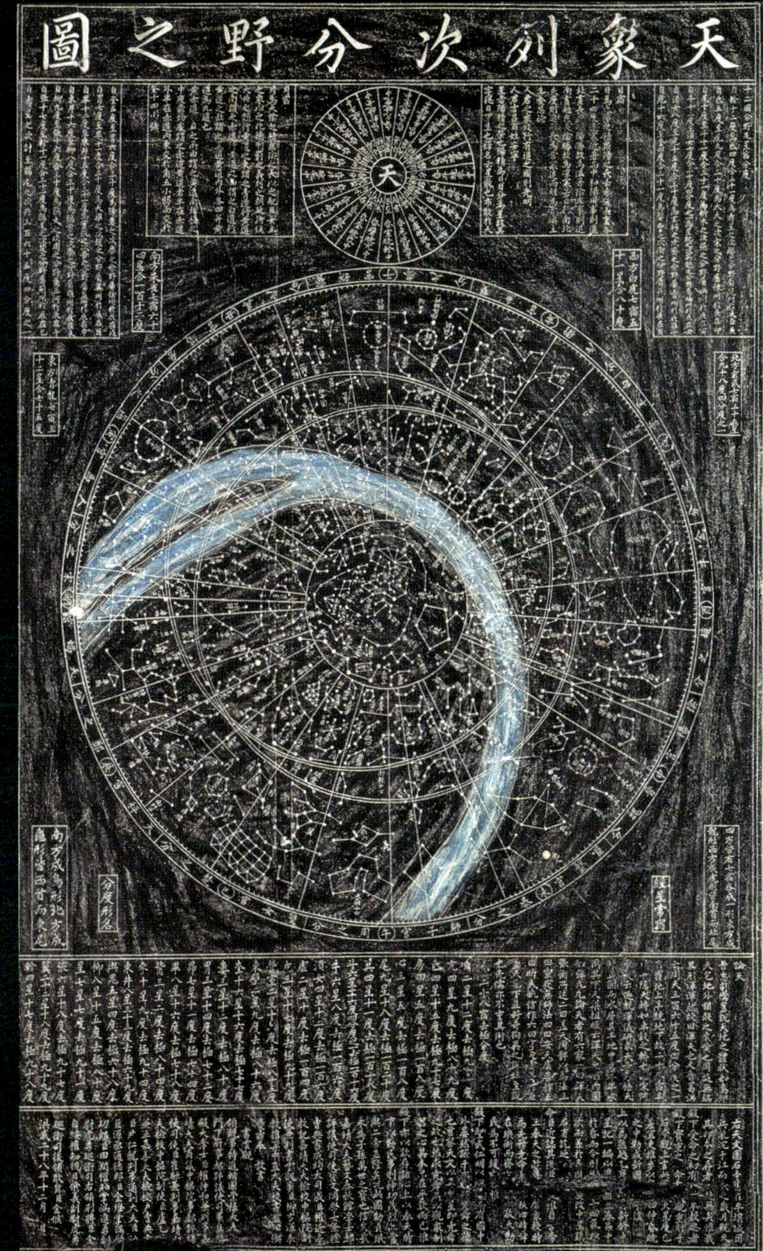

정적으로 만주와 요동 일대에 걸쳐 분포하고 있다는 사실은 이 지역에서 오랫동안 살아온 단군족에 의해 단군 조선이 건국됐고, 또 이 지역에서 오랫동안 단군 조선이 번영과 영화를 누렸다는 사실을 알려 줍니다. 물론 이렇게 할 수 있었던 데에는 고인돌의 축조 기술에서 볼 수 있는 것처럼 수준 높은 과학적 지식과 천문학적 지식이 뒷받침됐기 때문이지요.

청동기 문화

단군 조선이 8조법금과 거수국 제도를 통해 오랫동안 번영을 누린 배경에는 청동기 문화가 있었습니다. 한반도에서 청동기 시대가 시작된 기원전 2000~기원전 1500년경에는 사회 전반에 걸쳐 큰 변화가 일어났어요. 농사를 지으면서 여분의 곡식이 생겼고, 잉여 생산물을 차지하는 과정에서 사유 재산 제도와 계급이 발생했지요.

그 결과 부와 권력이 있는 사람은 청동기를 사용해 세력을 키우고 주변 지역까지 장악합니다. 이런 과정을 거치면서 우리나라 최초의 국가인 고조선이 탄생한 것이지요. 그 후 기원전 4세기경부터 철기가 보급되면서 만주와 한반도 각지에서 부여, 고구려, 옥저, 동예, 삼한 등 여러 나라가 성립됐습니다. 이 나라들은 단군 조선의 거수국으로서 독립적인 국가의 형태를 갖춰 나갔지요.

청동기 시대의 전형적인 유물로는 농기구인 반달 돌칼, 바퀴날 도끼, 홈자귀 등의 석기와 비파형 동검, 거친무늬 거울 등의 청동기 그리고 미송리식 토기, 민무늬 토기, 붉은 간 토기 등의 토기가 있어요. 이런 유물들은 고인돌이나 돌널무덤, 돌무지무덤 등

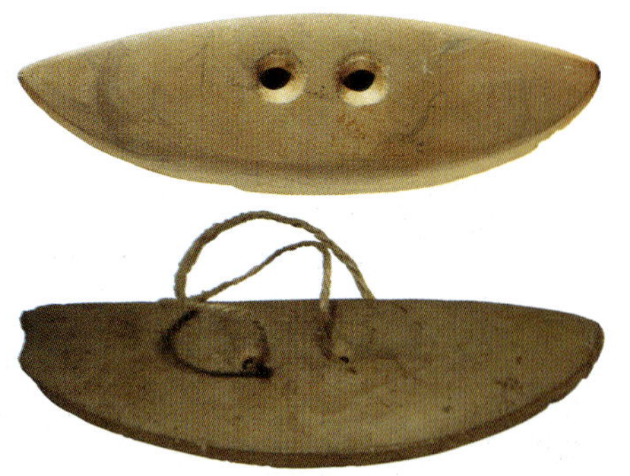

반달 돌칼
(15.5cm, 국립중앙박물관)
청동기 시대에 널리 쓰였으며, 곡식의 이삭을 훑어 내는 데 사용했다. 몸체에 구멍을 뚫고 끈은 꿰어 손에 걸어서 썼다.

당시의 무덤에서 출토됐지요. 이 가운데 한반도 전역과 만주 지역에서 출토된 비파형 동검은 미송리식 토기나 거친무늬 거울 등과 함께 고조선의 대표적인 유물이에요. 또한 고인돌과 함께 광대한 영토를 차지하고 있던 고조선의 세력 범위를 알려 주기도 하지요.

청동기 시대 사람들은 돌도끼나 괭이, 나무로 만든 농기구로 땅을 개간해 곡식을 심었어요. 가을에는 반달 돌칼로 이삭을 잘라 추수하는 등 농경을 더욱 발전시켰지요. 농업은 주로 조, 보리, 콩, 수수 등 밭농사가 중심이었지만 일부 저습지에서는 벼농사도 지었답니다.

집터는 넓은 지역에 많은 수가 밀집돼 있었어요. 제주시 삼양동에서는 대규모의 마을이 발견됐는데, 이를 통해 철기 시대 전기의 계급 사회 모습을 짐작할 수 있습니다. 하나의 집터에는 대체로 4~8명의 가족이 살았어요. 여성은 주로 집안일을 했고 남성은 농사를 짓거나 외부의 적과 싸우는 데 동원됐지요.

이 시기의 예술품은 종교를 표현하거나 정치적으로 이용하기 위해 만들어졌어요. 당시 제사장이나 족장이 사용했던 칼이나 방패와 바위그림 등을 보면 그들의 모습을 짐작할 수 있지요.

대전에서 출토됐다고 전해지는 농경문 청동기에는 농사를 짓고 농작물을 수확하는 모습이 그려져 있습니다. 이 청동기는 농경과 관련된 제사를 지낼 때 의식용 도구로 사용했다고 여겨져요.

울주 반구대의 바위그림에는 거북, 사슴, 호랑이, 새 등의 동물과 작살이 꽂힌 고래, 그물에 걸린 동물, 우리 안의 동물 등이 새겨져 있습니다. 고령 양전동 바위그림에는 동심원, 십자형, 삼각형 등의 기하학 무늬가 새겨져 있어요. 동심원은 태양을 상징하므로 이곳에서 태양 숭배에 관한 제사를 지낸 것으로 추정됩니다.

청동기 무기와 장식

한반도에서는 기원전 10세기경, 만주 지역에서는 이보다 앞서 청동기 시대가 시작됐다. 청동기는 만들기 어려웠고 대량으로 만들 재료도 충분치 않아 지배 계급의 무기나 장식품으로 사용됐다. 부족을 통솔하는 족장은 청동기 무기를 이용해 이웃 부족을 정복해 나가면서 세력을 확장했다. 족장이 죽으면 거대한 고인돌이나 돌널무덤을 만들고 청동 검, 청동 거울 등을 함께 묻었다.

청동기 만들기

먼저 구리와 주석, 아연, 납 등을 섞은 용액을 거푸집에 붓는다. 용액이 굳으면 거푸집을 떼어 낸 뒤 기장자리의 거친 부분을 숫돌로 갈아 날을 세운다. 이렇게 마감 처리를 하면 청동기가 완성된다.

영암 출토 거푸집

전라남도 영암군에서 발굴된 도끼와 세형동검의 거푸집이다. 거푸집은 도구를 만들기 위한 틀이다.

요령식 동검(비파형 동검, 국립중앙박물관)**과 한국식 동검**(세형동검, 국립중앙박물관)

요령식 동검은 중국 랴오닝 지역에서 주로 발견됐는데 모양이 악기의 일종인 비파를 닮아 비파형 동검이라고도 부른다. 한국식 동검은 요령식 동검에 이어 나타난 형태로 우리나라를 중심으로 분포한다. 날이 좁고 직선적인 형태 때문에 세형동검이라고도 부른다.

부여 송국리 돌널무덤 출토 유물(국립중앙박물관)
우리나라는 기원전 1000년 무렵 중국 랴오닝 지역을 중심으로 발전한 청동기
문화가 들어오면서 본격적인 청동기 시대를 맞이했다. 청동기 문화는 청동기
시대의 대표적인 유물인 동검의 이름을 따서 랴오닝식 동검 문화라고도
일컫는다. 이 시기 청동 제품으로는 랴오닝식 동검을 비롯해 랴오닝식
투겁창, 부채 모양 도끼, 화살촉, 손칼, 끌, 거친무늬 거울, 단추 등이 있다.

화순 대곡리 청동기(국립중앙박물관)

세형동검(청동검) 3점, 청동 방울 2점, 청동 쌍령구 2점, 청동 손칼(청동삭구) 1점, 청동 도끼(청동공부) 1점, 잔무늬 거울(청동세문경) 2점이 국보로 지정됐다. 청동 방울은 손에 들고 흔들어서 소리를 냈던 의식용 도구다. 잔무늬 거울 면은 광택 있는 놋으로 되어 있어 얼굴 모습이 선명하게 비친다.

농경문 청동기

앞면에는 따비로 밭을 갈고 괭이로 땅을 일구며 곡식을 수확해 항아리에 담는 모습이 있고, 뒷면
에는 솟대를 연상시키는 나뭇가지 끝에 새가 앉아 있는 모습을 표현했다. 농경과 관련된 제사를
지낼 때 사용했던 의식용(儀式用) 도구로 추정된다.

농경문 청동기(길이 13.5㎝, 국립중앙박물관)

농경문 청동기에 새겨진 그림
❶ 따비로 밭을 가는 모습
❷ 괭이로 땅을 일구는 모습
❸ 항아리에 곡식을 담는 모습
❹ 솟대가 연상되는 나뭇가지에 앉은 새

청동기 시대의 토기

청동기 시대에는 빗살무늬 토기 대신에 민무늬 토기가 등장한다. 민무늬 토기는 이름 그대로 표면에 무늬가 없는 것이 대부분이지만 간단한 선 무늬나 구멍무늬가 있거나 붉은색이나 검은색 등으로 색을 입힌 것도 있다. 민무늬 토기는 지역과 시기에 따라 독특한 특징을 나타낸다.

미송리식 토기(국립중앙박물관)
평안북도 의주군 미송리 동굴에서 발견됐으며 비파형 동검, 거친무늬 거울과 함께 고조선의 대표적인 유물이다.
표주박의 아래위를 수평으로 조금씩 잘라낸 형태다.

송국리식 민무늬 토기(국립중앙박물관)
바라진 아가리에 배가 약간 부른 모양이다.
긴 몸체와 축약된 좁은 바닥을 가지고 있다.

붉은 간 토기(국립중앙박물관)
표면에 붉은색을 덧칠하고 매끈하게 갈아서
광택이 나는 토기다.

새김돋은띠무늬 토기(국립중앙박물관)
아가리 부분에 돋은 모양의 띠를 덧붙인 뒤
짧은 사선 모양의 눈금을 새긴 토기다. 남한
지역에서 가장 이른 시기에 등장했다.

오리모양 토기 (3세기, 국립중앙박물관)
상형 토기의 하나다. 옛날 사람들은 새가 죽은 사람의
영혼을 하늘로 인도한다고 믿었기 때문에 새 모양으로
토기를 만들어 무덤에 넣었다.

울산 대곡리 반구대 암각화

천전리 암각화에는 기하학적 무늬가 많지만 반구대 암각화에는 당시 사람들의 구체적인 일상이 잘 표현돼 있다. 고래 잡는 사람이나 함정에 빠진 호랑이, 교미하는 멧돼지, 작살이 꽂혀 있는 고래, 물을 뿜고 있는 고래 등이 역동적으로 나타나 있다. 울산암각화박물관 사진 제공

반구대 암각화

반구대 전경

대외 교류와 철기의 사용

삼한은 중국을 비롯해 일본 및 북방 국가들과 활발하게 교류했다. 철기의 등장 이후 더욱 활발해진 교류는 사회를 변화시키고 고대 국가가 발전하는 계기를 마련해 주었다. 청동 세발솥, 중국 거울, 중국 동전 등은 중국과 삼한의 교류를 보여 주고 야요이 토기나 일본식 청동 투겁창 등은 일본과 삼한의 교류를 보여 준다.

청동 솥(국립김해박물관)
음식을 끓이는 용도로 사용한 삼국 시대 가야의 그릇이다. 반달 모양의 손잡이가 달려 있고 바닥이 편평하다. 초원 지대의 유목 민족이 사용했던 청동 솥을 통해 북방 문화의 영향을 받았음을 알 수 있다.

세발솥(2~3세기, 국립중앙박물관)
신분을 나타내고 정치적인 권위를 상징하는 의기다.
낙랑 지역(평양)과 김해 양동리, 울산 하대리에서 출토됐다.

명도전
앞면에 '明(명)'자가 새겨져 있는 손칼 모양의 화폐다.
중국 전국 시대 연에서 사용했다.

반량전(왼쪽)과 오수전(오른쪽)
반량전은 진(秦)의 동전이고 오수전은 한(漢)의 동전이다.
각각 경상남도 사천과 전라남도 거문도에서 출토됐다.

평안북도 위원 용연동 출토 유물(초기 철기 시대, 길이 왼쪽 위 15cm, 국립중앙박물관)
중국 연의 화폐인 명도전이 한데 묶어서 발견됐다. 무기로는 철모, 찌르개, 철촉, 철부 등이, 농기구로는 낫, 철제 반달형 칼, 괭이, 호미 등이 발견됐다.

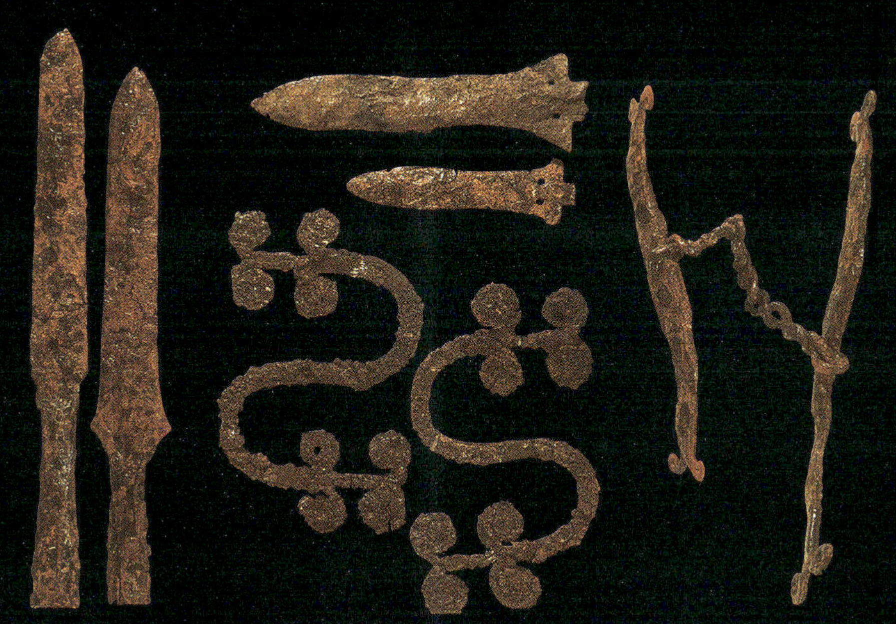

영남 지역의 철제 무기(1~3세기, 길이 왼쪽 39cm, 국립중앙박물관)
규모가 큰 무덤에 많은 철제 무기가 매장된 것은 당시 지배층이 철기 생산을 독점했음을 알려 준다.

철기의 보급

고조선은 기원전 4세기경부터 철기를 사용했어요. 처음에는 청동기도 함께 사용했으나 기원전 1세기경부터는 철기가 널리 보급됐지요. 철은 주로 생활 도구와 무기를 만드는 데 사용됐습니다. 농기구로는 이전에 사용했던 목기나 석기와 함께 삽, 괭이, 낫 같은 철제 농기구를, 무기로는 칼, 창, 화살촉 등을 사용했어요. 공구로는 끌, 톱, 도끼, 자귀 등이 있었지요. 철제 농기구를 사용하면서 농업 생산량이 급격히 늘어났고 인구도 늘게 됐어요. 반면에 철제 무기를 전투에 사용하면서 부족 간의 싸움도 빈번하게 벌어졌지요.

철을 잘 이용한 부족은 세력을 키워 국가로 발전했어요. 중국이나 일본과는 육로와 해로를 통해 문화를 교류했습니다. 철기와 함께 출토된 명도전, 반량전, 오수전은 중국과 활발하게 교류했음을 보여 주고, 경상남도 창원 다호리 유적에서 나온 붓은 당시에 이미 한자를 썼음을 말해 줍니다. 한편 비파형 동검은 한국식 동검인 세형동검으로, 거친무늬 거울은 잔무늬 거울로 변해 갑니다. 철기 시대에 사회의 계층화가 뚜렷해지면서 만주와 한반도 지역에는 부여, 고구려, 옥저, 동예, 마한, 변한, 진한 등 새로운 국가가 출현하게 됐습니다.

1-2 청동기 시대와 초기 철기 시대

■ 청동기 시대

- **시작** 기원전 2000~기원전 1500년경 한반도에 청동기가 보급됨
- **석기** 청동기는 무르기 때문에 석기를 농기구로 사용. 반달 돌칼이나 돌도끼 등 간석기 사용
- **청동기** 주로 의례용 거울이나 무기로 사용. 비파형 동검, 거친무늬 거울 등
- **토기** 미송리식 토기, 민무늬 토기
- **경제생활** 농경 발달. 보리 · 밀 · 콩 등 재배. 벼농사 시작
- **사회** 잉여 생산물 발생 → 사유 재산 제도와 빈부 격차 및 계급 발생(고인돌 제작). 선민사상을 바탕으로 주변 지역 정복. 군장(족장) 출현
- **예술 활동** 울산 반구대 바위그림(고래와 사슴 같은 동물을 그려 풍요 기원), 고령 양전동 바위그림(태양을 상징하는 동심원, 십자형 등 기하학 무늬가 주로 그려져 있음), 농경문 청동기(농사 짓고 수확하는 모습 표현, 의식용 도구로 추측됨)

② 청동기 시대의 무덤 양식

- **고인돌** 탁자식과 바둑판식으로 구분 . 7만여 기 중 한반도에 3만여 기 이상 분포함. 성혈이 발견됨. 엄청난 노동력과 강력한 권력이 전제됨
- **돌널무덤(석관묘)** 지하에 직사각형의 돌널 시설을 만들고 주검 및 부장품을 넣은 무덤

③ 초기 철기 시대

- **시작** 기원전 5세기경
- **도구** 세형동검, 잔무늬 거울, 거푸집 등 독자적인 청동기 문화 발달
- **경제생활** 철제 농기구와 무기의 보급으로 농업 생산력 증대. 청동기는 의식용 도구로 사용
- **대외 교류** 명도전(연과 제의 화폐), 반량전과 오수전 출토, 붓 출토(창원 다호리)

고인돌의 덮개돌에 그려진 천문도를 아시나요?

1395년 천체의 변화를 관측해 그린 천상열차분야지도 각석은 고구려의 석각 천문도를 참고해 만들었다고 합니다. 그런데 한 가지 놀라운 사실은 천문도를 제작하기 위해 천체를 관측한 곳이 북위 39도 지점이라는 거예요. 이곳은 오늘날의 평양 인근이지요. 동북 아시아의 도시 가운데 북위 39도 지점은 평양을 제외하면 베이징밖에 없어요. 그런데 베이징이 수도가 된 것은 원 이후의 일이므로 이곳이 베이징일 가능성은 매우 희박합니다. 게다가 단군 조선의 유적으로 추정되는 고인돌의 덮개돌에서 동일한 별자리 흔적을 발견했으니 더욱 놀라운 일입니다. 이것이 사실이라면 우리나라의 천문학은 중국에서 들여온 것이 아니라 단군 조선에서 고구려를 거쳐 조선으로 계승·발전한 것으로 볼 수 있기 때문이에요. 우연의 일치일 수도 있으니 좀 더 확인해 봐야 한다는 신중론도 제기되고 있습니다.

고인돌의 덮개돌에 파인 구멍이 별자리를 나타낸 것인지 아닌지는 아직 단정적으로 말할 단계가 아니에요. 하지만 구멍의 크기나 배치 형태 등을 지금의 방식으로 측정한 결과, 이전 시기의 천문도와 비슷한 점이 확인되고 있습니다. 역사의 계승과 발전이라는 측면에서 보더라도 이를 인정하는 것이 합리적이지요. 조선 시대의 천상열차분야지도 각석이 고구려의 성좌도를 바탕으로 작성됐듯이, 고구려의 성좌도 또한 단군 조선의 천문도를 바탕으로 만들었을 가능성이 높습니다. 왜냐하면 고구려의 천하관(天下觀)은 하늘의 자손으로서 세상을 다스린다는 독자적인 세계관인데, 이것은 단군 조선의 세계관이기도 하기 때문이에요.

원래 하늘의 별자리를 기록하는 것은 하늘을 숭배하는 관념에서 비롯된 것으로, 지상에서 누린 영화를 사후 세계에서도 누리고자 하는 염원 때문에 발생했어요. 그래서 세계의 중심이라고 생각하는 나라는 천체를 그려 지상을 다스리는 것을 정당화하고 사후 세계에서도 영화를 누리고자 했을 것입니다. 그렇다면 단군 조선의 사람들도 환인, 환웅 등 하늘의 자손으로서 세상을 다스린다는 자부심이 있었으므로 천체에 지대한 관심이 있었

다고 추론할 수 있지요.

단군 조선에서 고구려와 조선으로 이어지면서 무덤이나 고인돌에 새겨진 별자리 수가 더 많아집니다. 즉, 사회 발전 단계가 복잡하지 않은 시기에는 몇 개의 별자리만 표기했지만, 사회가 다양한 형태로 발전함에 따라 더 많은 별자리가 기록됐을 거예요. 그래서 고인돌의 덮개돌에는 눈으로 볼 수 있는 몇 개의 별만 표시했지만 고구려 시대에는 28개의 별을, 조선 시대에는 290여 개의 별자리에 1,470여 개의 별을 표시했지요.

3 문명의 뿌리를 찾아서 | 랴오허 문명

한국사 교과서에는 단군이 기원전 2333년에 고조선을 세웠고, 중국 한의 침략으로 왕검성이 함락됨으로써 기원전 108년에 고조선이 멸망한 것으로 나와 있습니다. 2,225년간의 역사가 갑자기 사라진 것이지요. 이쯤 되면 우리나라의 역사가 반만년인지 의문이 생깁니다. 우리 민족의 기원은 단군왕검이 개국한 기원전 2333년에 시작하는 걸까요? 중국은 세계 4대 문명 중 지금까지 계속되는 것은 황허 문명뿐이라는 자부심이 강했어요. 하지만 황허 문명은 메소포타미아나 이집트 문명에 비해 1,000년 정도 늦게 시작됐지요. 황허 문명 이전, 숨겨진 1,000년에 고조선의 비밀을 푸는 열쇠가 있을지도 모릅니다.

- **기원전 7000~기원전 6500년경** 샤오허시 문화. 민족 사학계에서는 환인의 환국에 해당하는 곳으로 추정한다.
- **기원전 6200~기원전 5200년경** 싱룽와·차하이 문화. 민족 사학계에서는 환인의 환국에 해당하는 곳으로 추정한다.
- **기원전 4700~기원전 3000년경** 홍산 문화. 민족 사학계에서는 환웅의 배달국에 해당하는 곳으로 추정한다.
- **기원전 2000~기원전 1500년경** 샤자뎬 하층 문화. 단군 조선의 발전기에 해당한다.

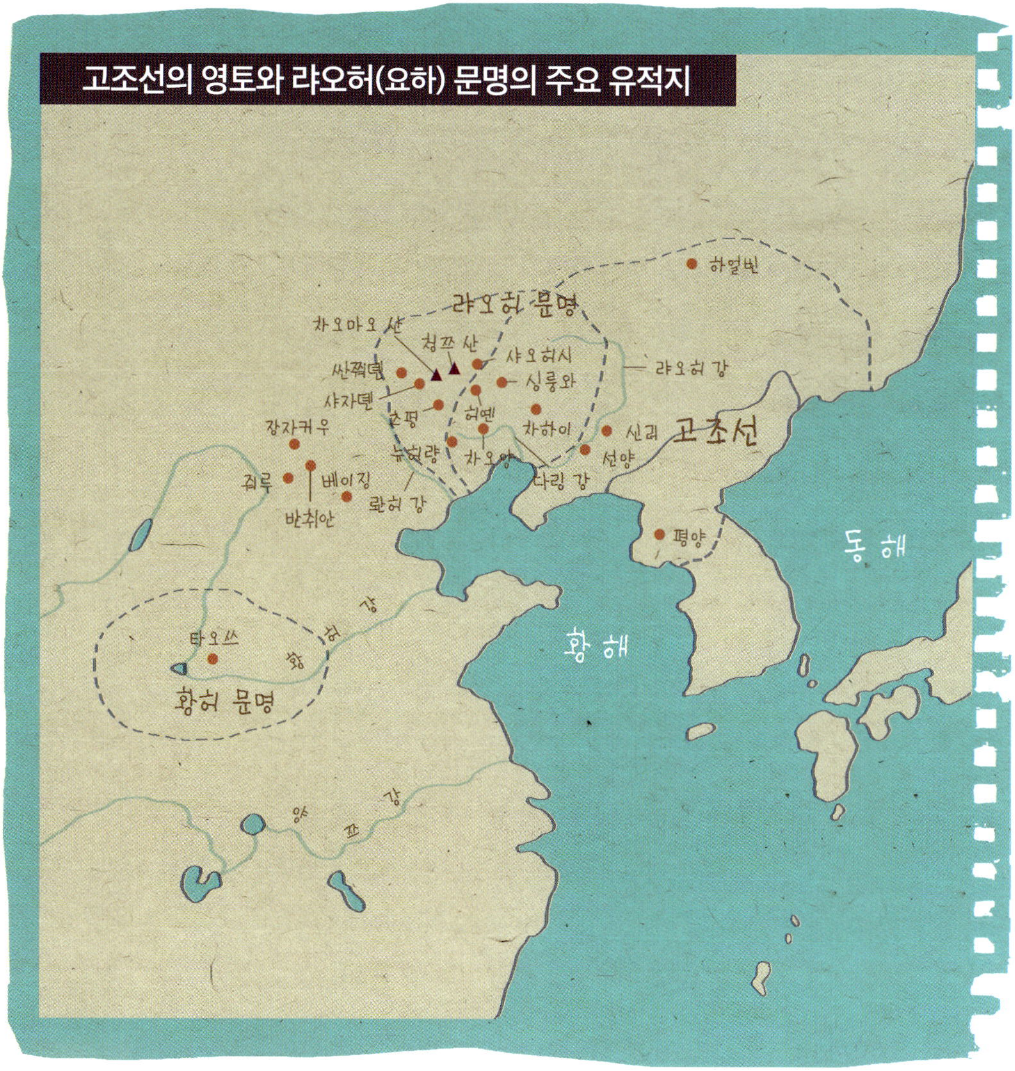

유적과 유물이 말해 주는 랴오허 문명

중국은 잃어버린 1,000년을 찾기 위해 새로운 고대 문명 찾기에 나섰고, 결국 1980년대 랴오허 강(요하) 부근에서 대규모 유적지들을 발견합니다. 이것이 인류 4대 문명보다 1,000년이나 앞서는 동이족의 랴오허 문명이에요.

중국 학계는 놀라지 않을 수 없었습니다. 랴오허 지역이 오랑캐의 땅인 동이의 영역이었기 때문이에요. 모든 문명은 중원에서 나왔다고 믿던, 아니 그렇게 만들려고 했던 중국 학계는 고민에 빠졌어요. 그러던 차에 황허 문명과 비슷한 시기에 양쯔 강 유역을 중심으로 양사오 문화가 존재했다는 것이 밝혀집니다. 그러자 중국은 새로운 동북공정의 고리를 연결하기 시작했어요. 중국 문명은 랴오허 문명에서 시작했으며, 랴오허 문명과 황허 문명 등이 융합돼 오늘날의 중국 문명이 형성됐다는 다원 일체론을 주장한 것이지요.

하지만 유물과 유적이 모든 것을 말해 주었어요. 랴오허 지역에서 발견된 빗살무늬 토기, 계단식 돌무지무덤, 치(雉)가 있는 석성, 비파형 동검, 옥결(옥고리)등은 중원에서는 발견된 적이 없고 만주와 한반도에서만 발견된 한민족 문화의 유물입니다. 이 유물들은 중국 황제가 랴오허 문명을 건설하고 중원에 또 다른 문명을 이룩했다는 주장을 뒤집는 증거물이에요.

문명이라는 이름이 붙으려면 문자, 청동기 유물, 권력의 형성 등에 대한 근거가 있어야 합니다. 홍산(紅山) 문화(기원전4700~기원전 3000년경)가 랴오허 문명의 징표라고 할 수 있어요. 홍산 문화를 대표하는 뉴허량 유적에서 여신을 모시는 신전, 제단, 계단식 돌무지무덤이 발견됐지요. 더구나 뉴허량 부근에서 발견된 돌무지무덤은 한 변이

100m나 되며, 이집트의 계단식 피라미드보다 1,000년이나 앞섭니다. 피라미드식 돌무지무덤은 고구려와 백제의 돌무지무덤으로 그대로 이어지지요. 이런 거대한 건축물을 통해 그 시기에 벌써 강력한 제정일치 사회가 형성됐다는 것을 추측할 수 있습니다. 그리고 여신상 옆에서 곰 형상들이 발견됐는데, 이는 단군 신화의 웅녀족과 연결해 볼 수 있지요.

랴오허 문명의 홍산 문화는 중원의 양사오 문화와 교류를 시작했고, 이어 산둥 반도 일대 량주(良渚) 문화, 다원커우 문화가 중원과 교류했어요. 중국 고고학의 권위자인 쑤빙치는 "홍산 문화와 량주 문화가 중원으로 흘러들어 5,000년의 중국 문명을 일으키는 데 지대한 영향을 끼쳤다."라고 인정했습니다. 또한 "나중에 중국 최초의 나라인 하와 상(중국 은의 처음 이름)을 형성하는 데 주춧돌을 놓았다."라고 덧붙였어요.

랴오허 문명의 시기와 전파 지역을 보면 다른 세계 문명을 압도합니다. 기원전 7000년경에는 샤오허시 문화가 들어섰고, 싱룽와·차하이 문화(기원전 6200~기원전 5200년경), 자오바오거우 문화(기원전 5000~기원전4400년경)가 홍산 문화와 연결됐어요. 홍산 문화에 이어 단군 조선과 시기적으로 일치하는 샤오허옌 문화(기원전 3000~기원전 2000년경)를 거쳐 샤자뎬 하층 문화(기원전 2000~기원전 1500년경)로 이어지지요.

샤오허시 문화의 반지혈식 주거지는 싱룽와 문화에서 대규모의 집단 주거지로 바뀌고, 샤오허시 문화의 흙으로 만든 얼굴상은 홍산 문화의 뉴허량 유적에서 여신상으로 바뀌었어요.

랴오허 문명 중에서 제일 오래된 문화는 샤오허시 문화로, 발원 시기는 대략 기원전 7000~기원전6500년경이에요. 샤오허시 문화를 민족 사학자들이 주장하는 우리나라 역사에 대입하면 환인의 환국 시대 초기에 해당됩니다. 황허 문명의 신석기 문화, 즉 양사오 문화는 만주의 샤오허시 문화보다 2,500년 정도 뒤진 문명이에요. 랴오허 강 유역의 신석기 문명을 중원권의 역사로 조작하면 중국 역사는 1만 년으로 올라가게 됩니다. 중국은 양사오 문화 대신 비교 자체가 불가능한 샤오허시 문화를 자신들의 시원으로 삼으려는 탐원공정을 꾸미고 있지요.

싱룽와 · 차하이 유적의 빗살무늬 토기는 우리 신석기 문화의 대표적인 유물로 확인됐어요. 쑤빙치는 이를 두고 "싱룽와와 차하이에서 빗살무늬 토기가 발견됨으로써 홍산 문화의 근원이 중국 중원에 있다는 믿음이 깨졌다."라고 단언했지요. 물론 황허와 싱룽와 · 차하이의 문명이 모두 중화 문명의 발상지라는 궁색한 전제를 달았어요. 하지만 빗살무늬 토기가 한반도 신석기 문화의 상징이라는 것은 누구도 부인할 수 없는 사실입니다. 옥결은 싱룽와 · 차하이 유적부터 홍산 문화까지 곳곳에서 발굴되고 있어요. 최근 한반도 동해안 고성 문암리(기원전 6000년)에서도 같은 형태의 옥결이 나왔지요.

주목할 점은 싱룽와 · 차하이 문화와 홍산 문화가 모두 압록강변의 옥을 썼다는 것입니다. 이로써 당시 랴오허 문명이 백두산을 중심으로 만주와 한반도를 아우르고 있다는 것을 알 수 있어요.

샤자뎬 하층 문화에 속하는 싼쭤뎬과 청쯔 산에는 치가 있는 석성 수천 개가 널려 있는데, 이 석성들은 우리 고유의 석성과 많이 닮았습니다. 치가 있는 석성의 전통은 고구려와 백제 시대에도 그대로 이어지고 조선 시대에도 계승되지요. 치의 역할을 하는 수원 화성의 공심돈(空心墩)에서 이를 확인할 수 있습니다. 이 지역에서 발견된 치를 갖춘

석성과 비파형 동검은 중원에서는 찾아볼 수 없는 고구려 특유의 것으로 알려져 있어요. 이를 두고 "고조선의 유물이 틀림없다."라고 단정하는 학자들도 있습니다. 샤자뎬 하층 문화는 단군 조선과 장소와 시기 면에서 정확히 일치하지요.

　샤자뎬 하층 문화 유적의 탄소 연대 측정값이 기원전 2400~기원전 1300년이라는 점은 고조선과의 연관성을 더욱 높여 줍니다. 더구나 이들의 문화 유적은 석성과 제단, 돌무덤의 전통을 쌓은 우리 민족의 것과 같지요. 이런 전통이 샤자뎬 하층 문화에 그치지 않고 8,000년 전까지 거슬러 올라간다는 데 주목할 필요가 있습니다.

빗살무늬 토기
싱룽와(왼쪽)와 함경북도 서포항(오른쪽)에서 나온 빗살무늬 통형관이다. 형태와 아가리 모양, 문양이 비슷하다.
경향신문사 사진 제공

뉴허량 계단식 돌무지무덤

랴오닝 성 차오양 시 젠핑과 링위안의 경계선에 걸쳐져 있는 뉴허량 유적 중 하나다. 이집트의 피라미드보다 1,000년이나 앞선 시기에 축조된 동방의 피라미드로 중국어로 진쯔타(金字塔), 즉 금자탑이라고 부른다. 가운데는 판축 형태로 흙을 다지고 바깥쪽은 돌로 쌓았는데 이런 방법은 부여와 고구려, 백제, 신라뿐 아니라 일본 규슈까지 그대로 이어졌다. 경향신문사 사진 제공

백제 석촌동 돌무지무덤

백제의 도읍지였던 한강 유역에 만든 백제 초기 고분군이다. 백제 초기의 매장 풍습과 함께 당시의 문화, 정치, 사회 등에 관한 흔적을 보여 주는 중요한 유적이다. 석촌동 일대에는 1916년 당시 돌무지무덤 23기, 흙무덤 66기 등 모두 89기의 고분이 있었는데, 개발로 인해 거의 다 없어졌다. 1987년 복원 당시에는 석촌동 적석총 제3호분과 제4호분, 2기밖에 남아 있지 않았다.

싼쭤뎬 석성

2005년 중국 인허(陰河) 유역에서 발견된 기원전 2000~기원전 1500년 무렵의
유적이다. 이 석성은 치가 13개나 된다. 석성은 츠펑 지구를 포함한 발해만 북부
지역의 축성술로 쌓은 것인데, 이 기술이 고구려와 백제에 전해졌다고 한다. 조선
시대에 쌓은 수원 화성의 공심돈에서도 그 흔적을 찾을 수 있다. 경향신문사 사진 제공

공심돈(수원 화성)
성곽 주변을 감시해 적군의 접근 여부를 살폈고
적이 공격할 때는 방어 시설로 활용했다.

황허 문명과 전혀 다른 랴오허 문명

상(은) 이전에는 고도로 발달된 문화가 발해만 연안에 존재했습니다. 랴오허 문명을 건설한 사람들이 모두 한반도로 내려왔다고 할 수는 없지만 상당수가 기존에 한반도에 살던 사람들과 연결됐어요. 동이족은 이후 단군 조선과 중원의 상을 세우면서 역사에 뚜렷한 족적을 남깁니다.

황허 문명은 한족이 이룩한 것으로 알려져 있어요. 그러나 중국의 학자들조차 황허 강 유역은 동이족의 주요 활동 무대의 하나였다고 인정하고 있습니다. 그러므로 한족이 동이족의 영향을 받아 황허 문명을 이루었음을 짐작할 수 있지요.

황허 문명의 대표적인 산물은 상의 '갑골 문자'입니다. 한자는 갑골 문자에서 유래됐지요. 그런데 황허 강 유역에서 발견된 갑골 문자보다 더 오래된 갑골 문자가 발해만 지역에서 발견됐어요. 홍산 문화의 발원지인 발해만 유역은 고구려와 백제, 발해가 멸망할 때까지 우리의 강역에서 벗어난 적이 없는 곳입니다. 따라서 한자는 랴오허 문명의 갑골 문자에서 영향을 받은 것으로 볼 수 있지요. 중국은 발해만 지역에서 발굴된 갑골 문자를 공식적으로 발표하는 것을 꺼리고 있습니다.

북한은 다양한 선사 문화의 발굴을 바탕으로 대동강 문화를 동북아시아의 시원 문화로 주장하고 있어요. 이형구 교수는 "평양시 상원군의 용곡 1호 동굴 유적에서 구석기 시대는 물론 신석기 시대의 인류 화석이 나왔다. 이는 구석기 시대부터 신석기 시대까지 사람들이 계속 살았다는 것을 보여 준다. 이런 관점에서 구석기 시대 사람들이 1만 년 전까지 한반도에서 살다가 물러나고 북방에서 내려온 신석기

시대 사람들이 그 자리를 차지했다는 '북방 전래설'은 폐기돼야 한다."
라며 대동강 문화의 자생설을 주장했습니다.

신용하 교수는 "고조선은 한강 신석기 문화(한족)와 랴오허 신석기
문화(맥족), 대동강 신석기 문화(수도 설정) 등 세 강에서 형성된 문화
를 통합해서 건국됐다. 즉, 문화 수준을 한 단계 더 높인 동북아시아
최초의 고대 국가라고 볼 수 있다."라며 동북아시아 문명의 구도를
설정했어요. 이는 윤내현 교수가 예, 맥, 한, 삼한 등을 모두 단군 조선의
거수국(제후국)으로 보는 것과 일맥상통하지요.

중국은 랴오허 강 일대의 유적에 '동북 지역 최초의 신석기 유적',
'중화 제일촌', '중화 제일용', '세계 최고의 옥' 등의 수식어를 붙이고
있습니다. 하지만 이 지역의 문화는 중원 문화와 본질적으로 달라요.
예맥이 주도하던 랴오허 지역의 '용봉 문화'와 '옥기 문화' 등이 남하
해 중원 지역으로 전파된 것입니다. 문명은 오래된 것, 높은 것에서
새로운 것, 낮은 것으로 전파되는 법이지요. 또한 이 지역의 유적들은
한반도와 연결되는 것이 많습니다. 중원에서는 발견되지 않는 수많은
유적들이 만주 지역과 한반도 일대에서 발견되는 것은 바로 이 때문
이에요.

**차하이 지역의 옥결(왼쪽)과
강원도 고성 문암리의 옥결
(국립춘천박물관)**
랴오허 문명의 한 지역인
차하이에서 발견된 옥결이 강원도
고성군 문암리에서도 나왔다. 이를
통해 랴오허 지역과 한반도는 같은
문명권임을 알 수 있다.

빗살무늬 토기, 돌무지무덤, 석관묘, 치가 있는 석성, 비파형 동검, 고인돌, 암각화 등은 중원 문화권에서는 보이지 않고 한반도와 랴오허 문명권에서만 나타나는 북방 문화들입니다. 따라서 중국 황제가 랴오허 문명을 건설하고 중원에 또 다른 문명을 이룩했다는 주장은 지리적으로 보나 유물로 보나 타당성이 떨어지지요.

역사를 해석할 때 가장 신빙성 있는 증거물은 바로 유물과 유적이에요. 사료는 자국의 관점에서 왜곡해 서술할 수 있으니까요.

그동안 우리나라의 강단 사학계에서는 한민족의 시베리아 기원설을 주장했습니다. 하지만 가까운 곳에 고도의 문명이 있는데 멀고 척박한 시베리아의 문명을 받아들였다는 주장은 타당성이 떨어지지요. 문명은 흐르는 물처럼 높은 곳에서 낮은 곳으로 흘러갑니다. 따라서 랴오허 문명이 시베리아 지역의 문명에 영향을 주었거나 영향을 받았을 수는 있겠지요.

중국 요동 지방과 전라남도 영암군 장천리의 주거지 유적에서 출토된 청동기의 추정 연대는 황허 문명보다 앞선 기원전 2600년경인 것으로 알려졌습니다. 이 지역의 청동기 유적은 시베리아 계통은 물론 중국의 것과도 다르지요. 따라서 고조선 청동기 문화가 자생했을 가능성도 열어 놓아야 해요.

강단 사학계는 일제 강점기에 형성된 식민 사학을 그대로 답습하고 새로운 이론이 싹틀 수 없게 방해했습니다. 그래서 그동안 우리나라의 고대사를 공부하겠다고 나서는 학자들이 거의 없었던 거예요. 그러는 사이에 우리는 스스로 우리의 교과서를 왜곡했고, 주변국의 역사 왜곡에도 속수무책으로 당할 수밖에 없었던 것이지요.

갑골 문자와 점뼈

'갑(甲)'은 거북의 배 껍데기라는 의미이고, '골(骨)'은 소와 같은 짐승의 어깨뼈나 넓적다리 뼈 같은 것을 가리킨다. 고대 상에서는 국가 중대사에서부터 일상적인 현상까지 제사장이 갑골을 이용해 점을 쳤다. 갑골에 구멍 같은 흠집을 낸 후 불 위에 올려놓고, 열로 인해 갈라진 방향에 따라 길흉을 판단했다. 점을 친 후에는 그 결과를 갑골에 기록했다.

갑골 문자(상하이박물관)
현재 알려져 있는 한자의 가장 오래된 형태다.
문자의 수는 대략 3,000개 정도다.

갑골 문자 귀갑
귀갑은 거북의 등딱지다.
1899년 중국의 유악이라는
사람이 약재로 쓸 귀갑에 갑골
문자가 새겨진 것을 최초로
발견했다고 한다.

점뼈(국립중앙박물관)
점을 치기 위해 사용한 동물의 뼈다. 한반도에서 가장 흔히
나타나는 점뼈는 사슴의 주걱뼈로 만든 것이다. 점뼈를
태우거나 불에 달군 도구로 지져서 갈라지고 깨진 모양을
해석해 길흉화복을 점쳤다.

울주 천전리 암각화
제1 암각화에는 상고 시대부터 신라 말기에 이르는 많은 기하학적인 문양과 명문(銘文)이 새겨져 있고
제2 암각화에는 사슴·호랑이·멧돼지·곰·토끼, 사냥하는 장면 등 약 150여 그림이 새겨져 있다.
울주 천전리, 함안 도항리, 포항 칠포리 암각화는 랴오허의 암각화와 유사성을 갖고 있다.

천전리와 랴오허의 암각화 네모 무늬
작은 네모 안의 무늬가 천전리 암각화이고 밝게 빛나는 것이 랴오허 문명 지역인 중국 적봉시에서 발견된 암각화다.

문화의 충돌 - 피가 들판에 백 리를 흐르다

1970년대 말 허베이 성(河北省) 장자커우(張家口)의 유적에서 홍산 문화의 대표적 문양인 용무늬 채도관(항아리)과 양사오 문화를 대표하는 꽃무늬 채도가 발굴됐어요. 이는 홍산 문화와 양사오 문화가 서로 영향을 주고받았다는 것을 알려 줍니다. 이와 관련해서 재미있는 기록이 있지요.

장자커우 인근에는 황제와 치우가 싸웠다는 탁록(涿鹿)이란 곳이 있습니다. 여기에서 고대의 세계 대전 탁록 대전이 벌어지지요. 이 전투가 얼마나 치열했던지 『장자(莊子)』에는 "탁록의 들녘에 피가 백 리를 두고 흘러내렸다."라고 기록돼 있습니다.

중국의 쉬쯔펑 츠평대 교수는 "황허 문명은 농업 중심의 문화였고, 랴오허 문명은 신군(천신족) 중심의 복합 문화였다. 두 문명은 서로 영향을 주고받았다."라고 밝혔어요. 또한 그는 "동이계를 대표하는 치우와 중원의 황제가 싸웠다는 기록이 있지 않느냐."라면서 "이것이 바로 문화의 충돌"이라고 말했습니다. 결국 중국 학계는 문명의 서곡을 연 주체가 동이족이라는 사실을 인정한 셈이지요. 그러면서도 동북 공정에 따라 "랴오허 문명은 중화 문명의 일부다."라고 못 박고 있어요. 홍산 문화를 포함한 랴오허 문명을 동이족의 문명으로 규정하면서 정작 그 문명의 주체는 황제 집단이라고 주장하는 이중성을 드러낸 것이지요. 하지만 랴오허 문명과 황허 문명의 성격이 다른 이유는 무엇으로 설명할 수 있을까요?

치우는 중국 고대 신화에 나오는 인물입니다. 구려족의 우두머리로서 헌원과 전쟁을 벌였지요. 전투에 매우 뛰어난 능력을 보여 중국에서는 '전쟁의 신'이나 '병기의 신'으로 숭배되기도 했지요.

"

치우에 관한 기록은 문헌에 따라 차이가 있습니다. 중국 역사서 『사기』「오제 본기」 첫머리에는 다음과 같은 이야기가 나오지요. "헌원(황제)의 시대는 신농씨(염제)의 세력이 쇠약해지는 시기였다. 헌원이 곰, 비·휴(호랑이와 비슷한 동물. 비는 수컷, 휴는 암컷), 추(큰 살쾡이), 호랑이 등 사나운 짐승을 길들여 반취안의 들에서 염제와 여러 번 싸운 끝에 승리했다. 치우가 또다시 난을 일으키자 헌원이 군대를 징집해 탁록의 들판에서 결국 치우를 사로잡아 죽였다. 제후들이 헌원을 천자로 삼아 신농씨를 대신했으니, 그가 바로 황제다."

하지만 반대로 『산해경』에는 황제와 치우가 싸운 곳이 기주이며, 치우가 먼저 황제를 정벌해 왔다고 기록돼 있습니다. 이 책에는 "치우가 병력을 이끌고 와 황제를 공격하자, 황제는 응룡에게 기주 들판에서 그를 공격하게 했다. 응룡은 물을 가두어 치우를 막으려 했으나, 치우는 풍백(風伯)과 우사(雨師)에게 청해 큰 비바람이 몰아치게 했다. 황제는 천녀인 발(魃)을 보내 비를 멈추게 하고 마침내 치우를 죽였다." 라고 나옵니다.

이처럼 자료에 따라 내용의 차이가 있지만, 치우와 황제의 전쟁은 중국 건국 신화의 핵심적인 요소예요. 중국의 한족이 스스로를 '염제와 황제의 자손'이라고 표현하듯이 황제와 염제의 부족이 연맹을 이루어 치우가 이끌던 구려(상고 시대의 부족 연맹)를 격퇴하는 과정은 중국의 고대 국가 성립 과정을 상징적으로 보여 줍니다.

조선 후기 이후 우리나라에서는 치우를 우리 민족의 역사와 연관시켜 해석하려는 움직임이 나타났어요. 조선 숙종 1년(1675년) 북애자가 저술했다고 전해지는 『규원사화』에서는 치우의 부장인 '치우비'가 공을 세우려다가 잡혀 죽은 것으로 기록돼 있습니다. 또 『사기』에서는 치우비를 치우로 표기했을 가능성도 시사하고 있지요.

계연수가 1911년에 편찬했다고 전해지는 『환단고기』에는 "기원전 2706년 42살의 나이에 환웅의 자리에 오른 치우 천왕은 10년 동안 황제 헌원과 73번을 싸워 모두 이겼고, 수레와 투석기를 만들어 전쟁에 사용하기도 했다. 결국 치우 천왕이 탁록 벌판에서 헌원을 사로잡아 자신의 신하로 삼았다."라고 기록돼 있습니다.

중국 학계는 황제와 염제가 싸운 제1차 대전인 반취안 대전은 오제 시대 전기(기원전 3500~기원전 3000년)에 일어났고, 탁록 대전은 오제 시대 후기(기원전 3000~기원전 2070년)에 일어난 것으로 보고 있습니다. 대체로 고조선의 건국 연대와 일치하지요. 황제가 염제와 싸울 때 함께 전쟁터에 나선 곰과 범, 살쾡이 등은 이런 짐승을 토템으로 삼은 부족의 명칭이라는 설이 유력합니다.

중국 역사에서는 치우를 악마의 모습으로 그립니다. 머리는 구리와 쇠로 되어 있고 폭풍우를 휘몰아치게도 할 수 있다는 거예요. 청동 투구를 쓰고 강력한 청동 신병기를 휘두르는 치우의 모습이 중국인의

치우 문양

신화적인 존재인 치우 천왕은 인상이 매우 강인하다.
민간에서는 도깨비의 모습으로 표현돼 전해진다.

짐승얼굴무늬 기와
(신라 후기, 국립중앙박물관)

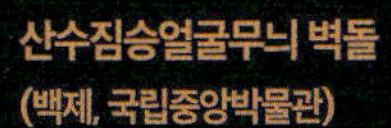

산수짐승얼굴무늬 벽돌
(백제, 국립중앙박물관)

짐승얼굴무늬 수막새 (고구려, 국립중앙박물관)

눈에는 그렇게 비춰졌을지도 모르지요.

진시황제는 중국을 통일하면서 삼황오제에서 황제라는 이름을 썼어요. 중국의 조상이라는 삼황오제의 삼황은 태호 복희, 염제 신농, 황제 헌원이고, 오제는 소호 금천, 전욱 고양, 제곡 고신, 제요 도당(요임금), 그리고 제순 유우(순임금)를 말합니다. 민족주의 사학자들은 우리의 삼황을 환인, 환웅, 치우로 보고 있어요.

중국에서는 황제(黃帝)를 중화 민족의 정통 시조신으로 모셔 왔습니다. 황제는 중국에서 가장 오래된 의학서인 『황제내경』을 저술한 것으로 알려져 있으며 동아시아 최초의 전쟁에서 치우를 물리치고 화하(華夏)족 중심의 중국을 건설한 전설상의 인물이에요.

춘추 전국 시대에 치우는 제의 군신으로 추앙됐다고 합니다. 『사기』에는 "한을 세운 유방이 출전할 때는 반드시 치우에게 제를 올렸다." 라고 기록돼 있어요. 치우 천왕은 강인한 인상을 해학적으로 표현한 도깨비의 모습으로 우리에게 전해지고 있어요. 고대 왕릉, 기와, 민담 등에 도깨비로 묘사되는 치우 천왕은 1999년 '붉은 악마'의 공식 캐릭터로 선정됐지요.

1-3 랴오허 문명

1 샤오허시(小河西) 문화(기원전 7000~기원전 6500년경)
- **유물** 제단 위에서 7기의 돌무지무덤이 발견됐으며 판석, 화산석 얼굴, 옥팔찌 등이 출토됨

2 싱룽와(興隆窪)·차하이(査海) 문화(기원전 6200~기원전 5200년경)
- **시기** 민족주의 사학계에서는 환인의 환국 시대에 해당하는 것으로 추정함
- **유물** 신석기 문화의 전형적인 유물인 빗살무늬 토기가 출토됨. 옥결(압록강변의 옥을 사용)은 강원도 고성 문암리의 옥결과 형태가 동일함

3 자오바오거우(趙寶溝) 문화(기원전 5000~기원전 4400년경)
- **시기** 민족주의 사학계에서는 환인의 환국 말기에 해당하는 것으로 추정함
- **유물** 봉황형 토기는 봉황과 관련된 최초의 유물로서 '중화 제일봉(中華第一鳳)'으로 불림

4 훙산(紅山) 문화(기원전 4700~기원전 3000년경)
- **시기** 민족주의 사학계에서는 환웅의 배달국 시대에 해당하는 것으로 추정함
- **유물** 훙산 문화를 대표하는 뉴허량 유적의 여신을 모시는 신전에서 진흙으로 만든 곰 형상이 출토돼 단군 신화의 웅녀족과의 관련성 여부가 주목됨. 피라미드식 돌무지무덤이 발견됨. 돌무지무덤은 고구려와 백제의 돌무지무덤으로 이어짐. C자형 옥결은 싱룽와·차하이 옥결을 계승한 것임

5 샤오허옌(小河沿) 문화(기원전 3000~기원전 2000년경)
- **시기** 단군 조선의 초기에 해당함
- **유물** 훙산 문화에 이어 곰 숭배 전통이 이어짐

6 샤자뎬(夏家店) 하층 문화(기원전 2000~기원전 1500년경)
- **시기** 단군 조선의 발전기에 해당함
- **유물** 싼쭤뎬과 청쯔 산에 치가 있는 석성 수천 개가 산재해 있음. 치성과 비파형 동검은 고구려 특유의 것으로 중원에서는 발견되지 않음

7 문명의 충돌
- **유물 교류** 장자커우에서 용무늬 채도 항아리(훙산 문화)와 꽃무늬 채도 항아리(양사오 문화)가 발견됨. 문화 교류와 문명의 충돌(중원의 황제와 구려족의 치우가 탁록 대전을 벌임)

일본은 왜 한반도 고대사를
신화로 규정할까요?

일본은 식민지 영구화 정책의 일환으로 단군 조선의 역사적 실체를 부인하는 작업에 온갖 노력을 기울였습니다. 이 과정에서 단군 조선과 관련된 서적 대부분이 불타거나 일본으로 빼돌려졌어요. 그래서 단군 조선의 역사가 신화로 바뀌었지요.

1915년 일본 총독 데라우치 마사다케는 중추원에 편찬과를 설치해 이완용과 권중현 등을 고문으로 앉히고 동경대학교의 구로이다 가쓰미와 교토대학교의 이마니시 류 등을 감독으로 임명했어요. 그러고는 역사 왜곡을 단행했습니다. 본래 조선 총독부 취조국에서 하던 일을 편찬과에서 전담하게 된 거예요.

이들은 사료에 근거한다는 명분을 앞세워, 단군 조선의 역사를 '상고 삼한'으로 뭉뚱그려 서술한 『조선 반도사』를 편찬했습니다. 이후 1922년에는 중추원 '조선사 편찬과'를 '조선사 편찬 위원회'로 개편한 뒤에 '상고 삼한'의 역사를 '삼국 이전'으로 수정했어요.

1919년 제3대 조선 총독으로 부임한 사이토 마코토는 1925년에 '조선사 편수 위원회'를 총독 직속 기관인 '조선사 편수회'로 승격해 역사 왜곡에 박차를 가했습니다. 이곳에서 펴낸 『조선사』 제1편에서는 '삼국 이전'의 역사가 '후기 신라 이전'으로 수정됐어요. 이는 단군 조선의 건국이 일본인은 물론이고 한국인에게 어떤 의미가 있는지 알려 주는 좋은 사례입니다. 그러나 여전히 해방 이후에도 식민 사관을 극복하지 못한 채, 단군 조선의 역사는 여전히 신화로만 언급되고 있어요.

이 때문에 오늘날 우리는 중국의 동북공정이나 일본의 독도 영유권 주장 같은 국제 분쟁에 휘말리고 있는 것입니다. 뿌리가 분명하지 못하면 온갖 분란이 일어날 수밖에 없지요.

최근 들어 고고학적 유물의 발굴이 계속되고, 우리 역사에 대한 이해가 높아지면서 단군 조선의 내용을 교과서에 반영하기 시작했습니다. 늦은 감이 있지만 참 반가운 소식이에요.

그렇다면 역사학자들은 단군 조선의 건국 시기를 언제쯤으로 보고 있는 걸까요? 안타까운 일이지만 학자마다 발견된 유물이 속한 연대를 다르게 보기 때문에 아직까지 통일된 의견을 찾아보기는 어렵습니다. 여전히 신화로 보는 시각도 있고, 역사로 보더라도 건국

단군 조선의 역사는 총독부와 친일 사학자들에 의해
신화가 되어 버렸어요.

연대를 기원전 30세기 전후로 보거나 기원전 10세기 전후로 보는 시각도 있어요.

일반적으로 최초의 국가는 청동기 시대에 나타나는데, 유적과 유물을 몇 세기의 것으로

보느냐에 따라 우리나라의 청동기 사용 연대 또한 달라질 수밖에 없습니다. 물론 국가

건설의 시기를 반드시 청동기 시대에 한정할 필요는 없어요. 남미 대륙의 잉카 문명이나

아스테카 문명처럼 석기를 사용했어도 국가로 인정받은 사례도 있으니까요.

랴오허 문명에 속하는 싱룽와·차하이 유적의 빗살무늬 토기는 우리나라 신석기 문화의

전형적인 유물이에요. 샤자뎬 문화에 속하는 싼쭤뎬과 청쯔 산에는 치가 있는 석성 수천

개가 흩어져 있는데, 이는 고구려 특유의 것으로 중원에서는 발견되지 않는 것입니다.

이런 점을 들어 랴오허 문명이 고조선의 문명이라고 단언하는 역사학자도 있어요. 고고

학적 유물이 계속 발굴되고 있으므로 단군 조선이

신화인지 역사인지는 언젠가 밝혀질 거예요.

4 2,000년의 왕국, 고조선 |
고조선의 기원과 제도

한 반도 최초의 민족 국가인 단군 조선에 대해서는 학자마다 의견이 다양합니다. 어떤 사람은 상징적인 의미를 가진 신화라고 주장하고, 또 어떤 사람은 역사라고 주장하지요. 단군이 조선을 건국한 날을 '개천절'로 제정해 기념하고, 역사 교과서에서 고조선을 엄연히 다루고 있는 나라에서 참으로 일관성이 없는 태도입니다. 그렇다면 한반도 지역에서 청동기를 사용한 시기는 언제일까요? 강원도 정선과 춘천, 경기도 가평, 인천 계양, 경상남도 진주 등지에서 청동기 시대 유물이 출토됨에 따라, 한반도 지역에서 청동기가 사용된 시기는 대략 기원전 2000년경으로 앞당겨졌어요

- **기원전 2333년** 　단군이 단군 조선을 건국하다.
- **기원전 4세기경** 　단군 조선이 요령 지방을 중심으로 만주와 한반도 북부를 잇는 넓은 지역을 통치하다.
- **기원전 2세기경~** 　예맥계의 부여가 고조선과 함께 지금의 북만주 일대에 존속하다.
  기원후 494년경
- **기원전 2세기경** 　위만이 고조선의 지배권을 장악할 무렵 한반도 남부에 진국(辰國)이 형성되다. 중국의 군현 세력에 저항
  하면서 부족 연맹 세력인 마한·진한·변한으로 전환되다.

환웅의 신시 건설

청동기 문화에 기반을 둔 단군 조선의 역사적 실체는 『삼국유사』뿐만 아니라 여러 유물과 유적에서도 확인이 가능합니다. 중국의 『한서』 「지리지」에서도 인간의 생명과 신체, 재산의 권리를 명시해 놓은 단군 조선의 8조법금(八條法禁)을 확인할 수 있지요.

여기서는 『삼국유사』를 통해 단군 조선의 건국이 역사적 사실이 될 수 있는지 살펴보겠습니다. 단군 신화에는 고조선을 세우는 과정이 등장합니다. 먼저 환웅의 신시(神市) 건설 과정을 살펴보면 다음과 같지요.

하늘의 제왕인 환인에게는 환웅이라는 아들이 있었는데, 환웅은 천하에 뜻을 품고 인간 세상을 다스리고자 했다. 이에 환인은 아들의 뜻을 알고 천부인 세 개를 주고 뜻을 펴기에 적당한 태백산에 내려가 인간 세상을 다스리게 했다. 환웅은 3,000의 무리를 거느리고 태백산 꼭대기 신단수 아래에 내려와 그곳을 '신시'라 불렀다. 그때부터 환웅 천왕은 풍백, 우사, 운사를 거느리고 곡식, 수명, 질병, 형벌, 선악 등 360여 가지의 일을 주관하며 인간 세상을 교화했다.

이 이야기를 통해 우리는 간접적으로나마 단군 조선의 근간에 대해 알 수 있습니다. 국가를 세우려면 구성원을 통제할 수 있는 방법이 필요한데, 환웅은 '거느리고', '주관하며', '다스려' 신시를 건설했어요.

신시가 국가인지, 아니면 그 이전 단계인지는 정확하게 판단하기 어려워요. 다만 일부 학자들은 신시를 국가로 규정해 '청구국' 또는 '배달국'이라고 부르고 있습니다. 심지어 환인이 '한국'이라는 이름의

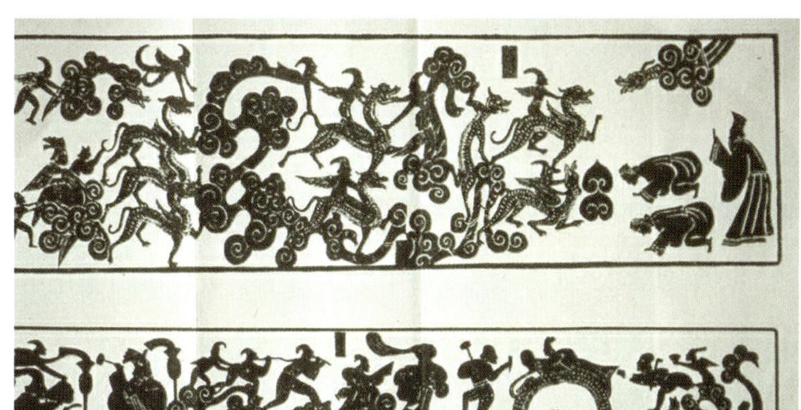

국가를 건설했다고 주장하는 사람도 있지요. 이는 『환단고기』에 기록된 내용을 바탕으로 한 주장인데, 책의 진위 자체가 논란거리이므로 설득력이 떨어져요. 하지만 가능성마저 무시할 수는 없습니다.

환인이 한국을 건국했다는 역사적 근거만 찾는다면 우리 역사는 단군에서 환인까지 거슬러 올라갈 수도 있습니다. 일본, 중국 등의 주변국들은 이를 인정하고 싶지 않아서 끊임없이 자료를 없애고 역사를 왜곡해 왔는지도 모릅니다.

어쨌든 환웅의 신시 건설 과정을 통해 알 수 있는 사실은 최소한 이 시기에 이르러 인간 세계를 다스리는 역할이 구체적으로 언급됐다는 거예요. 또 지나치면 안 되는 사실은 환웅의 신시 건설을 환인이 인정했다는 것입니다. 이는 계승의 정통성 문제를 해명한 것으로서 권력 다툼을 통해 왕의 자리를 차지한 것이 아님을 뜻하지요. 게다가 360여 가지 인간사를 주관했다는 것은 백성을 다스리는 법이 360여 가지였다고 이해할 수 있어요. 즉, 국가를 건설할 수 있는 기본적인 토대가 충분히 마련돼 있었던 것이지요.

곰족과 범족의 통합

단군은 어떻게 탄생했고 어떤 방법으로 나라를 세웠을까요? 이 점에 대해 단군 신화는 다음과 같이 밝히고 있습니다.

곰 한 마리와 범 한 마리가 같은 굴에서 살았는데, 환웅에게 사람이 될 수 있게 해 달라고 늘 빌었다. 이에 환웅은 신령한 쑥 한 다발과 마늘 스무 개를 주면서 말했다.

"너희들이 이것을 먹고 100일 동안 햇빛을 보지 않는다면 곧 사람이 될 것이다."

곰과 범은 동굴에서 쑥과 마늘만 먹으며 지냈다. 금기를 지키기 시작한 지 삼칠일 만에 곰은 여자가 됐지만 범은 금기를 지키지 못해 사람이 되지 못했다. 웅녀는 혼인할 상대가 없어 항상 신단수 아래에서 잉태하기를 축원했다. 이에 환웅은 잠시 사람으로 변해 웅녀와 사랑을 나누었고, 웅녀는 임신해 아들을 낳았다. 그가 단군왕검이다.

단군왕검은 요임금이 즉위한 지 50년인 경인년에 평양성에 도읍을 정하고, 국호를 조선이라고 불렀다.

이 이야기에서 곰과 범은 토템 신앙의 상징입니다. 즉, 단군이 곰족과 범족을 흡수하는 과정을 설명한 것이라고 해석할 수 있지요. 하지만 여기서 중요한 것은 무엇을 근거로 자신의 정통성과 우월성을 내세워 곰족과 범족을 흡수했느냐는 거지요.

한 국가의 건설이나 정권의 탄생 과정에서 가장 중요한 것은 자신의 정통성, 즉 존립 근거를 확고히 하는 것이기 때문입니다.

동방의 비너스
뉴허량 여신묘에서 출토됐으며 '동방의 비너스'라고 불리는 여신상이다. 이 유물은 단군의 어머니인 웅녀로 추정된다.
경향신문사 사진 제공

각저총 씨름도에 등장하는 곰과 범

고구려 벽화인 각저총 씨름도에는 곰과 범이 등장한다. 지워져서 잘 보이지는 않지만 큰 나무 아래에 곰과 범이 웅크리고 앉아 있다. 이는 고구려인이 단군왕검의 이야기를 알고 있었음을 뜻한다.

예컨대 조선을 건국한 태조 이성계는 산신령에게 금척(金尺)을 받은 꿈을 널리 알렸으며, 오늘날 지도자들도 '참여 정부'나 '실용 정부' 등의 이름으로 자신의 정통성을 표방하려고 노력합니다.

그렇다면 단군은 무엇으로 곰족과 범족을 포섭했을까요? 그것은 환인에서 환웅으로 연결되는 정통성에 근거합니다. 즉, 단군은 단순히 힘센 부족의 우두머리가 아니라 하늘의 신과 연결돼 있어 신성하다는 것이지요. 이를 통해 단군은 여러 부족을 하나로 통합할 수 있었어요.

만약 단군이 여느 부족처럼 토템에만 근거해 통합하려 했다면 여러 부족을 하나로 통합할 수 없었을 것입니다. 서로 자신의 토템이 우월하다고 주장할 경우, 이를 입증하기 위해 전쟁을 피할 수 없기 때문이에요. 그래서 단군은 정통성을 하늘에서 찾았지요.

이는 인간이 세계를 이해하는 인식의 발전 과정에서도 극히 자연스러운 현상입니다. 인간은 지성이 발달할수록 동물과 분명한 차이를 드러냅니다. 따라서 계속 토템에만 의지할 수는 없었을 거예요. 이런 상황에서 세계를 통합적으로 이해하고 바라보려는 인식이 싹트는 것은 당연한 이치입니다. 즉, 세계를 주관하는 존재로서 하늘을 인간의 근원으로 생각하게 된 거예요. 단군족 외에도 하늘을 숭상하는 민족이 많다는 점이 이를 증명합니다.

결론적으로 환웅 시기의 단군 조선이 국가의 기본적인 토대가 구축된 상황에서 여러 토템 부족을 하나로 아우를 수 있었던 이유는 하늘 사상을 내세웠기 때문이에요. 그러므로 부정할 수 있는 뚜렷한 근거가 없는 한 기원전 2333년에 나라를 세운 것을 개국의 기원으로 보는 것이 타당합니다.

하에 치수를 가르쳐 주다

고종의 밀사이자 역사학자였던 미국인 선교사 호머 헐버트는『한국사, 드라마가 되다』에서 단군 조선이 중국의 하에 치수(治水)를 가르쳐 준 사실을 다음과 같이 기록하고 있어요.

기록에 따르면 하의 시조 우왕(禹王)이 단군 조선에게 중국 땅에 범람한 물을 다스려 줄 것을 부탁하자, 단군은 아들 부루를 사신으로 보내 치수에 도움을 주었다고 한다. 이는 기원전 2187년에 있었던 일이라고 한다. 다른 문헌에서는 기자(箕子)가 한반도에 오자 부루가 북쪽으로 이동해 부여(扶餘, 북부여)라는 왕국을 세웠고, 훗날 이 부여가 가엽원으로 이주해 동부여가 됐다고 전한다.

대부분의 사람들은 하의 우왕이 치수 사업을 완성한 것으로 알고 있습니다. 하지만 호머 헐버트는 우왕이 단군 조선의 도움을 받아서 치수 사업을 한 것으로 서술했어요.

이렇게 보면 하는 단군 조선의 거수국이었을 가능성도 있지요. 호머 헐버트가 100여 년 전에 어떤 사료를 근거로 한국사를 서술했는지는 알 수 없지만, 수많은 사료들이 일제 강점기에 유실돼 지금은 기록이 남아 있지 않을 가능성이 높습니다.

그러나 몇 가지 근거를 댈 수 있는 사료가 있어요. 1675년에 북애자가 지었다는 『규원사화』에는 "단군 조선이 개국한 지 30년 만에 대홍수가 일어났다. 이는 중국 요 70년(기원전 2301년) 쑹화 강 유역의 대홍수와 일맥상통한다."라고 기록돼 있어요.

순임금으로부터 치수 명령을 받은 우(禹)는 치수법을 배우기 위해 단군 조선의 거수국인 도산국의 왕녀에게 장가를 들고, 단군왕검의 아들인 부루에게서 치수법을 전수받아 대치수 사업을 완성합니다. 『서경(書經)』「주서(周書)」에는 "옛적에 곤(鯤)이 홍수로 인해 곤란을 겪고 있을 때 오행의 법을 어겼으므로 제(帝)가 노해 홍범구주를 주지 않으니 법도가 어그러졌다. 곤이 참을 당하고 우가 그 뒤를 이어받아 천제가 홍범구주를 주니 법도가 자연스럽게 됐다."라고 기록돼 있어요. 여기서 천제는 하늘의 자손인 단군을 가리키는 말입니다.

『한서(漢書)』「외척열전(外戚烈傳)」에는 "하는 도산국의 은덕으로 일어섰다."라고 나와 단군 조선의 영향 아래 중국이 태동했음을 밝히고 있습니다.

참성단

인천시 강화군 화도면 마니산 서쪽 봉우리에 있는 참성단은 단군이 하늘에 제사를 올리기 위해 쌓은 제단이다. 조선 인조 17년(1639년)과 숙종
26년(1700년)에도 고쳐 쌓았다. 제단은 하늘을 상징하며 둥글게 쌓은 하단(下壇)과 땅을 상징하며 네모반듯하게 쌓은 상단(上壇)으로 구성돼 있다.
고려와 조선 시대에는 이곳에서 도교식 제사를 지내기도 했다.

거수국 제도와 8조법금

우리 고대사는 아직도 풀리지 않는 수수께끼와 같습니다. 하지만 한 가지 틀림없는 사실은 거수국 제도가 지금까지 발견된 사료에 언급돼 있다는 점이에요. 상(은) 왕실의 후예인 기자가 조선으로 망명하면서 조선후(朝鮮侯)에 봉해졌다는 이야기나 고조선의 마지막 왕인 준왕이 위만에게 박사라는 칭호를 내리고 인근의 땅 100리를 다스리게 했다는 이야기는 그 좋은 예입니다. 설령 기자 조선의 이야기가 허구라고 하더라도 이야기 속에 등장하는 것이 거수국 제도의 흔적임을 어렵지 않게 알 수 있습니다.

이를 보면 위만 조선과 기자 조선을 뛰어넘어 고조선에서도 거수국 제도를 널리 활용했음을 알 수 있어요. 단군 조선은 거수국 제도를 활용해 크게 세력을 넓히고 오랫동안 번영을 누렸던 것이지요. 이는 윤내현 교수가 옛 문헌을 확인해 부여, 고죽, 고구려, 예, 맥, 추, 진번, 낙랑, 임둔, 현도, 숙신, 청구, 양이, 양주, 발, 유, 옥저, 기자 조선, 진, 비류, 행인, 해두, 개마, 구다, 조나, 주나, 한 등을 단군 조선의 거수국이라고 주장한 것과도 일치합니다. 실제로 단군 조선의 거수국은 이보다 훨씬 더 많았을 거예요.

그런데 여기서 염두에 두어야 할 사항은 단군 조선외 거수국들이 모두 단군 조선에 통합된 형태는 아니라는 것입니다. 거수국 제도는 거수국들의 독자적인 자치권을 폭넓게 인정하는 형태로 운영됐어요. 중앙 정부의 힘이 약해지면서 이런 현상은 더욱 강화됐습니다. 즉, 단군 조선의 거수국이라도 독자적인 국가로서 지위를 유지할 수 있었다는 말이지요. 이 점을 놓치면 단군 조선의 영향력을 잘못 파악할 수도 있어요.

어쨌든 거수국 제도를 보면 단군 조선은 나라를 세운 후 더욱 세력을 확장해 오랫동안 안정된 영화를 누렸음을 알 수 있어요. 단군 조선이 오랫동안 영화를 누렸다는 것은 8조법금으로도 충분히 확인할 수 있습니다. 거수국 제도는 단군 조선이 세력을 넓히고 오랫동안 영화를 누릴 수 있었던 지배 체제의 일면을 보여 주고, 8조법금은 단군 조선이 법을 제정해 국가를 더욱 안정적으로 다스려 왔음을 보여 주지요.

공권력을 행사하려면 일정한 기준인 법이 있어야 합니다. 그래서 법의 존재 여부는 국가의 실체를 판단하는 데 중요한 기준이 되지요. 8조법금은 단군 조선의 실체를 이해하는 데 중요한 위치를 차지하고 있습니다. 8조법금의 내용 가운데 중국의 『한서』「지리지」에 소개돼 있는 세 가지 조항을 살펴보면 다음과 같아요.

(고조선에서는) 백성들에 금하는 8조법이 있었다. 내용은 대개 사람을 죽인 자는 즉시 죽이고, 남에게 상처를 입힌 자는 곡식으로 갚게 했으며, 도둑질을 한 자는 노비로 삼는다는 것이었다. 용서받고자 하는 자는 한 사람마다 50만 전을 내야 했다. 비록 용서를 받아 보통의 백성이 되어도 당시 풍속에 따라 부끄러움을 씻지 못해 혼인을 하고자 해도 짝을 구할 수 없었다. 이렇게 하니 백성은 도둑질을 하지 않아 대문을 닫고 사는 일이 없었다. 여자는 모두 정조를 지키고 신용이 있어 음란하고 편벽된 짓을 하지 않았다. 농민은 대나무 그릇에 음식을 담아 먹고, 도시에서는 관리나 장사꾼을 본받아 술잔 같은 그릇에 음식을 담아 먹었다.

지금 보면 지나치게 단순한 법조문이라고 생각할 수 있습니다. 하지만 농업을 통해 사유 재산 제도의 기반을 다지고 풍요를 누린 단군 조선 초기의 사회상을 짐작하기에는 충분하지요. 초기의 법이지만 건국되자마자 바로 제정되지는 않았을 것입니다. 한 국가의 법 제정은 심사숙고하는 과정을 거쳐야 하므로 초기의 법률은 단군 조선이 건국되고 바로 만들어진 것이 아니라 오랜 기간을 두고 만들어진 거예요.

그런데 국가가 공권력을 행사한다는 것은 서로 불평등한 관계가 형성됐다는 것을 의미합니다. 사유 재산의 형성으로 인한 재산상의 불평등이 원인일 수도 있지요. 먹고살기에 급급했을 때는 재산을 나눠 가질 여유와 필요성이 없었을 것입니다. 하지만 잉여 생산물이 발생하면 이것을 어떻게 처리할 것인가가 중요한 문제로 떠오르지요.

그렇다면 잉여 생산물 문제는 어떻게 해결해야 할까요? 가장 쉽게 생각한다면 서로 싸워서 이기는 사람이 잉여 생산물을 차지하면 됩니다. 하지만 이 방법은 신체나 생명을 위협하므로 사회 유지에 해가 되지요. 그래서 이 문제에 대한 해결 방안을 가장 먼저 언급했던 것입니다. 공권력은 홍익인간의 정신만으로는 행사할 수 없었을 거예요. 그래서 힘의 상징인 청동기가 밑받침이 된 것이지요.

그런데 이런 초보적인 법이 어떻게 단군 조선과 연관된 것일까요? 이것은 준왕이 위만에게 박사라는 칭호를 내리고 인근 땅을 다스리게 했다는 것에서 확인할 수 있습니다. 관직까지 내린 나라이니 초보적인 법만으로 백성을 다스릴 수는 없었을 거예요.

시간이 흐르면서 단군 조선의 법은 60여 개의 조항으로 늘어났습니다. 이 법조문은 아직까지 발견되지 않았지요.

단군 조선은 기원전 2333년에 건국된 후 국가 시대를 열면서 법을 제정했고, 거수국 제도를 통해 세력을 확산하며 드넓은 영토를 오랫동안 안정적으로 다스려 왔어요.

제천 행사로 백성을 통합하다

단군 조선은 어떻게 2,000년이 넘도록 번영을 누릴 수 있었을까요? 이에 대해 단군 조선이 하나로 이루어진 나라가 아니라 거수국을 둔 나라라고 설명하기도 하고, 세 조선(단군 조선, 기자 조선, 위만 조선)으로 변천해 왔다고 설명하기도 합니다. 또한 세 조선은 단군 조선의 변천을 설명하는 것이 아니라 영토를 세 곳으로 분할해서 다스린 것이라는 관점도 있어요. 어쨌든 매우 오랜 기간 통치해 왔다는 것만은 분명합니다.

한 국가를 오랫동안 유지하느냐, 유지하지 못하느냐의 문제는 여러 각도에서 살펴볼 수 있습니다. 하지만 분명한 것은 사회의 통합 기능에 따라 국가의 존속 여부가 결정된다는 거예요. 이런 점에서 볼 때 단군 조선이 그토록 오랫동안 유지될 수 있었던 이유는 사회의 통합 기능이 매우 효율적으로 운영됐기 때문이라고 추론할 수 있지요.

삼랑성

인천 강화군 길상면 온수리에 있는 성이다. 단군의 세 아들이 쌓았다는 전설이 있어 삼랑성 또는 정족 산성이라고 부른다. 고종 3년(1866년) 병인양요 때 동문과 남문을 공격하던 프랑스군을 물리친 곳이다.

당시의 법은 사회 통합 기능을 효율적으로 운영하는 데 일정 부분 역할을 담당했습니다. 하지만 결정적인 역할을 한 건 아니었어요. 왜냐하면 법의 주된 기능은 통치하는 데 있지, 통합하는 데 있지 않기 때문이지요. 그렇다면 단군 조선의 사회 통합 기능은 어디에서 찾을 수 있을까요? 바로 제천 사상에서 찾을 수 있습니다. 사회 구성원의 통합을 높이려면 사회가 유지될 수 있는 정당성을 확보하면서 생활 속에 뿌리내려야 하기 때문이에요. 이런 측면에서 볼 때 제천 사상은 단군 조선의 정통성을 주장할 수 있는 밑바탕일 뿐만 아니라 생활 속에서 백성을 통합할 수 있는 특성을 갖추고 있지요.

하늘을 숭상하는 것이 바로 단군 조선의 사상이었습니다. 단군은 조선을 건국할 때 토템을 앞세운 것이 아니라 하늘의 자손이라고 주장했어요. 그래서 토템을 숭상하는 여러 부족에 대해 우월성을 강조하고 그 정당성을 주장할 수 있었던 것입니다.

물론 정당성만 주장해서는 안 되고 실생활 속에도 뿌리내려야 해요. 농업이 생산의 주축이었던 당시 상황을 볼 때, 풍성한 수확을 기원하고 축제를 벌이는 것은 생활과 연관이 있었을 것입니다. 결국 제천 행사는 단군 조선의 정당성을 알리고, 백성을 하나로 통합하는 역할을 담당했다고 볼 수 있어요

부여의 영고나 고구려의 동맹, 삼한의 5월 · 10월의 계절제 등에서도 이를 확인할 수 있습니다. 이 나라들은 바로 단군 조선의 거수국이에요. 오랜 시간이 흘렀어도 제천 행사를 올려 동류의식을 형성했고, 결국 단군 조선이라는 의식이 뿌리내렸을 것입니다. 이후 단군 조선의 중앙 집권적 힘이 약화돼 거수국들은 독립의 길로 나갔지만 자신들이 단군 조선의 정통 계승자라고 주장했지요.

1-4 고조선의 기원과 제도

1 단군과 고조선

- **건국 시기** 기원전 2333년 단군왕검이 건국. 단군은 제사장을, 왕검은 정치적 군장을 뜻함. 방사성 탄소 연대 측정법에 따르면 전라남도 영암군 장천리 유적의 청동기 시대 집터와 경기도 양평군 양수리의 고인돌 무덤의 연대가 기원전 2500년경으로 확인됨
- **발전** 요령 지방(랴오닝 성 일대)을 중심으로 성장. 인접한 족장 사회를 통합하면서 한반도까지 발전
- **세력 범위** 비파형 동검과 고인돌이 분포된 요동, 요서, 한반도 지역
- **신화** 환웅이 태백산의 신시(환웅이 태백산 신단수 밑에 세웠다는 도시)를 중심으로 부족을 형성하고 하늘의 자손임을 내세워 우월성을 과시함. 풍백, 우사, 운사를 두어 바람, 비, 구름 등을 주관. 곰을 숭배하는 부족이 환웅 부족과 연합돼 고조선이 형성됨
- **사회** 구릉지에 거주. 농경 생활(농경문 청동기). 사유 재산 성립과 계급의 분화. 지배 계급은 농사와 형벌 등 사회생활을 주도
- **제천 사상 계승** 부여(영고), 고구려(동맹), 동예(무천), 삼한(5월 · 10월 계절제)

2 단군 조선의 제도

- **통치 이념** 홍익인간(弘益人間 '널리 인간을 이롭게 한다'는 뜻)
- **세습 왕국** 부왕, 준왕 등이 등장해 왕위를 세습함. 상, 대부, 장군 등의 관직을 설치함. 중국 전국 시대 7개국 중 하나인 연과 요서 지방을 경계로 대립함
- **거수국 제도** 왕령의 직할지는 직접 단군(왕)이 다스리고, 그 밖의 영토에 대해서는 거수(제후)를 임명해 다스리게 함
- **8조법금** 『한서』「지리지」에 고조선의 8조법금 중 3개 항목이 전해짐. 개인의 생명과 노동력 중시, 사유재산 인정, 농경 사회, 계급 사회, 화폐 사용
  - 살인자는 즉시 사형에 처한다.
  - 남의 신체를 상해한 자는 곡물로써 보상한다.
  - 남의 물건을 도둑질한 자는 소유주의 집에 들어가 노예가 되는 것이 원칙이나, 배상하려는 자는 50만 전을 내놓아야 한다.

단군릉은
정말 단군의 무덤일까요?

1993년 10월 북한은 평양시 강동군 강동읍 대박산 동남쪽 기슭에서 단군의 뼈를 찾았다고 발표했습니다. 말하자면 단군릉을 발견했다는 것이지요. 이와 관련해 일부 역사학자들은 조작이라고 주장했습니다. 과연 어떤 의견이 맞는 것일까요?

논쟁의 핵심은 단군의 유골에 있어요. 북한의 역사학자들은 발견된 유골이 지금으로부터 5,000년 전에 평양에서 태어나 그곳에 도읍을 정하고 기원전 2993년경에 한반도 최초의 고대 국가를 세운 단군의 것이라고 주장하고 있습니다.

이에 대해 일부에서는 북한이 평양의 역사적인 정통성을 확립하기 위해 의도적으로 역사를 조작한 것이라는 비판을 제기하고 있어요. 5만 년 전 이상의 유물에 사용하는 전자 상사성 공명법으로 유골의 연대를 측정했다는 점과 북한 학계 단독으로 조사를 진행했다는 점이 의혹을 불러일으킨 것입니다.

게다가 단군 조선의 건국 시기를 기원전 2333년에서 약 600년이나 앞당긴 점이나, 무덤이 고구려 양식의 돌칸흙무덤(석실봉토무덤)이라는 점 때문에 그것이 정말로 단군의 무덤인지 단정적으로 말하기 어렵습니다. 일부에서는 『환단고기』 등의 기록에 근거해 단군의 무덤이 아니라 환웅 시기의 무덤이라고 주장하지요.

우리로서는 현재 단군릉의 진위 여부를 확인하기 어렵습니다. 다만 『삼국사기』 「고구려본기」 동천왕조에 "평양은 본래 선인 왕검이 살던 곳"이라는 기록이 있는 것으로 보아

평양의 어딘가에 단군의 무덤이 있다고 추정할 수 있어요. 또한 『조선왕조실록』에는 숙종과 영조가 단군릉을 보수·관리하라는 명을 내렸다고 기록돼 있습니다. 그러므로 북한의 주장을 무조건 역사 조작이라고 몰아붙이는 것은 바람직하지 않아요.

단군 조선의 건국 터와 관련해서도 여러 가지 설이 있지만, 평양이 중요한 지역임에는 틀림이 없습니다. 더욱이 북한 학계가 『삼국유사』에 나온 단군 조선의 건국 시기를 알고 있음에도 불구하고 건국 시기를 앞당겨 발표한 데는 이유가 있을 거예요. 그만큼 자신들의 연대 측정 기록을 믿은 것이지요.

이러한 북한의 주장을 그대로 받아들이는 것도 문제지만, 무조건 북한의 주장을 비난하며 무시하는 것도 역사에 대한 올바른 태도라고 할 수 없습니다. 도리어 북한의 주장을 정확히 파악하고 문제점이 없는지 살펴봐야 해요. 왜냐하면 단군 조선의 건국 신화에 대해서는 밝혀진 것보다 밝혀지지 않은 것이 더 많기 때문이에요. 그러므로 우리는 북한의 단군릉 발굴을 계기로 단군 조선에 대한 역사적 이해를 높이고 남북간의 합의점을 찾아가야 할 것입니다.

5 위만 조선과 한의 혈전 |
위만 조선과 한사군

고려 시대 최고의 재야 사학자였던 일연은 『삼국유사』에서 단군 조선과 위만 조선을 구별하기 위해 고조선이라는 명칭을 사용했습니다. 위만은 중국의 진·한 교체기에 혼란을 피해 요동에서 고조선으로 들어오는 연 사람들을 이끌었던 인물이지요. 고조선의 준왕은 위만에게 박사라는 직위를 내리고 100리의 땅을 봉토로 주어 서쪽 변방을 지키도록 했어요. 하지만 위만은 한의 침입에 맞서 왕검성(고조선의 도읍지)을 보호한다는 명분으로 준왕의 왕위를 빼앗은 후 기원전 194년에 위만 조선을 건국했습니다. 이후 위만 조선은 한과 한반도 사이의 중계 무역으로 점차 부강해지면서 강한 세력으로 성장하지요. 한은 점차 세력을 넓히는 위만 조선을 견제하기 위해 기원전 109년 5만여 명의 대군을 이끌고 위만 조선의 수도인 왕검성을 공격했어요. 위만의 손자인 우거왕은 한에 맞서 1년 동안 싸웠으나 위만 조선은 결국 기원전 108년에 멸망하고 말았습니다.

- **기원전 195년**   위만이 유민을 이끌고 연에서 고조선으로 망명하다.
- **기원전 194년**   위만이 고조선 준왕의 왕위를 빼앗고 왕검성에 도읍을 정한 후에 위만 조선을 세우다.
- **기원전 109년**   고조선이 요동군 동부도위 섭하를 죽인 것을 빌미로 한 무제가 고조선에 군대를 파견하다.
- **기원전 108년**   위만의 손자이자 고조선의 마지막 왕인 우거왕이 살해되고, 수도 왕검성이 함락되면서 위만 조선이 멸망하다.
- **기원후 313년**   고구려 미천왕이 낙랑군을 공격해 2,000명의 남녀를 포로로 잡다. 낙랑군의 군벌 장통이 모용씨에게 투항함으로써 한반도에서 낙랑군이 축출되다.

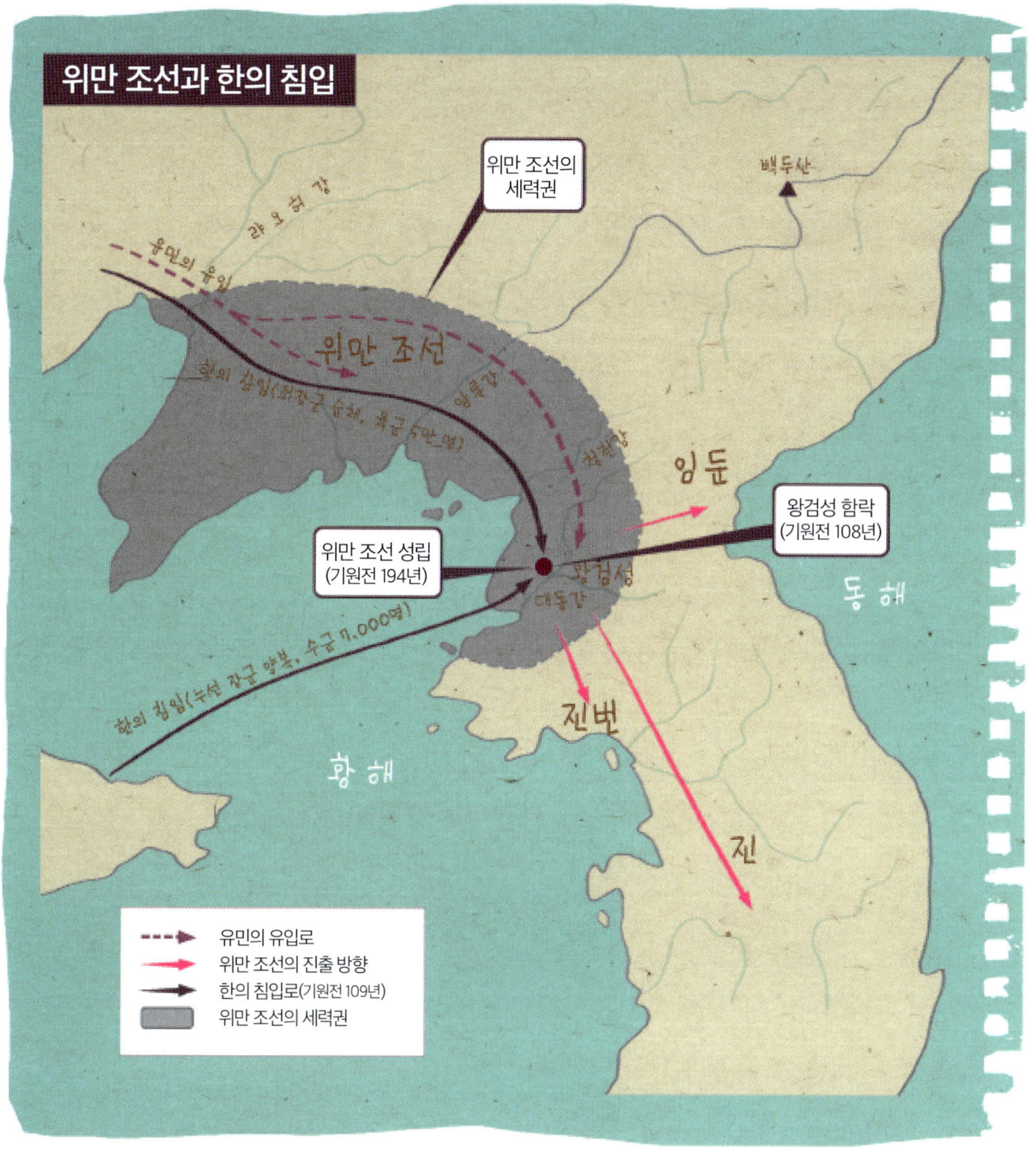

위만 조선과 한의 전쟁

사료를 참고했을 때, 우리 민족이 외세와 벌인 최초의 대규모 전투는 한과 위만 조선의 전쟁이었어요. 위만 조선의 정체성에 대해서는 아직도 논란이 많습니다. 한편에서는 위만 조선을 우리 민족사에 속한 나라로 다루고, 다른 한편에서는 중국에 의한 식민 정권이라고 보기도 하지요. 또한 우리 민족사에서 다룬다고 해도 단군 조선의 정통성을 계승한 나라라고 보는 시각이 있는가 하면, 단지 기자 조선의 후예인 준왕의 땅을 빼앗아 세운 나라라는 시각도 있습니다.

여기에 기자 조선의 실체에 대한 의혹까지 뒤섞여 날조된 역사라는 주장을 펴는 사람도 많아요. 이처럼 논란이 많은 이유는 위만 조선의 정확한 위치가 규명되지 않았기 때문입니다.

위만 조선이 단군 조선의 나라라는 사실은 준왕이 위만에게 거수국의 지위를 부여해 서쪽 변방을 지키게 했고, 위만이 준왕을 몰아낸 이후에도 여전히 국호를 조선이라고 한 점에서 알 수 있어요. 만약 위만 조선이 단군 조선과 관계가 없는 나라였다면 조선이라는 국호를 사용하지 않았겠지요. 따라서 위만 조선은 서쪽에 있는 단군 조선의 나라였다고 추론할 수 있습니다.

위만 조선은 건국 이후 꾸준히 영토를 넓혀 갔어요. 이와 관련해 사마천은 『사기』에서 "만(위만)이 군대의 위력과 재물로 주변의 소읍을 침공해 항복시키니 진번, 임둔 등이 모두 와서 복속했으며 영토는 사방 수천 리에 달했다."라고 기록하고 있습니다.

기자묘

중국 은의 성인인 기자의 묘당인 기자묘는 평양 을밀대 아래에 있다. 이 묘당은 기자 동래설을 참고해 추정한 뒤 만들어졌다. 고려와 조선 시대에는 기자 동래설을 사실로 인정했을 뿐만 아니라 기자묘를 세우고 국가 치원에서 숭배했다고 한다.

위만 조선이 세력을 점차 확장하자 한은 위만 조선을 경계하기 시작했고, 침공의 빌미를 잡으려고 안간힘을 썼어요. 이미 한은 기원전 180년경부터 "남월과 조선은 선대에 우리나라에 복속돼 있었으나 지금은 무력으로 가로막으며 형세를 관망하고 있다."라고 하면서 침략 의도를 드러내고 있었지요. 그런데 기원전 128년경 예군 남여가 28만의 주민을 거느리고 서쪽으로 넘어가 한에 투항하는 사건이 벌어졌습니다. 게다가 중앙의 대신이었던 조선상 역계경은 2,000여 호의 무리를 이끌고 진국으로 탈출했어요.

이는 권력 쟁탈전의 여파로 위만 조선의 내부 결속력이 와해됐음을 암시하는 사건이에요. 아마 이 시기 전후로 위만 조선에 복속됐던 진번 등 여러 주변국이 반발의 움직임을 보였을 거예요. 진번과 임둔은 단군 조선의 거수국으로서 위만이 준왕을 몰아낸 것에 불만을 품고 있었던 것은 아닐까요?

이 사건은 호시탐탐 위만 조선을 넘보던 한에게 절호의 기회가 됐습니다. 한은 기원전 111년 전후에 남월과 서남이에 대한 원정을 끝내고 14군을 설치함으로써 남쪽에 대한 전쟁도 정리된 상태였어요. 그래서 우거왕 대에 이르러 진번을 비롯한 주변의 여러 나라들이 한의 천자(황제)에게 글을 올리고 방문하는 것을 위만 조선이 가로막는다고 트집을 잡았어요.

하지만 위만 조선은 만만치 않은 나라였기 때문에 한은 먼저 섭하라는 사신을 보내 회유하려고 했어요. 이와 관련해 『사기』에는 "원봉 2년(기원전 109년)에 한의 사신 섭하가 설복했으나 우거는 끝내 황제의 서한을 거절했다."라고 기록돼 있습니다. 진번과 주변국의 통로를 개방하라는 한의 요구를 들어준다면 온갖 술책을 부릴 것이 뻔하기 때문에 위만 조선으로서는 거절할 수밖에 없었지요.

그런데 문제는 여기서 끝나지 않고 전쟁으로 확대됐어요. 외교 협상에 실패한 섭하는 한으로 돌아가는 길에 자신을 배웅하던 고조선의 비왕(裨王, 고조선의 벼슬아치 가운데 으뜸 벼슬) 장을 죽이고 도망쳤습니다. 위만 조선은 처벌을 요구했으나 한 무제는 오히려 섭하를 요동군의 동부도위로 임명했어요. 이것은 외교 관례상 있을 수 없는 일이었지요. 결국 위만 조선은 군사를 동원해 요동군 동부도위부를 기습한 뒤 섭하를 잡아 죽였습니다.

이를 빌미로 한은 위만 조선을 침략했어요. 기원전 109년 가을, 한 무제는 누선 장군 양복으로 하여금 뱃길로 황해를 건너 위만 조선을 공격하게 하고, 좌장군 순체로 하여금 요동(한대 가장 동쪽 지역) 지방에서 출병해 위만 조선을 공격하게 했습니다. 이에 위만 조선은 먼저 패수(고조선 때 요동과 경계를 이루던 강)를 지키고 있던 방어군을 동원해 순체의 선봉군을 격파했어요. 한의 계획은 순체의 부대가 패수를 넘어오면 양복의 부대와 함께 왕검성을 포위해 공격하는 것이었습니다. 하지만 순체군의 진격이 위만 조선에게 막히자 양복은 부하 7,000여 명을 이끌고 왕검성을 공격했어요.

양복이 이런 결정을 내린 이유는 순체의 부대를 기다리다가 지쳤거나, 혼자 공을 세우려는 공명심 때문이었을 거예요. 그러나 위만 조선의 군대에 패한 양복의 부대는 산속에서 숨어 지내다가 10여 일이 지나서야 흩어진 군사를 모을 수 있었어요.

이렇게 수륙 양군이 모두 패배하자 하는 수 없이 한은 강화 교섭에 나섰습니다. 한은 위만 조선에 위산을 사신으로 보내 항복을 권유했어요. 이게 말이나 되는 소리입니까? 군사적인 방법도 통하지 않았는데 외교적인 압력이 통할 리 없었습니다. 결국 한의 속셈은 강화 담판을 짓자는 것이었지요.

위만 조선도 이를 마다하지 않았습니다. 위만 조선의 태자는 1만 명의 군사와 말 5,000필, 그리고 대량의 무기와 군량을 가지고 한의 진영으로 향했어요. 이는 외교 사절단이 아니라 군사 집단의 수준이었지요. 이런 행동이 가능했던 이유는 군사적 승리가 뒷받침되었기 때문이에요. 하지만 한은 태자에게 무장 해제를 요구했고 그들의 속셈을 의심한 태자는 다시 되돌아왔습니다. 이로써 강화 담판은 깨지고 말았지요.

다시 전쟁이 시작됐습니다. 순체는 패수 북쪽의 위만 조선 군대를 격파한 뒤 남진해 왕검성의 서북쪽을 포위했어요. 또 패잔병을 모아 대열을 재편한 양복의 부대는 바닷가에서 진격해 왕검성 남쪽을 포위했지요. 그러나 위만 조선의 완강한 방어로 왕검성을 함락시키지는 못했어요. 이런 상황에서 위만 조선은 순체의 공격을 방어하고 양복과 협상하며 강화 교섭을 벌여 나갔습니다. 이렇게 함으로써 한의 협동 작전을 지연시키고, 순체로 하여금 양복을 의심하게 해 감히 공격에 나서지 못하게 만든 것이지요.

결국 화가 난 한 무제는 새로 제남태수 공손수를 파견했어요. 공손수는 순체의 말만 듣고 양복을 구속한 후 그의 군대를 순체 휘하에 편입시켰습니다. 결국 수륙 공격은 파탄에 이르렀지요.

그러나 순체는 양복 군대를 병합한 후 공격을 다시 개시했습니다. 이런 가운데 적의 포위 속에서 수개월간 싸워 온 위만 조선은 점차 희생자도 늘었고 무기와 군량 사정도 어려워졌어요. 그러자 위만 조선 내부에서 조선상 노인, 상 한도(한음), 장군 왕협 등 반역자가 나타나기

한의 무사

시작했어요. 이들은 우거왕이 계속 싸우려 하자 갑자기 한에 투항해 버렸지요. 하지만 왕검성은 무너지지 않았고 기원전 108년 여름 무렵까지 위만 조선은 항전을 계속했어요. 그러다가 이계상 참이 자객을 시켜 우거왕을 살해하고 적진으로 도망치는 사건이 벌어지지요.

그런데도 위만 조선의 군대는 대신(大臣) 성기를 중심으로 계속 항전을 이어 나갔습니다. 이렇게 되자 순체는 왕검성을 함락할 수 없다고 판단했어요. 순체는 앞서 투항한 왕자 장과 노인의 아들 최 등을 성안으로 보내 투항을 권유하고, 경계가 소홀해진 틈을 타 성기를 살해했습니다. 이로써 왕검성은 끝내 함락되고 말았어요.

왕검성은 함락됐지만 한이 전쟁에서 승리한 것은 아닙니다. 전쟁에 참여한 한의 장수 대부분이 처벌을 받았다는 데서 이를 확인할 수 있어요. 강화 협상자로 나섰던 위산은 한 무제에 의해 주살됐고, 전쟁터를 누비며 싸웠던 좌장군 순체는 기시형에 처해졌으며, 누선 장군 양복은 서인으로 강등됐습니다. 또한 전쟁에 새로 파견됐던 공손수도 주살되지요. 전쟁에서 승리했다면 이렇게 가혹한 형벌을 내리지 않았을 것입니다. 이는 한 무제 스스로 전쟁의 패배를 인정한 것이에요.

위만 조선도 패배했고 한도 패배했다면 도대체 누가 승리한 것일까요? 언뜻 보면 이 전쟁의 승리자는 투항한 사람처럼 보이기도 합니다. 위만 조선은 멸망했고, 위만 조선을 직접 공격한 인사들은 모두 한 무제에 의해 주살되거나 서인으로 강등됐지만 투항한 사람들은 살아남았으니 말이에요. 하지만 꼭 그렇지는 않습니다. 그들이 투항하면서 한 무제와 어떤 협상을 했는지는 정확히 확인할 수 없으나, 이 전쟁으로 인해 한사군이 설치됐기 때문이에요.

위만 조선이 멸망한 다음 곧바로 한사군이 설치된 것은 아닙니다. 『사기』에는 "조선을 정복해 4군으로 했다."라고 기록돼 있어요. 그리고 한사군의 명칭과 지역이 정확하게 나온 것은 반고의 『한서』부터입니다.

『사기』를 지은 사마천은 이 전쟁 시기에 생존했던 인물이에요. 만약 한사군이 정확하게 어떤 지역을 통치했다면 사마천은 분명 그 통치 지역을 명확하게 밝혔을 것입니다. 하지만 그렇게 하지 않은 것은 한사군이 명목상의 기구에 불과했기 때문이에요. 한 무제는 투항한 자들을 자신의 신하로 받아들이고 이들에게 위만 조선 지역을 통치하도록 허용했습니다. 이것이 한 무제가 전쟁에 참여한 사람들을 주살한 이유지요.

이런 상황에서는 적에게 투항한 자들이 가장 큰 이익을 얻을 수도 있습니다. 하지만 그러지 못했어요. 이쪽에서 고개를 숙이고 통치를 허용하게 되면 그다음에는 모든 것을 내놓으라고 하는 것이 침략자의 속성입니다. 그래서 한사군이 실질적으로 설치됐지요. 이것은 반고가 『한서』에서 한사군을 밝히고 있는 것에서 확인할 수 있습니다.

이를 통해 난관을 극복하려고 하지 않고 눈앞의 이익에만 집착하면 얼마나 비참한 결과가 나타나는지 알 수 있습니다. 위만 조선이 멸망하고 한사군이 설치됨으로써 침략 세력을 몰아내는 험난한 과정을 거쳐야 했고, 많은 사람이 피를 흘려야 했어요. 한과 위만 조선의 전쟁을 보면 먼 훗날을 생각하는 지혜가 필요하다고 여겨집니다.

사기(史記)를 저술한 중국 전한 시대의 역사가다. 중국 역사의 아버지라고 불린다.

고조선의 거수국들과 한사군

일제 강점기에 만들어진 대부분의 역사책에서는 우리의 고대사를 한사군부터 서술합니다. 단군 조선의 실체를 역사적인 사실로 받아들이기 어려워서일까요? 일본이 한사군에 주목한 까닭은 한반도의 식민 통치를 정당화하기 위해서였어요. 일본은 한사군의 역사를 서술하는 과정에서 한 무제가 위만 조선을 침략했다는 사실만 기록했을 뿐, 위만 조선의 뿌리에 대해서는 제대로 언급하지 않았어요. 즉, 위만 조선과 단군 조선의 관계를 불분명하게 서술한 것이지요.

만약 단군 조선의 역사를 신화로 취급하는 상황에서 한사군이 우리 고대사의 첫 장을 장식하게 된다면 어떨까요? 우리의 역사는 다른 나라의 침략을 받고, 그 영향을 받으며 발전한 것이 되는 셈이지요.

단군 조선의 이야기는 한낱 신화일 뿐이고, 한사군의 식민 통치를 받으며 발전했다는 말이 다소 황당하게 느껴지나요? 하지만 이런 식의 사고방식은 오늘날에도 완전히 사라지지 않았어요. 지금까지도 일제 식민 통치를 거치면서 근대화가 이루어졌다는 주장이 제기되고 있기 때문입니다.

이런 논리들은 우리 역사의 첫 단추를 잘못 낀 데서 발생했어요. 한 시대의 역사적 실체를 제대로 파악하지 못하면 이후의 역사적 실체까지 제대로 파악하지 못하게 됩니다. 한사군의 실체를 규명하는 일은 우리 역사의 뿌리와 계통을 바로 세우는 데 밑바탕이 될 거예요. 그러므로 한사군이 어디에 자리를 잡고 어떻게 들어왔으며 또 어떻게 쫓겨났는지, 일련의 과정을 살피는 것은 매우 중요한 일입니다.

이를 위해 우선 위만 조선이 단군 조선을 계승한 나라인지 확인해야 해요. 위만 조선의 건국 과정은 다음과 같습니다.

연의 왕인 노관이 한을 배반하고 흉노로 들어가자 연 사람인 위만도 망명했다. 이때 고조선의 준왕이 위만에게 박사라는 관직을 내리고 서쪽 100리의 땅을 주어 변방을 수비하도록 했다. 그런데 위만은 "한의 군대가 쳐들어오므로 왕궁에 들어가 왕을 호위하겠다."라고 거짓으로 보고한 뒤에 기원전 194년에 준왕을 몰아내고 정권을 차지했다.

이를 통해 위만 조선이 단군 조선과 직접적인 관련이 있다는 것을 알 수 있어요. 즉, 준왕이 위만에게 박사라는 벼슬을 내리고 변방을 지키게 했다는 내용을 근거로 위만이 고조선의 거수(渠帥, 제후)임을 알 수 있지요. 거수 제도는 단군 조선의 통치 제도인데, 왕이 직접 다스리는 영역과 거수를 임명해 다스린 영역이 있었어요.

그런데 준왕이 단군 조선을 직접 계승한 정통 국가의 왕인지는 아직 확인할 길이 없습니다. 일부에서는 준왕을 기자 조선의 후예로 보기도 해요. 즉, 서주(西周) 무왕이 기자를 조선에 봉했다는 기록에 근거해 기자를 고조선의 통치자로 보는 거예요. 하지만 이는 상 말기에 감옥에 갇혀 있던 기자가 무왕에 의해 풀려난 뒤 단군 조선의 서쪽 변경으로 망명한 사실을 공인한 것에 불과합니다. 따라서 기자도 단군 조선의 거수에 불과한 거지요. 그렇다면 준왕의 고조선도 단군 조선의 정통성을 계승한 국가라기보다는 하나의 거수국으로 볼 수 있습니다. 이에 대해 일부 학자들은 기자 조선 자체가 날조된 허구라고 주장하기도 하지요.

이 문제를 명확히 해결하지 않은 상황에서 고조선의 준왕이 단군 조선의 정통성을 계승한 것처럼 말하기는 어렵습니다. 위만 조선의 문제도 마찬가지예요.

흉노

흉노(匈奴)는 자신들의 군장을 '선우(鮮于)'라고 불렀다. 이 말은 하늘에서 내려준 천자라는 뜻인데, '단군(檀君)'의 의미가 담겨져 있다. '선(鮮)'은 '단(檀)'으로도 읽히는데, 단은 하늘에 제사를 올린다는 의미의 선과 같은 뜻이다. 이는 흉노가 단군 조선의 거수국으로서 상국인 단군 조선의 제왕 호칭을 직접 쓰지 못하고 우회적으로 사용했음을 보여 준다. 이후 서진한 흉노족인 훈족이 게르만족의 대이동을 불러일으켰다. 투르크(흉노)의 후예인 튀르키예인은 한국을 형제국으로 여긴다.

명도전(국립중앙박물관)
앞면에 '明(명)' 자가 새겨져 있는 작은 칼 모양의 명도전은 중국 전국 시대 연에서 사용한 화폐다. 우리나라의 청천강, 대동강, 압록강 상류 지역과 한반도 서북부에서 많이 발견된다.

하지만 위만 조선이 단군 조선의 정통성을 계승한 국가이거나, 아니면 거수국에 불과하더라도 단군 조선과 밀접한 관계가 있다는 사실은 부정할 수 없지요.

이는 위만이 준왕을 몰아내고 정권을 차지한 후에도 조선이라는 이름을 사용한 것에서 확인할 수 있습니다. 나라 이름을 정할 때는 타당한 이유를 내세우기 마련이지요. 즉, 조선과 떼려야 뗄 수 없는 관계에 있었기 때문에 이름을 위만 조선이라고 정한 거예요. 이는 위만 조선에게만 적용된 것이 아닙니다. 한이 한사군을 설치했을 때도 마찬가지였지요. 낙랑, 진번, 임둔, 현도 등의 이름 자체가 바로 단군 조선의 거수국이었습니다.

부여, 고죽, 고구려, 예, 맥, 추, 진번, 낙랑, 임둔, 현도, 숙신, 청구, 양이, 양주, 발, 유, 옥저, 기자 조선, 진, 비류, 행인, 해두, 개마, 구다, 조나, 주나, 한, 삼한 등은 모두 단군 조선의 거수국이라고 합니다. 즉, 한은 단군 조선의 거수국 중 하나인 위만 조선을 침략해, 백성과 지역을 통치하고자 한사군을 설치했던 거예요. 나당 연합을 구성하면서 당이 안동 도호부, 웅진 도독부, 계림 도독부를 설치할 때, 해당 지역의 이름을 차용한 것에서도 이를 확인할 수 있습니다.

그렇다면 한사군의 위치는 어디였을까요? 한사군의 위치에 대해서는 학자마다 의견이 분분합니다. 평양 지역이라는 설도 있고, 요서 지역이라는 설도 있지만 어느 하나가 옳다고 말하기 어려워요.

하지만 분명한 것은 고조선의 준왕과 위만 조선, 그리고 한사군의 위치가 서로 밀접한 관계에 있다는 것입니다. 고조선의 준왕이 있었던 곳이 위만 정권의 영토가 되고, 또 그곳에 한사군이 설치됐을 거예요.

하지만 엄밀히 따지면 이곳들은 같은 위치라고 보기 어렵습니다.

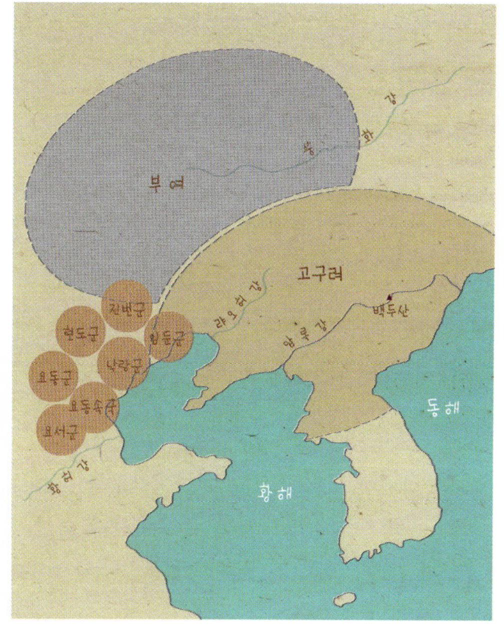

고증 자료로 설정한 한사군
김종서 박사는 학위 논문
「고조선과 한사군의 위치 비정
연구」에서 수학적 위치 고증
방법을 통해 고조선과 한사군이
중국 대륙 깊숙한 곳에 위치한다고
주장했다.

한은 기원전 108년경에 위만 조선을 정복하고 낙랑군, 진번군, 임둔군을 설치한 다음, 단군 조선의 서쪽 변경을 침략해 현도군을 설치했기 때문이에요. 따라서 낙랑군, 진번군, 임둔군은 위만 조선의 영토에 설치됐고, 현도군은 단군 조선의 서쪽 변경에 설치됐지요.

어쨌든 분명한 것은 기자 조선의 후예인 준왕이 단군 조선의 서쪽 변방에 있었다는 것입니다. 그렇다면 위만 조선이나 한사군의 위치도 그곳에서 찾아야 하겠지요. 현도군을 설치해 좀 더 동쪽으로 세력을 확장했다고 해도 그 영역은 롼허 강에서 랴오허 강에 이르는 지역으로 그려 볼 수 있습니다. 『한서』와 『진서』 「지리지」에는 낙랑군의 조선현이 기자가 봉해졌던 곳이라는 내용이 있고, 『진서』 「지리지」에는 낙랑군의 수성현에서 진이 쌓은 만리장성이 시작됐다고 기록돼 있습니다. 진의 만리장성은 지금의 롼허 하류 동부 유역에 있는 갈석산에서 시작됐습니다. 그렇다면 낙랑군의 수성현이 롼허 강 하류 동부 유역에 있었던 지역이므로 낙랑군에 소속된 조선현도 롼허 강 하류 동부 유역에 있었던 것으로 생각할 수 있습니다.

한사군의 위치를 단군 조선의 서부 지역으로 보는 근거는 이런 고증 자료에만 있는 것이 아니에요. 상식적으로 생각했을 때 많은 단군 조선의 거수국들이 존재하고 있는 상황에서 한사군이 평양에 설치됐다면, 요서에서 평양에 이르는 지역에 자리 잡은 수많은 거수국과의 전쟁을 피하기 어려웠을 것입니다. 이와 관련된 내용이 전혀 없다는 점에서도 한사군의 위치를 추론할 수 있지요.

한사군이 설치된 지 20여 년이 지난 기원전 82년에 진번군과 임둔군이 폐지되고 현도군과 낙랑군만 남았어요. 하지만 결국 고구려의 강력한 견제를 받아 쫓겨나지요.

『삼국사기』에는 고구려가 낙랑을 멸망시키는 과정을 담은 '낙랑 공주와 호동 왕자' 설화가 기록돼 있습니다. 호동은 대무신왕(재위 18~44년)의 아들이에요. 대무신왕 15년 4월에 호동은 옥저를 유람했는데, 낙랑의 왕인 최리가 옥저에 나왔다가 호동을 보고 "그대의 얼굴을 보니 보통 사람이 아니로다. 그대야말로 북국(北國) 신왕(神王)의 아들이 아니겠는가?"라고 감탄하며 호동을 데리고 돌아가 사위로 삼았습니다. 그 뒤 호동은 고구려로 돌아와 낙랑에 있는 공주에게 사람을 보내 "그대의 나라에 있는 무고(武庫)에 들어가 고각(鼓角, 북과 나팔)을 몰래 찢는다면 내가 그대를 아내로 맞아들이겠지만 그러지 않으면 우리는 부부가 될 수 없다."라고 전했어요. 낙랑에는 신기한 고각이 있었는데 적이 침입하면 스스로 울려 감히 적들이 침략할 수 없었지요. 호동을 사랑한 낙랑 공주는 몰래 무고에 들어가 예리한 칼로 자명고를 찢어 버리고 호동에게 이 사실을 알렸습니다.

호동은 바로 왕에게 고해 낙랑을 공격하게 했어요. 최리는 고구려 군이 성 밑에 이르러서야 깜짝 놀라 무고에 가 보았지만 이미 고각은 부서져 있었지요. 내막을 알게 된 최리는 딸을 죽이고 고구려군에게 항복했습니다. 호동은 애국과 사랑 사이에서 번민하다가 스스로 목숨을 끊고 말았지요.

낙랑은 고구려 대무신왕 때 멸망했는데,『삼국사기』에는 300여 년이 지난 미천왕 때 멸망한 것으로 기록돼 있습니다. 대무신왕 때의 낙랑은 단군 조선의 거수국 가운데 하나이고, 미천왕 때의 낙랑은 한사군 가운데 하나였다고 봐야 해요. 중국은 중화사상에 젖어 주변국을 모두 오랑캐로 봤습니다. 그래서 자신들의 역사는 과장하면서까지 자세히 기록한 반면, 주변국의 역사는 간략하게 기록했지요. 단군 조선의 낙랑과 한사군의 낙랑은 같은 예맥이었기 때문에 중국은 둘 다 낙랑으로 표기했습니다. 그런데 우리나라 사학계에서 이를 오인해 한사군의 낙랑군과 단군 조선의 낙랑국을 구분하지 않고 사용한 거예요. 이를 보더라도 한이 단군 조선의 거수국들의 이름을 따서 한사군을 설치했다는 것을 알 수 있습니다.

이처럼 고구려는 한사군이 설치되면서부터 강력하게 싸워 왔어요. 만약 한사군이 평양 지역에 있었다면 다른 거수국들과의 전쟁을 피할 수 있었을까요? 그러므로 한사군은 단군 조선의 중심지에 설치됐던 것이 아니라 서부 변경에 설치됐고, 결국 단군 조선 거수국의 강력한 항쟁으로 쫓겨났다고 봐야 합니다. 그리고 낙랑이 평양에 위치해 있었다는 것은 논리적으로 말이 되지 않아요. 만약 낙랑이 평양에 있었다면 고구려는 평양 이남에 있어야만 합니다.

한사군 설치 문제와 관련해 우리가 분명히 알아야 할 점은 이들의 침략적 지배로 인해 우리 역사가 발전하기 시작한 것은 아니라는 사실이에요. 중요한 것은 단군 조선의 뿌리에서 나온 수많은 거수국이 존재했으며, 한의 침략 이후에는 잃어버린 단군 조선의 영토를 되찾기 위한 투쟁이 계속됐다는 점입니다.

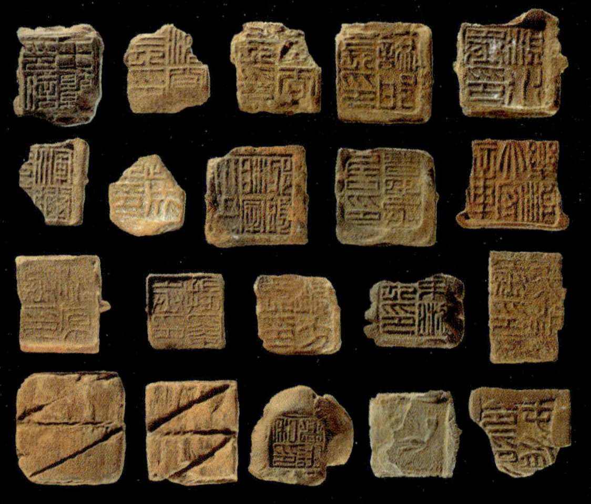

봉니(낙랑, 길이 3cm 내외, 국립중앙박물관)
중국에서 문서나 중품을 봉함(封緘)할 때 사용한 진흙덩이인 봉니는 평양에서 출토된 것으로 전한다. 일제는 식민 사관에 입각해 의도적으로 우리 역사를 '낙랑군의 설치로 중국의 선진 문화가 이입되어 타율적으로 발전했다'는 식으로 설명했다. 이런 점에서 기존 연구 자료를 재검토할 필요가 있다.

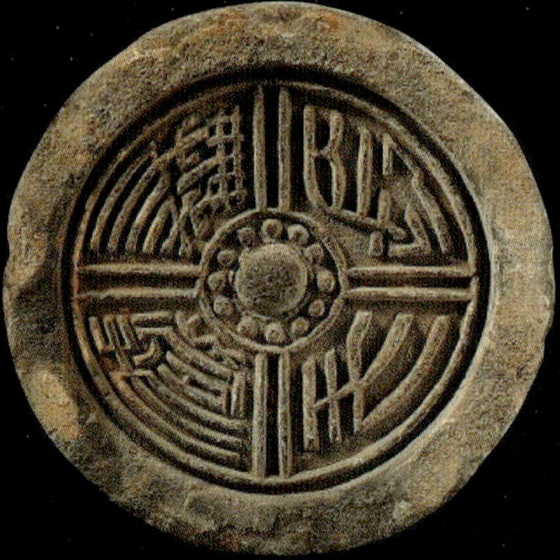

장생무극(수막새)
낙랑의 문자 무늬 수막새다.

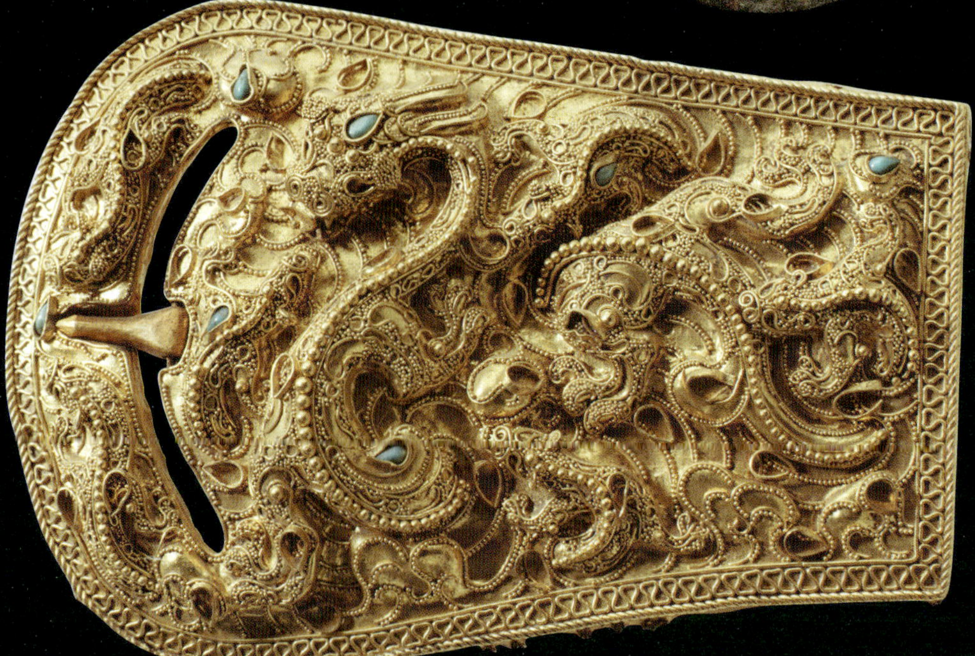

낙랑의 금제 교구(허리띠 버클, 국립중앙박물관)
낙랑 유물은 평안남도와 황해도 일대에서 집중적으로 출토되고 있다. 이에 따라 학계에서는 한사군이 한반도 북부와 만주 일대에 설치됐다고 보고 있다. 순금으로 만든 이 금제 교구는 낙랑 유물 중 최고의 수작이다.

1-5 위만 조선과 한사군

■ 위만 조선

- **유민 유입** 중국이 전국 시대 이후 혼란에 휩싸이면서 유민이 고조선으로 유입됨. 고조선 서쪽 지역에 거주

- **위만의 집권** 진·한 교체기에 위만이 1,000여 명의 무리를 이끌고 고조선으로 들어옴. 위만은 준왕의 신임을 받아 서쪽 변경 수비의 임무를 맡음. 세력을 확장한 위만이 왕검성으로 쳐들어가 준왕을 몰아내고 스스로 왕이 됨(기원전 194년). 철기 문화 본격 수입

- **무역** 동방의 예나 남방의 진이 직접 중국의 한과 교역하는 것을 막고 중계 무역의 이익을 독점함

- **한과 고조선의 전쟁** 정복 사업 전개 → 중국의 한과 대립 → 한 무제가 수륙 양면으로 침략 감행 → 패수에서 고조선이 대승 → 위만의 손자인 우거왕이 1년 동안 대항 → 내분이 일어나 왕검성이 함락됨 (기원전 108년)

② 한사군의 설치와 축출

- **낙랑군·진번군·임둔군·현도군 설치** 낙랑군·진번군·임둔군은 기원전 108년에 설치됐고, 현도군은 기원전 107년에 설치됨

- **진번군·임둔군 폐지** 기원전 82년에 진번군과 임둔군은 폐지되고 낙랑군과 현도군 두 군데만 남음

- **대방군 설치** 낙랑의 남부를 분리해 대방 설치. 낙랑군, 대방군, 현도군의 세 군으로 나뉨

- **낙랑군·대방군·현도군 축출** 고구려 미천왕이 313년에 낙랑군 축출. 대방군은 314년, 현도군은 315년에 축출됨

우리 민족사의 뿌리는
어디서부터 시작될까요?

지난날 중국은 은(상)을 중국 최초의 국가라고 했습니다. 그러다 시간이 흐르자 400여 년을 거슬러 올라가 하로부터 중국의 역사가 시작된다고 주장했어요. 오늘날에 이르러서는 요와 순은 물론 황제 헌원 등 삼황오제에 이르는 시기까지 거슬러 올라가고 있습니다. 일본도 마찬가지예요. 우리나라에서도 역사 시대의 개막을 위만 조선을 넘어 단군 조선의 시대로 보고 있습니다. 일각에서는 환웅과 환인 시기까지 앞당기려고 합니다. 이렇게 각 민족이 역사적 뿌리를 앞당기려고 하는 현상을 어떻게 이해해야 할까요?

민족의 뿌리와 계보를 바르게 이해하는 일은 매우 중요합니다. 민족에 대한 자긍심을 고취하는 일과 밀접한 관련이 있기 때문이지요. 하지만 올바른 인식에 근거하지 않는다면 역사를 왜곡하는 일이 될 뿐입니다.

또한 이것은 민족의 탈을 쓰고 또 다른 민족을 억압하는 수단이 될 수도 있어요. 나치스가 게르만 민족의 우월성을 강조해 유태인을 학살했던 것이나 일본이 일왕의 백성임을 내세워 조선을 침략했던 것은 무엇을 의미할까요? 그것은 자기 민족에 대한 자부심과 아무런 관계가 없습니다. 자기 민족을 사랑하는 사람은 다른 민족도 존중할 줄 알아야 하니까요.

흔히 민족적 자부심을 고취하기 위해 민족사의 기원을 과거로 끌어올리는 방식을 씁니다. 유구한 역사를 지닌 민족이라는 것만으로도 자부심을 지닐 수 있기 때문이에요.

하지만 역사적 기원을 수정하려면 최소한 고고학적 유물을 근거로 판단해야 합니다. 몇몇 단편적인 사실만으로 역사를 논하는 것은 무리한 일이지요. 때문에 새로 발견된 유물이나 유적을 다각도로 조명해 뿌리와 계보를 바르게 연결하는 것은 역사 학자들의 몫입니다.

이런 점에서 중국의 역사 연구와 우리나라의 역사 연구에는 많은 차이가 있습니다. 우리나라의 경우 개별적인 차원에서 연구가 진행되는 반면, 중국은 국가적인 차원에서 연구를 진행하지요. 따라서 우리나라에서는 연구가 곧바로 역사로 인정되지 않지만 중국에서는 인정될 가능성이 매우 높습니다.

국가 주도의 역사 연구는 순수하지 않은 의도에서 시작됐을 가능성이 큽니다. 그만큼 역사가 왜곡될 소지가 높기 때문이지요. 지금 중국 정부가 추진하는 역사 연구가 동북공정으로 이어져 주변국의 우려가 날로 커지는 상황을 보세요.

새로운 유적과 유물이 계속 발굴되는 상황에서 자신이 알고 있는 지식만을 절대 불변인 것처럼 생각해 새로운 학설을 배척하는 자세는 옳지 않습니다. 어느 경우에서나 판단은 종합적인 사실에 근거해야 합니다.

2 삼국 시대

춘추 전국 시대를 통일한 진의 뒤를 이은 한(후한)이 멸망하고(220년), 중국은 다시 분열돼 위진 남북조 시대로 접어듭니다. 그 뒤 수가 중국을 재통일하지만(589년) 대운하 건설과 고구려 원정의 실패로 멸망하고 당이 세워지지요(618년).

유럽에서는 알렉산드로스 대왕 이후 그리스가 쇠퇴한 반면, 로마가 기원전 270년경 이탈리아 반도의 대부분을 정복하고 카르타고와 세 차례에 걸친 포에니 전쟁(기원전 264~기원전 146년)에서 승리해 지중해의 패권을 차지했습니다. 그 뒤 로마는 공화정을 거쳐 기원전 1세기 말에 옥타비아누스가 황제가 되어 제정이 성립되면서 약 200년 동안 '로마의 평화(Pax Romana)'를 이루지요. 그러나 로마 제국은 2세기 말 무렵부터 군인 황제 시대의 혼란을 겪고, 결국에는 동로마 제국(비잔티움 제국)과 서로마 제국으로 분열되고 맙니다(395년). 서로마 제국은 게르만 족의 대이동으로 멸망하고(476년), 동로마 제국은 1,000년 동안 계속되다가 오스만 제국에 의해 멸망합니다(1453년).

인도에서는 기원전 4세기경 마우리아 왕국의 찬드라굽타가 북인도를 통일하고, 기원전 3세기경 아소카 왕이 남부를 제외한 인도의 대부분을 통일합니다. 오리엔트 지방(이집트, 메소포타미아 지역)에서는 강력한 전제 국가인 사산 왕조 페르시아가 번성해 비잔티움 제국과 대립하지요.

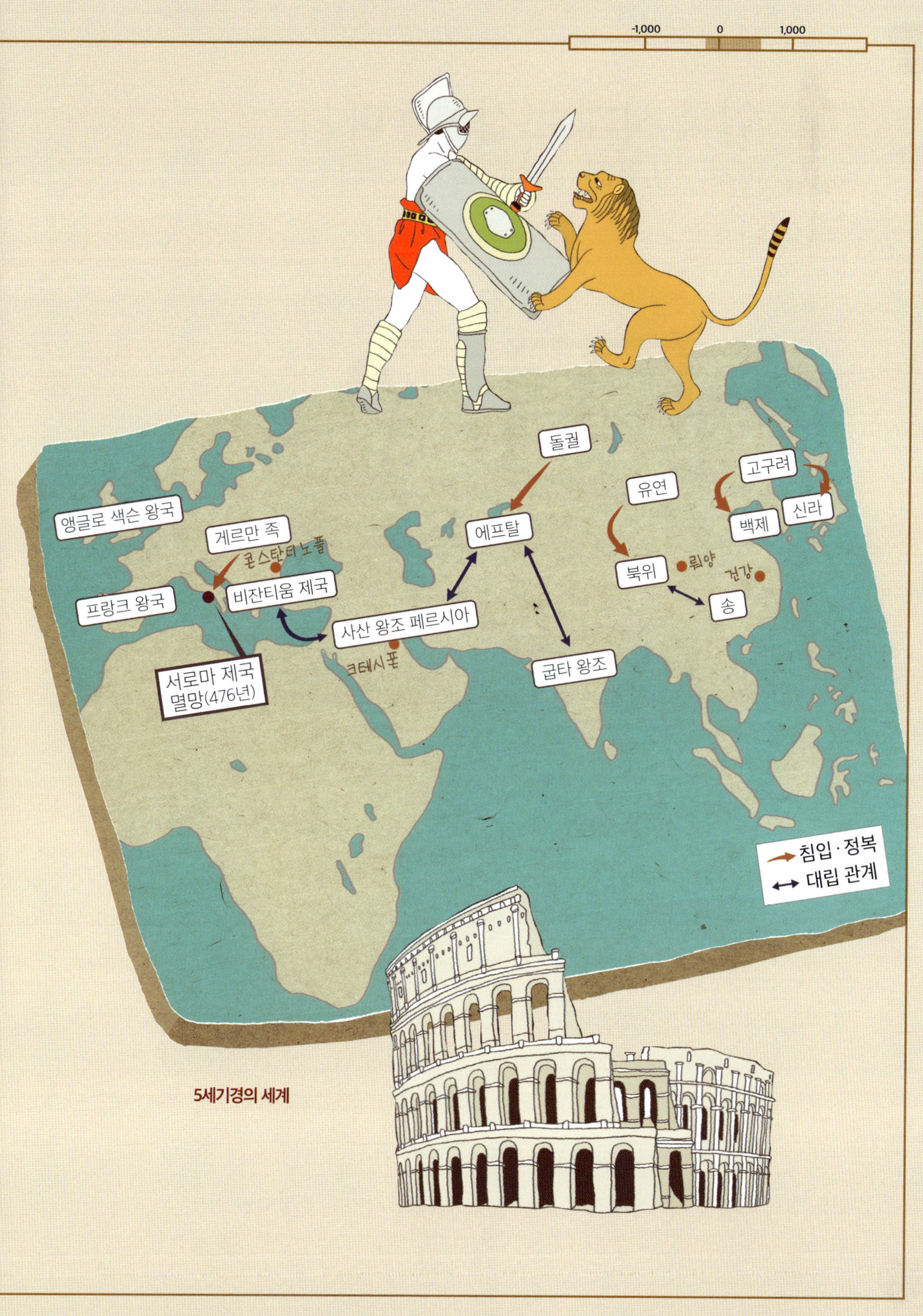
-1,000
0
1,000
앵글로 색슨 왕국
게르만 족
콘스탄티노폴
돌궐
유연
고구려
백제
신라
에프탈
비잔티움 제국
북위
뤄양
건강
프랑크 왕국
사산 왕조 페르시아
송
서로마 제국
멸망(476년)
크테시폰
굽타 왕조
침입 · 정복
대립 관계
5세기경의 세계

1 열국 시대로 접어들다 |
부여·고구려·동예·옥저·삼한

우리 역사의 기원은 단군 조선에서 찾을 수 있습니다. 따라서 단군 조선을 허구로서의 신화가 아니라 사실로서의 역사로 받아들여야 해요. 수많은 고대 국가가 단군 조선의 정통성을 계승하려고 노력했던 이유는 단군 조선이 엄연한 역사적 실체였기 때문이지요. 부여, 고구려, 백제의 건국 과정에서 이를 확인할 수 있어요. 위만 조선이 있었던 기원전 2세기경 한반도 남쪽에는 진이 있었습니다. 진에서 마한, 진한, 변한의 삼한이 형성됐습니다. 이후 기원전 1세기경에는 고구려, 백제, 신라의 삼국과 부여, 동예, 옥저 등이 공존하고 있었어요. 마한에 속한 목지국은 우두머리를 왕이라 칭할 정도로 연맹 왕국의 단계에 이르렀지요. 하지만 부여나 마한과 달리 동예, 옥저, 삼한의 소국들은 연맹 왕국 단계에 이르지 못하고 고구려, 백제, 신라, 가야로 통합됩니다.

- **기원전 200년경** 탁리국 왕의 시녀가 낳은 알에서 태어난 동명왕이 부여를 건국하다.
- **기원전 37년** 하백의 딸인 유화가 낳은 알에서 태어난 동명 성왕이 고구려를 건국하다.
- **기원전 19년** 동명 성왕이 죽고 유리왕이 고구려의 제2대 왕이 되다.
- **기원전 18년** 주몽의 아들 온조가 백제를 건국하다.

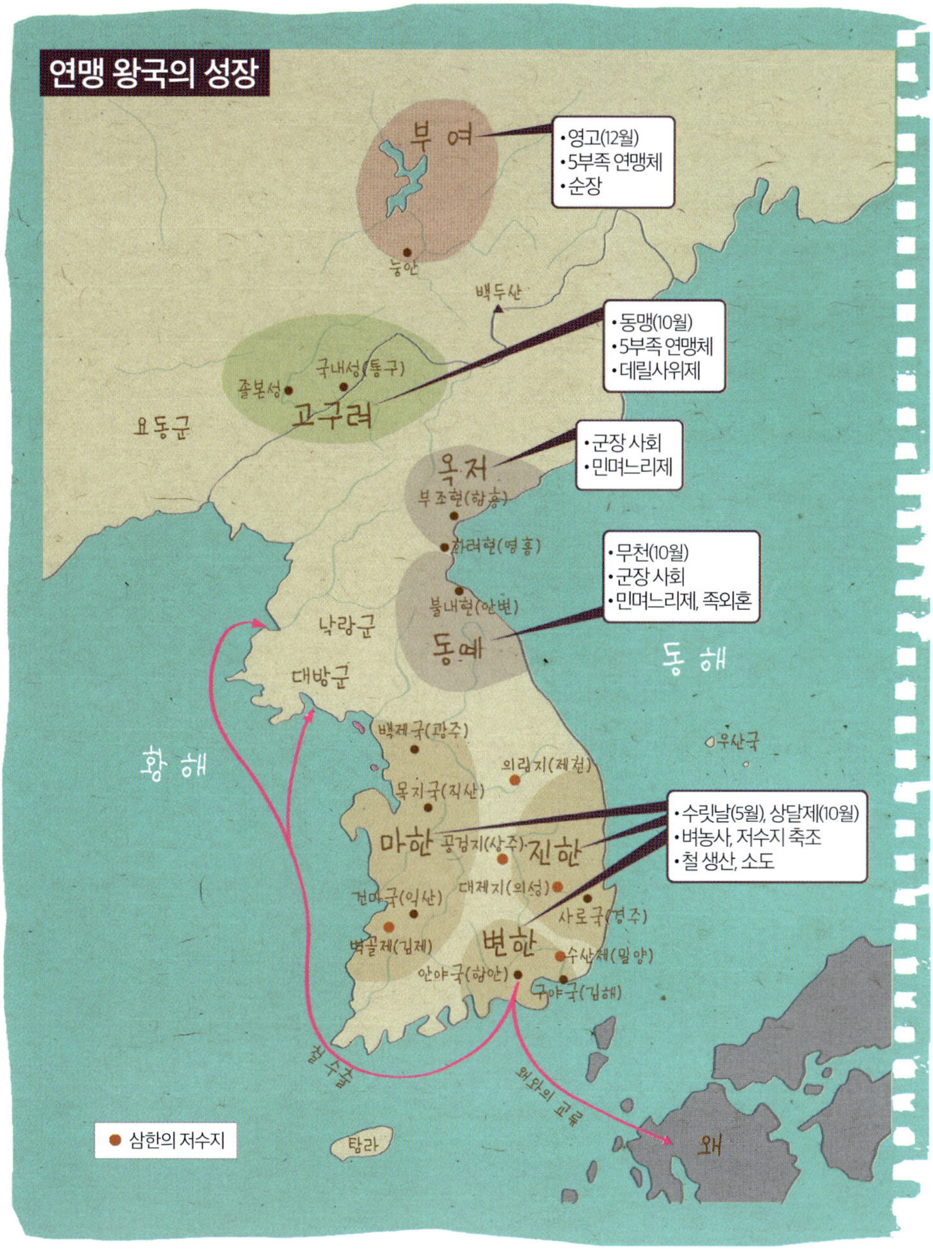

부여와 고구려의 성립과 건국 신화

고조선은 단군이 건국한 이래 오랫동안 번영을 누려 왔어요. 중국의 역대 왕조들이 제아무리 제국의 면모를 갖추었다고 해도 존속 기간을 따져 보면 길어야 200~300년 정도에 불과하지요. 하지만 우리는 다릅니다. 고구려만 해도 700년의 역사를 자랑하고, 조선도 500년 이상 유지됐으니까요.

더군다나 단군 조선의 역사는 2,000년을 뛰어넘습니다. 그러니 드넓은 영토의 모든 거수국을 완벽하게 다스리기란 쉬운 일이 아니었을 거예요. 중앙 집권 체제가 약화되면서 단군 조선의 거수국들은 하나둘 독립하기 시작했습니다. 그러면서 단군 조선을 계승했다고 주장하는 나라가 등장하기 시작했어요. 처음에는 여러 거수국이 우후죽순처럼 난립했을 것입니다. 그러면서 작은 나라가 좀 더 큰 나라에 흡수되면서 몇몇 강대국만 살아남게 되었을 거예요. 그중 단군 조선의 정통성을 계승했다고 가장 먼저 주장한 나라가 부여입니다.

부여는 고조선이 멸망하기 조금 전에 세워져 약 600년 동안 지속된 나라예요. 부여는 만주 길림시 일대 및 송화(쑹화)강 유역의 평야 지대를 중심으로 성장했지요. 농경과 목축을 주로 했고 말, 주옥, 모피 등의 특산물을 생산했어요. 북쪽으로는 선비족, 남쪽으로는 고구려아 접하고 있다가 3세기 말에 선비족의 침략을 받아 크게 쇠퇴했고, 결국 고구려에 편입됐습니다.

부여에서는 왕이 중앙을 다스리고, 마가(馬加), 우가(牛加), 저가(猪加), 구가(狗加) 등 여러 부족장이 각 지방을 다스렸습니다. 마가의 '마'는 말, 우가의 '우'는 소, 저가의 '저'는 돼지, 구가의 '구'는 개를 뜻하지요. 따라서 부여는 목축을 주로 하던 사회였음을 짐작할 수 있어요. 가(加)

는 지방 행정 구역인 사출도(四出道)를 다스리고 있었는데, 왕이 통치하는 중앙과 함께 5부를 이루었습니다.

왕이 있는 중앙은 궁궐, 성책, 감옥, 창고 등의 시설을 갖추고 있었어요. 가들은 왕을 추대하기도 했으며, 수해나 가뭄으로 흉년이 들면 왕에게 책임을 묻기도 했지요. 이렇게 5부가 서로 견제와 경쟁 관계를 유지했습니다. 또한 부여에는 왕이 죽으면 많은 사람을 껴묻거리와 함께 묻는 순장이 있었어요.

고조선의 8조법금처럼 부여에도 1책 12법이라는 엄격한 법이 있었습니다. 남의 물건을 훔쳤을 때는 훔친 것의 12배를 갚게 해 이런 이름이 붙었지요. 살인자는 사형에 처했고 그 가족은 노비로 삼았어요. 심지어 간음한 자와 투기가 심한 부인까지도 사형에 처했지요. 고조선 법과 비슷하지 않나요? 이는 부여가 고조선의 영향 아래에서 성장한 연맹 국가였기 때문입니다.

부여는 해마다 12월에 풍년을 기원하며 영고라는 제천 행사를 치렀어요. 영고는 '둥둥둥 북을 울리면서 신을 맞이한다'라는 의미를 갖고 있지요. 이는 『삼국지』 「위서동이전」의 "추수를 마친 12월에 온 나라 백성이 동네마다 한곳에 모여 하늘에 제사를 지낸다. 며칠 동안 계속 술을 마시고 노래하고 춤을 추고 놀았으며, 죄가 가벼운 죄수는 풀어 주었다."라는 기록으로 확인할 수 있습니다.

「위서동이전」에는 부여가 우호적으로 기록되어 있지만, 고구려는 부정적으로 기록되고 있어요.

부여는 구릉과 넓은 못이 많아서 동이 지역 중에서 가장 넓고 평탄한 곳이다. 토질은 오곡을 가꾸기에는 알맞지만 과일을 생산하기에는 부적합하다. 사람들의 체격은 매우 크고 성품이 강직하고 용맹하며, 근엄하고 후덕해 다른 나라를 노략질하지 않았다.

고구려에는 큰 산과 깊은 골짜기가 많고 평원과 연못이 없어서, 사람들이 계곡을 따라 살며 골짜기 물을 식수로 마셨다. 좋은 밭이 없어서 힘들여 일구어도 배를 채우기에는 부족했다. 사람들의 성품은 흉악하고 급해서 노략질하기를 좋아했다.

「위서동이전」의 기록은 중국의 관점에서 서술됐으므로 있는 그대로 받아들일 수는 없습니다. 당시의 중국은 고구려와 국경을 접하고 있어서 당연히 서로 다투었을 테니까요.

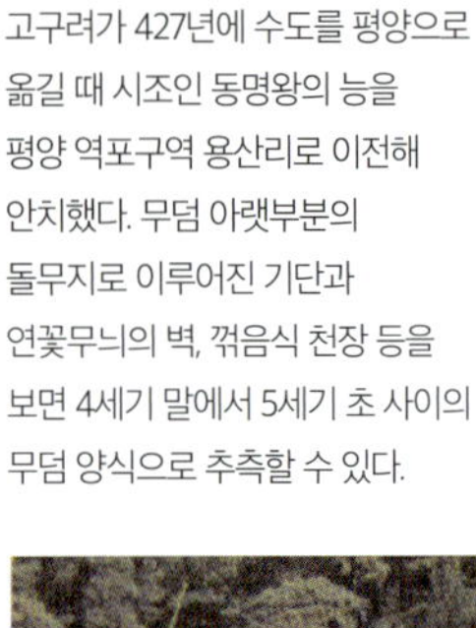

동명왕릉
고구려가 427년에 수도를 평양으로 옮길 때 시조인 동명왕의 능을 평양 역포구역 용산리로 이전해 안치했다. 무덤 아랫부분의 돌무지로 이루어진 기단과 연꽃무늬의 벽, 꺾음식 천장 등을 보면 4세기 말에서 5세기 초 사이의 무덤 양식으로 추측할 수 있다.

부여는 연맹 왕국의 단계에서 고구려에 항복했지만 고구려와 백제를 세운 왕들은 모두 부여 출신이에요. 또 고구려, 백제의 건국 신화도 부여와 원형을 같이합니다. 고구려와 백제는 자신들이 부여의 한 계통임을 자처한 것이지요.

고구려는 부여의 분열과 대립 과정에서 남하한 주몽이 세운 나라예요. 압록강의 지류인 퉁자 강 유역의 졸본(환인) 지방에 자리 잡았습니다. 하지만 이곳은 산악 지대였지요. 때문에 고구려는 나라를 세운 뒤부터 주변의 소국들을 정복하고 평야 지대로 진출했습니다. 그리고 압록강변의 국내성(집안)으로 옮겨 와 5부족 연맹을 토대로 발전했지요.

고구려도 부여와 마찬가지로 왕 아래에 상가, 고추가 등의 대가들이 있었습니다. 이들은 각각 사자, 조의, 선인 등의 관리를 거느렸지요. 중대한 범죄자는 제가 회의를 통해 사형에 처했고, 그 가족은 노비로 삼았어요. 10월에는 추수 감사제인 동맹이라는 제천 행사를 치렀는데, 왕과 신하들이 국동대혈에 모여 함께 제사를 지냈습니다.

부여의 건국 신화는 참 재미있어요. 먼저 『삼국유사』의 「고기(古記)」에서 북부여의 건국 신화를 찾아보면 다음과 같습니다.

국동대혈(國東大穴)
고구려의 도읍 동쪽에 있던 큰 동굴이다. 중국의 『후한서』나 『삼국지』 등의 기록에 따르면 고구려 사람들은 하늘에 제사 지낼 때 이곳에서 신을 맞았다고 한다.

천제는 흘승골성으로 오룡거를 타고 내려왔다. 그곳에 도읍을 정해 왕이라 일컫고 국호를 북부여라고 하며, 스스로 이름을 해모수라 했다. 아들을 낳아 이름을 부루라 하고 해(解)를 성으로 삼았다. 왕은 후에 상제의 명령으로 동부여로 도읍을 옮겼다.

다음은 동부여의 건국 신화예요.

북부여의 왕 해부루의 신하인 아란불의 꿈에 천제가 나타나 말했다.

"장차 내 자손으로 하여금 이곳에 나라를 세우려고 하니, 너는 다른 곳으로 피하라. 동해 바닷가에 가섭원(迦葉原)이란 곳이 있는데, 땅이 기름지니 왕도를 정할 만한 곳이다."

아란불은 왕에게 권고해 그곳으로 도읍을 옮기고 국호를 동부여라 했다.

해부루에게는 늙도록 아들이 없었으므로 하루는 산천에 제사를 지내 대를 이을 아들을 구했다. 그러자 그가 타고 있던 말이 큰 연못에 이르러 큰 돌을 보고 눈물을 흘렸다. 왕이 이상히 여겨 사람을 시켜 돌을 들어 올려보니 그곳에 금빛 개구리 모양의 사내아이가 있었다. 왕은 아이를 거두어 기르며 이름을 '금와'라 했다. 그가 성장하자 태자로 삼았고, 부루가 세상을 떠나자 금와가 대를 이었다.

부여의 건국 신화는 이렇게 북부여와 동부여로 나누어 전해지고 있습니다. 그만큼 부여가 큰 세력을 형성했음을 알 수 있어요. 그런데 중요한 것은 북부여든 동부여든 정통성이 해모수에게 집중돼 있다는 점입니다. 해모수를 언어학적으로 풀이하면 '해-머슴' 또는 '해-사내'입니다. 즉, 해를 숭상하는 의미가 담겨 있고, 하늘의 신을 숭상했던 단군 조선의 신앙을 계승한 것이지요. 부여는 건국 신화를 통해 단군 조선의 적자임을 주장하고 있는 것입니다.

그렇다면 부여는 단군 조선의 정통성을 계승한 유일한 나라일까요? 그렇지 않습니다. 부여의 뒤를 이어 고구려가 단군 조선의 역사적 정통성을 이어가기 때문이에요. 이는 고구려의 건국 신화에도 잘 나타나 있지요.

해모수
고리국 태생으로 일찍이 흘승골성에 도읍을 정한 뒤 스스로 천제의 아들이라 칭하며 북부여를 건국한 인물이다.

금와가 태백산 남쪽 우발수에서 한 여자를 만났는데, 여자가 말하기를 "저는 하백의 딸 유화라고 합니다. 여러 아우들과 놀고 있을 때, 한 남자가 다가와 자기는 천제의 아들 해모수라 했습니다. 그는 저를 웅신산 밑 압록 강변에 있는 집으로 유인해 몰래 정을 통한 뒤 돌아오지 않았습니다. 부모님이 이를 아시고 제가 중매 없이 혼인한 것을 꾸짖어 이곳으로 귀양을 보냈습니다."

금와가 이상히 여겨 유화를 방에 가두었더니, 햇빛이 방 안에 있는 그녀를 비추었다. 그 후로 태기가 있어 알 하나를 낳으니 크기가 다섯 되쯤 되었다. 마침내 아이가 껍질을 깨고 나왔는데, 골격과 외양이 영특하고 기이했다. 일곱 살이 됐을 때는 기골이 준수하고 재략이 특출했다. 스스로 활과 화살을 만들었고 화살을 쏘기만 하면 백발백중이었다. 그 나라 풍속에 활을 잘 쏘는 사람을 주몽이라고 했으므로 이름을 '주몽'이라 했다.

이후 주몽은 다른 왕자들의 시기를 받아 도망쳐 쫓기다가 오이 등 세 사람과 함께 엄수라는 물가에 이르렀다.

"나는 천제의 아들이며 하백의 손자다. 지금 도망 중인데 뒤쫓는 자들이 곧 닥치게 되었으니 어찌하면 좋겠는가?"

이에 고기와 자라가 다리를 만들어 주몽과 일행을 건너가게 하고는 곧 흩어지니 더는 쫓아올 수 없었다. 그리하여 주몽은 졸본주에 이르러 이곳을 도읍으로 삼았다. 미처 궁궐을 짓지 못해 비류수 위에 초가집을 지어 살면서 국호를 고구려라 하고, 고(高)를 성씨로 삼았다.

고구려의 건국 신화에서 단군에서 해모수로 이어지는 연결 고리를 발견할 수 있습니다. 신화에는 물의 신을 상징하는 하백까지 등장하지요. 이는 그전까지 하늘의 신만을 언급하던 단계에서 한 걸음 나아간 것이라고 할 수 있습니다. 하늘의 신과 물의 신을 동시에 언급해 고구려의 정통성을 강조한 것이지요.

이렇듯 고구려는 자신의 정통성을 해모수에서 찾고 있어요. 『삼국유사』에서는 주몽이 동부여에서 온 것으로 설명하고 있지만 『삼국사기』에서는 북부여에서 온 것으로 설명하고 있습니다. 역사의 기록에는 이처럼 모순된 부분이 많아요.

하지만 중요한 것은 주몽이 동부여에서 왔든 북부여에서 왔든 간에 혈통 관계를 북부여에 연결하고 있다는 점이에요. 이는 고구려인이 기록한 광개토호태왕릉비에도 잘 나타나 있지요. 그런데 왜 동부여가 아닌 북부여일까요? 그것은 단군으로 연결되는 해모수 때문입니다. 그래야만 단군 조선의 정통성을 계승할 수 있으니까요.

주몽과 5부 세력의 줄다리기

고구려는 유리왕이 국내성으로 도읍을 옮긴 후 한의 침략군을 몰아내고 주변의 소국을 통합하면서 강력한 국가로 발전했어요. 그 후 한의 군현을 공략해 요동 지방으로 진출했고, 동쪽으로는 부전고원을 넘어 옥저를 정복해 공물을 받았지요. 그런데 주몽이 새로운 세력을 이끌고 나타나기 전에 그곳에 터를 잡고 있던 5부 세력이 있었습니다. 그러므로 5부 세력은 고구려의 뿌리를 이해하는 데 필요한 실마리예요.

5부 세력과 주몽은 서로 반목하지 않았어요. 서로 힘을 합칠 만큼 호혜적인 관계였지요. 실제로 두 세력이 치열하게 대립했다는

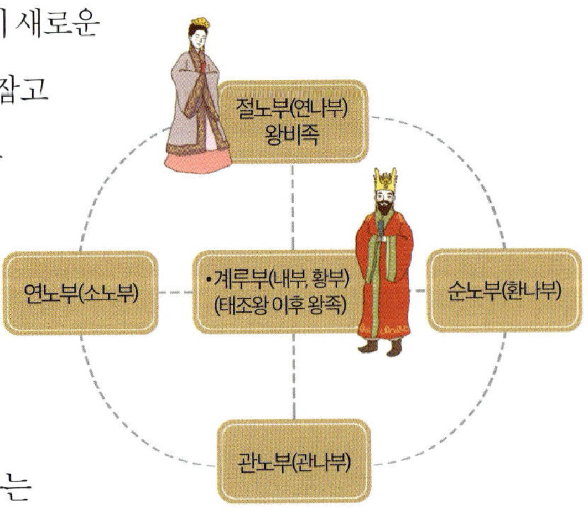

기록은 어디에서도 찾아볼 수 없습니다. 이런 점에서 5부 세력은 주몽과 함께 고구려를 건국한 주축이라고 할 수 있어요.

5부 세력에 대해 『삼국지』「고구려전」에는 "본래 5족이 있었다. 연노부, 절노부, 순노부, 관노부, 계루부 등이다. 처음에는 연노부가 왕이었는데, 지금은 계루부가 이를 대신한다."라고 기록돼 있습니다.

고구려의 5부 제도는 단군 조선의 거수국을 통치하는 유습에서 비롯된 것입니다. 강력한 왕권을 지향했다는 점에서 한층 발전된 형태의 통치 체제라고 할 수 있지요. 고구려는 먼저 비류국의 송양왕을 제압하고 그를 제후로 임명해 비류국을 복속시켰어요. 그 뒤 낙랑국(37년), 동옥저(56년), 갈사국(62년), 조나국(72년), 주나국(74년) 등을 통합해 강력한 왕권을 구축했습니다.

그렇다면 이 5부 세력은 누구일까요? '족'이라는 단어가 들어간 것으로 보아 씨족 내지 부족으로 이해하는 사람들도 있습니다. 이는 혈연적인 의미일 수도 있고, 지역적인 의미일 수도 있지만 원시 씨족 사회나 부족 사회를 가리키는 말이라고 할 수는 없어요. 왜냐하면 오래전 국가를 건설하고 영화를 누렸던 단군 조선의 거수국이 틀림없기 때문이지요.

이들 정치 세력이 하나의 나라를 이루었다는 것은 어떤 의미일까요? 단군 조선의 거수국에 새로운 국가를 세울 수 있는 기본적인 토대가 형성된 것으로 볼 수 있어요.

2세기 말 고국천왕 때 부족적인 전통을 지녀 온 5부가 행정적 성격의 5부로 개편되고, 왕위 계승도 형제 상속에서 부자 상속으로 바뀌었으며, 족장들이 중앙 귀족으로 편입되는 등 왕권 강화와 중앙 집권화가 진전됐습니다.

흘승골성(오녀 산성, 유네스코 세계 문화유산)
주몽이 고구려의 첫 도읍지로 정한 곳이다. 중국에서는 오녀 산성이라고 부른다. 200m 높이에 이르는 험준한 오녀산 절벽을 천연 성벽으로 이용하고, 산세가 완만한 동쪽과 남쪽에 인공적으로 성벽을 쌓아서 완성한 요새다.

흘승골성의 안의 못(천지)과 우물

흘승골성의 성벽

국내성
209년 산상왕이 환도성으로 수도를 옮기기
전까지 고구려의 두 번째 수도였던 곳이다.
중국 집안에 있는 이 성벽은 성벽 길이가
2,686m이고 남북에 비해 동서가 약간 길다.
고구려는 이곳을 중심으로 영토를 넓히고
문화를 발달시켰다.

옛 국내성

위나암성(산성자 산성, 환도 산성)
유리왕 22년 고구려가 졸본에서 국내성으로 천도하면서 적의 공격에 대비하기 위해 축조한 산성이다. 국내성은
평상시에 거주하던 평지성이었고, 위나암성은 전시 때 사용하던 산성이었다. 중국에서는 산성이 있는 산의 이름을
따서 산성자 산성이라 불렀다. 이후 산의 이름이 환도산으로 바뀌어서 현재는 환도 산성으로 불린다.

위나암성 남쪽 성터

고구려의 전신 또한 거수국의 유습을 따르고 있었으나 그로 인해 발생하는 문제점을 어느 정도는 극복한 것으로 보입니다.

주몽은 처음부터 중앙 집권을 강화하는 정책을 펼쳤어요. 비단 5부 세력에게만 국한하지는 않았지요. 옥저, 행인국, 갈사국, 조나국, 동부여 등 주변의 군소 국가를 복속시키는 과정에서도 이런 원칙은 그대로 적용됐습니다. 주몽은 제후국을 자신의 영토에 편입시켜 직접 관할하려고 노력했어요. 이와 관련해 주몽과 송양왕의 일화가 유명하지요. 비류국의 송양왕은 자신이 선인이라고 주장하며 주몽에게 무릎을 꿇을 것을 요구했는데, 오히려 주몽은 자신이 단군의 적자인 해모수의 아들이라며 그를 설득했습니다. 이로 인해 송양왕은 제후의 신분으로 주몽에게 복속됐어요.

그런데 5부 세력을 왜 이렇게 강조할까요? 그것은 고구려와 단군 조선의 관계를 살펴볼 때 계승적인 측면뿐만 아니라 발전적인 측면까지 고려해야 하기 때문이에요. 즉, 고구려가 단군 조선을 이어받으면서 어떻게 나라를 발전시켰는지 설명하기 위해 5부 세력을 언급한 것이지요.

옥저와 동예

함경도 함흥 일대에는 옥저, 강원도 강릉 일대에는 동예가 있었어요. 두 나라는 변방에 치우쳐 있어서 선진 문화의 수용이 늦었을 뿐 아니라 고구려의 압박을 받아 크게 성장하지 못했지요. 읍군이나 삼로라는 군장이 부족을 다스렸지만 큰 정치 세력은 형성하지 못했어요. 두 나라 모두 바다를 끼고 있어 어물과 소금 등 해산물이 풍부했고 토지도 비교적 기름져 농사도 잘됐지요. 동예는 특히 명주와 삼베를 짜는 방직

기술이 발달했어요. 특산물로는 단궁이라는 활과 과하마, 바다표범 가죽인 반어피(班魚皮) 등이 유명했습니다. 동예는 10월에 무천이라는 제천 행사를 지냈는데, '하늘을 향해 춤춘다'라는 의미를 지니고 있지요.

옥저는 고구려처럼 용맹스러운 기질을 지녀 말을 타지 않고 싸우는 전투에 뛰어났다고 합니다. 옥저는 고구려와 마찬가지로 부여족에 속했으나 풍속은 달랐어요. 고구려에 서옥제라는 결혼 풍습이 있었다면 옥저에는 민며느리제가 있었지요. 서옥제는 사위가 신부 집 뒤꼍에 집을 짓고 살다가 자식이 장성하면 자기 집으로 돌아가는 제도이고, 민며느리제는 딸을 남자 집으로 보내 그 집의 일을 거들게 하고 딸이 시집갈 때 그동안 일한 대가를 받는 결혼 풍습이에요. 일종의 매매혼이라고 할 수 있는데, 주로 가난한 사람들 사이에서 이루어졌지요. '민며느리'는 장래에 며느리로 삼으려고 민머리인 채로 데려와 기른 계집아이라는 뜻입니다.

동예의 항아리(왼쪽)와 옥저의 손잡이 항아리(오른쪽, 함경북도 웅기)

평민은 자유로운 교제를 통해 결혼했어요. 남자 집에서는 돼지고기와 술을 보낼 뿐 다른 예물은 보내지 않았습니다. 여자 집에서 재물을 받으면 딸을 팔았다고 여겨 부끄럽게 생각했거든요.

고구려와 옥저의 결혼 풍습이 정반대인 이유는 학자들도 아직 명확하게 밝혀 내지 못하고 있습니다. 동예에서는 같은 부족과 결혼하지 않는 족외혼을 엄격하게 지켰어요. 다른 부족의 생활권을 침범하면 노비나 소, 말로 변상하게 했는데, 이를 책화라고 합니다. 옥저에서는 가족이 죽으면 바로 장례를 지내지 않고 시체를 가매장했다가 나중에 뼈를 추려서 가족의 공동 무덤인 커다란 목곽에 안치했어요. 목곽 입구에는 죽은 자의 양식을 담은 쌀 항아리를 매달아 두었답니다.

삼한

고조선 때부터 한반도 남쪽의 '진'이라는 나라에는 한족(韓族)이 살고 있었어요. 기원전 2세기경에는 고조선 때문에 중국과 진의 교류가 차단되기도 했습니다. 하지만 고조선이 무너지면서 남하해 온 유민에 의해 진에 새로운 문화가 보급됐어요. 새로운 북쪽 문화와 토착 문화가 융합하면서 진은 더욱 발전했고, 그 결과 마한, 변한, 진한의 연맹체가 생겼습니다

위만에게 왕위를 빼앗기고 쫓겨난 고조선의 준왕은 무리를 이끌고 한반도의 남쪽으로 내려옵니다. 준왕은 마한의 왕이 되어 전라도 익산에 위치한 금마에 도읍을 정하고 나라를 다스렸어요. 준왕이 죽은 뒤에는 다시 마한 사람이 왕이 됐지요.

마한은 천안, 익산, 나주 지역을 중심으로 경기, 충청, 전라도 지방까지 영역을 넓혔어요. 마한은 54개의 소국으로 나뉘어 무려 10만여 호를

이루었지요. 변한은 김해·마산 지역을 중심으로, 진한은 대구·경주 지역을 중심으로 발전했습니다. 변한과 진한은 각각 12개국으로 이루어졌는데 모두 4만~5만여 호를 이루었어요.

삼한 가운데 마한의 세력이 가장 컸습니다. 마한의 소국 가운데 하나인 목지국의 지배자가 마한왕 또는 진왕으로 추대되어 삼한 전체의 주도 세력이 됐지요. 삼한의 지배자 중에서 큰 세력을 형성한 자를 신지, 작은 세력을 형성한 자를 읍차라고 불렀어요.

삼한에는 정치적 통치자 외에 제사장인 천군이 있었습니다. 천군은 5월의 수릿날과 곡식을 거둬들이는 10월, 하늘에 제사를 올리는 계절제를 주관했지요. 제천 행사 때는 날마다 음식과 술을 준비한 뒤 온 나라 사람이 노래를 부르고 춤을 추며 즐겼습니다. 천군이 제사를 지내는 소도는 군장의 세력이 미치지 못하는 곳이어서 죄인이라도 이곳에 숨으면 잡아가지 못했다고 해요.

삼한 사람들은 읍락을 이루어 움집이나 귀틀집에서 살았으며, 주로 농업과 수공업에 종사했습니다. 삼한에서는 두레를 조직해 여러 사람이 힘을 모아 공동 작업을 했어요. 아직도 농촌 지역에서는 두레와 품앗이가 행해지지요. 두레는 마을 단위로, 품앗이는 이웃끼리 이루어집니다. 마을 전체가 수재에 대비해 방축을 쌓고, 수로를 내고, 길을 넓히는 것은 두레에 해당하고, 바쁜 농사일을 돕기 위해 서로 돌아가며 일을 해 주는 것은 품앗이에 해당하지요.

삼한은 철기 문화를 바탕으로 하는 농경 사회였어요. 특히 변한에서는 철을 많이 생산해 낙랑과 왜 등에 수출했지요. 철은 교역에서 화폐처럼 사용되기도 했어요.

소도(蘇塗)
천신에게 제사를 지내던 성지다.

귀틀집
굵은 통나무를 정(井) 자 모양으로 층층이 얹고 흙으로 메워 지은 집이다.

삼한의 저수지

삼한 시대에는 철제 농기구의 사용으로 벼농사가 널리 행해지면서 김제의 벽골제, 제천의 의림지, 밀양의 수산제, 상주의 공검지, 의성의 대제지 등 저수지가 만들어졌다.

수산제(밀양) 밀양시청 사진 제공

벽골제(김제)

제천 의림지

충청북도 제천시에 있는 삼한 시대의 인공 저수지다. 둘레는 약 1.8km이고 수심은 8~11m다.
김제의 벽골제, 밀양의 수산제와 함께 삼한 시대의 3대 수리 시설 중 하나다.

마한의 토기(국립중앙박물관)
마한의 토기는 경질무문 토기와 타날문 토기로 구분된다.
경질무문 토기는 높은 온도로 굽는 신기술이 적용된
토기이고, 타날문 토기는 기벽을 단단하게 하는
두드림 기법이 적용된 토기다. 타날문 토기의
표면에는 삿무늬(繩蓆文)와 문살무늬(格子文)가
남아 있다.

삼한의 항아리(국립중앙박물관)
경상남도 창원 다호리 무덤에서 출토된 이 항아리는
삼한 시기(기원전 1세기경)의 대표적인 와질(瓦質)
토기다. 밀폐된 굴가마에서 구워 회색을 띤다.
형태는 민무늬 토기에서 변형된 것이 많으나
굽다리가 붙는 등 점차 다양한 형태로 변했다.

2-1 부여 · 고구려 · 동예 · 옥저 · 삼한

1 부여의 건국과 발전

- **변천** 1세기 초 왕호 사용 → 3세기 말 선비족의 침입으로 쇠퇴 → 연맹 왕국 단계에서 고구려에 병합됨 (494년)
- **정치** 왕은 중앙을 다스리고 마가, 우가, 저가, 구가 등의 여러 가가 사출도를 다스림 → 5부족 연맹으로 왕권은 미약했음(가(加)들이 왕을 선출하고 흉년이 들면 왕에게 책임을 물었음)
- **풍속** 순장, 형사취수제(형이 죽으면 동생이 형수를 받아들임), 영고(12월, 제천 행사)
- **법률** 1책 12법(고조선의 8조법금과 유사, 남의 물건을 훔친 자는 12배 배상, 살인자는 사형에 처하고 가족은 노비로 삼음. 간음한 자와 투기가 심한 부인은 사형에 처함)

2 고구려의 건국과 발전

- **건국과 발전** 압록강 지류인 동가강 유역의 졸본에서 주몽이 건국(기원전 37년) → 압록강 유역의 국내성으로 천도 → 한 군현 공략, 요동 지방으로 진출
- **정치** 5부족 연맹 형성(왕 아래에 대가들이 독자적 지위 유지), 제가 회의(대가들이 모여 중대한 범죄자에 대한 처벌 결정)
- **풍속** 서옥제(남자가 여자 집 별채에서 살다 자식이 장성하면 집으로 돌아가는 제도), 동맹(10월, 제천 행사)

3 옥저와 동예

- **정치** 읍군, 삼로라는 군장이 부족 지배 → 동쪽에 치우쳐 있어 연맹 왕국으로 성장하지 못하고 멸망함
- **옥저** 해산물 풍부 → 고구려에 공납으로 바침, 민며느리제(어린 며느리를 맞이하는 풍습)와 가족 공동 무덤의 풍습
- **동예** 단궁(활) · 과하마(키가 작은 토종말) · 반어피(바다표범 가죽)가 특산물, 무천(10월, 제천 행사), 엄격한 족외혼, 책화(다른 부족의 경계를 침범하면 노비나 소 · 말로 배상하게 한 풍속)

4 삼한

- **성립** 진(고조선 때 남쪽에 있었던 나라)과 고조선 유민의 융합으로 성립 → 마한 · 진한 · 변한의 연맹체 형성, 마한의 목지국이 삼한 전체를 주도
- **정치** 신지, 읍차 등이 소국 지배, 천군이 소도(신성 지역)지배 → 제정 분리 사회
- **경제** 벼농사 발달, 변한의 철 생산(낙랑 · 왜 등에 수출, 교역에서 화폐처럼 사용)
- **풍속** 두레(공동 노동 조직) · 품앗이, 5월제(수릿날) · 10월제(계절제)

부여·고구려·백제가 외세의 힘을 빌려서 서로 싸우는 행위는 정당한 것일까요?

건국 신화만 보면 부여, 고구려, 백제는 단군 조선의 후손입니다. 즉, 형제 나라인 셈이지요. 하지만 세 나라는 사이가 좋지 않았습니다. 부여와 고구려, 고구려와 백제의 전쟁이 끝없이 지속됐지요. 세 나라는 왜 그토록 치열하게 싸워야 했을까요?

부여, 고구려, 백제가 세력 다툼을 벌인 것은 단군 조선의 정통성을 계승하는 문제와 연관이 있습니다. 단군 조선의 힘이 약화된 상황에서 이를 대신할 새로운 국가가 필요했고, 이에 합당한 명분과 힘이 필요했지요. 세 나라는 각자 자신이 단군 조선의 적통을 이어받았다고 주장하면서 무력으로 주변국을 굴복시키려 했어요.

가장 먼저 단군 조선의 후계국임을 주장한 국가는 부여입니다. 하지만 그 뒤를 이어 등장한 고구려는 이를 인정하지 않았지요. 오히려 자신들이 해모수의 적통임을 주장했어요. 이에 부여의 대소왕은 고구려 왕에게 사대를 요구했고 고구려가 반발하자 두 나라는 전쟁의 소용돌이에 휘말리게 됩니다. 전쟁 중에 대소왕이 죽고, 이후 부여에서는 내분이 일어났지요.

이어 상황은 고구려와 백제의 격돌로 치닫습니다. 두 나라는 처음부터 적대적인 관계가 아니었지만 점차 단군 조선의 적자가 누구인지 가려야 하는 상황이 되자 부딪칠 수밖에 없었지요. 백제가 근초고왕 때 남평양성을 공격해 고구려의 고국원왕을 전사하게 한 일이라든가 고구려가 광개토호태왕 때 백제를 공격한 일이 벌어졌습니다. 이렇듯 부여, 고구려, 백제는 서로 단군 조선의 적통임을 주장하면서 전쟁을 마다하지 않았어요.

여기서 한 가지 의문점이 남습니다. 단군 조선의 영화를 회복하기 위해 서로가 힘을 겨루는 것은 피할 수 없는 일이지만, 외세까지 끌어들여 동족의 목에 칼을 들이댄 행위는 어떻게 이해할 수 있을까요? 실제로 고구려가 한을 몰아내기 위해 피를 흘리고 있을 때 부여는 한과 힘을 합쳐 고구려를 공격했고, 백제는 북위에 사신을 보내 고구려를 공격하자고 요청하기도 했습니다.

정당성을 인정받을 수 없는 패권 다툼은 역사를 퇴보하게 만들어요. 신라가 당을 끌어

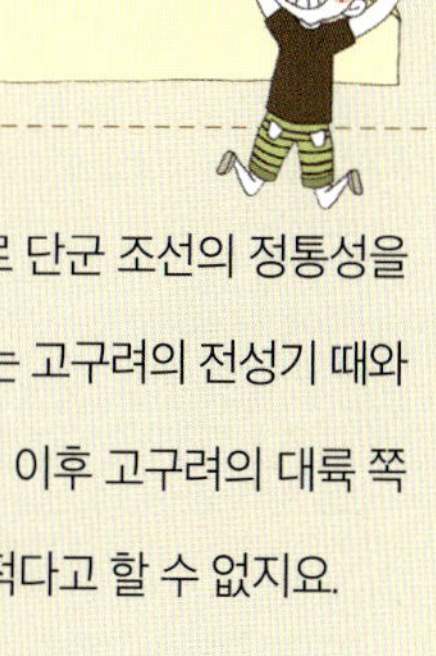

들여 얻은 것은 무엇이었을까요? 신라의 삼국 통일은 결과적으로 단군 조선의 정통성을 훼손하는 결과를 초래했을 뿐이에요. 단적으로 후기 신라의 영토는 고구려의 전성기 때와 비교하면 4분의 1로 축소된 것이나 다름없으니까요. 남북국 시대 이후 고구려의 대륙 쪽 강역이 한 번도 우리에게 귀속된 적이 없었으니 그 여파는 결코 적다고 할 수 없지요.

물론 고조선은 2,300여 년 동안 존속했고, 고구려와 백제는 700년 왕국을, 신라는 1,000년 왕국을, 고려와 조선은 500년 왕국을 이어왔어요. 이런 유구한 역사를 지닌 부여, 고구려, 백제가 단군 조선을 부활시키고자 했다면, 가급적 무력 대결을 피하고 평화로운 공존을 모색했어야 합니다.

2 고분 벽화로 살펴본 고구려의 상무 기풍 | 고구려의 사회와 문화

고구려의 고분 벽화가 오랫동안 보존될 수 있었던 까닭은 벽에 회를 칠한 뒤 마르기 전에 그 위에 그림을 그리는 프레스코 기법으로 제작했기 때문입니다. 고구려의 고분 벽화에는 사냥이나 무예 훈련, 무기와 군대 및 전투 장면까지 상세하게 그려져 있어요. 이것은 상무 정신이 일상생활 속에 고스란히 녹아 있음을 보여 주는 좋은 사례이지요. 고구려의 상무 정신은 단순히 무력을 강화하는 차원이 아니라, 단군 조선의 영화와 영토를 회복하려는 강력한 의지에서 출발했습니다. 따라서 그 정신세계와 사상을 이어받으려는 모습이 당시의 생활 곳곳에 드러나 있어요.

- **1세기 말**   태조가 요동군·현도군·낙랑군 등 중국 군현을 공격하고 동옥저·동예를 비롯한 주변 종족을 복속시키다.
- **2세기 말**   고국천왕이 부족적 전통을 지닌 5부를 행정적 5부로 개편하다.
- **4세기 초**   미천왕이 군사 3만으로 현도군을 공격해 적군 8,000여 명을 사로잡고 요동의 서안평을 점령하다.

무예를 숭상한 고구려

우리 민족의 강성기라고 하면 가장 먼저 고구려가 떠오릅니다. 그만큼 고구려는 무예를 숭상한 나라였어요. 하지만 특별한 경우가 아닌 이상 무예를 숭상하지 않는 나라는 없습니다. 물론 송처럼 군벌에게 군권을 내주면 나라가 멸망할 수도 있다는 우려 때문에 의도적으로 문벌을 중용한 경우도 있었지요. 하지만 외세의 침략으로부터 나라를 지키려면 강력한 군사력이 뒷받침되어야 하므로 무예를 무시하는 것은 국방을 포기하는 것처럼 무모한 행위라고 할 수 있어요.

따라서 상무 정신을 고구려만의 가치라고 말할 수는 없습니다. 다만 고구려가 상무 정신을 강조한 것은 단군 조선을 계승하기 위해서였어요. 물론 군사력만 강하다고 강대국이 되는 것은 아닙니다.

강대국이 되려면 문화와 문명이 앞서야 하고, 독자적인 세계관이 뒷받침되어야 해요. 당시 동북아시아에서 고구려는 매우 수준 높은 문화를 누리고 있었고 독자적인 세계관을 가지고 있었어요. 또한 환인, 환웅, 단군으로 이어지는 단군 조선의 정신세계를 계승해 하늘의 자손으로서 세상을 다스린다는 세계관을 발전시켰지요. 이를 바탕으로 고구려는 단군 조선의 영화를 회복한다는 뜻에서 '다물(多勿)'을 건국의 기치로 내걸었습니다. '다물'이란 '다 무르다'라는 말로 '되돌린다', '되찾는다'라는 뜻이에요. 한마디로 단군 조선의 정신을 이어 나가겠다는 의지를 천명한 것입니다. 따라서 고구려는

말 탄 사람이 그려진 벽화 조각(국립중앙박물관)
평안남도 남포시에 있는 쌍영총에 그려졌던 벽화 조각이다.

무엇보다 상무 정신을 강조했습니다. 무를 숭상하는 것만이 단군 조선의 영화를 되찾을 수 있는 길이라고 생각했던 거지요.

'동이족'의 이(夷) 자는 큰 대(大) 자와 활 궁(弓) 자로 나뉩니다. 이는 우리가 활을 잘 쏘는 민족임을 의미하지요. 고구려의 시조인 주몽의 이름도 '활을 잘 쏘는 사람'에서 비롯됐습니다.

또한 고구려의 고분 벽화를 보면 상무 기풍이 생활 속에 얼마나 깊숙이 뿌리내리고 있는지 잘 알 수 있어요.

무덤 벽에 그린 그림은 단순한 실내 장식이 아니라 생전의 삶을 재현해 놓은 것인데 당시의 생활상이 고스란히 드러납니다. 고구려인은 현세에서의 죽음을 끝이 아니라 내세의 시작으로 인식했어요. 왕이나 귀족의 경우는 내세에서도 현세처럼 살기를 원했지요. 벽화의 내용은 사회의 변화에 따라 달라졌어요. 고구려에 불교나 도교 사상이 전파되면서 영향을 받은 것이지요. 처음에는 단순히 현실의 삶을 반영했지만 후대로 갈수록 불교나 도교의 영향을 받아 연꽃 장식이나 사신도 등을 그려 넣기 시작했습니다. 여전히 죽은 자의 신분이나 지위, 당시의 생활상도 담고 있었지요. 그래서 고분 벽화를 보면 고구려인의 삶을 생생하게 이해할 수 있습니다.

고분 벽화의 제작 기법은 벽면에 직접 그림을 그리는 조벽지법(粗壁地法), 회를 고르게 입힌 다음 그림을 그리는 화장지법(化粧紙法), 벽에 회를 칠하고 회가 마르기 전에 그 위에 그림을 그리는 프레스코 기법 등으로 발전했습니다. 그래서 고구려의 고분 벽화는 비교적 오랜 기간 동안 제 모습을 잃지 않을 수 있었어요. 지금 보더라도 색채가 화려한 것은 물론이고 표현 기법이나 제작 방법, 재료에서 고구려 화풍의 정수를 느낄 수 있습니다. 고분 벽화를 보면 우리나라가 무색(無色) 문화라는 말이 얼마나 잘못된 것인지 알 수 있어요.

특히 고구려의 고분 벽화에는 사냥이나 무예와 관련된 그림이 많습니다. 예컨대 무용총 널방 오른쪽 벽화에는 수렵도가 그려져 있는데, 사냥터 특유의 쫓고 쫓기는 긴박함이 잘 표현돼 있어요. 장천 1호분에도 말을 탄 사람이 활을 겨누며 짐승을 쫓는 모습과 긴 창을 쥔 사람이 멧돼지를 가로막고 있는 모습이 그려져 있습니다.

이런 벽화를 단순한 수렵도라고 이야기할 수도 있습니다. 하지만 고구려 사회에서 사냥은 단순한 놀이가 아니었어요. 정기적으로 행해졌을 뿐만 아니라 사냥 대회에서 우승한 자는 인재로 중용했습니다. 대표적인 예로 평강 공주가 사랑한 바보 온달이 있지요.

고분 벽화에 사냥 장면만 나오는 것도 아닙니다. 무예를 익히기 위한 수박도는 물론이고 칼, 창, 도끼 등 여러 무기도 등장해요. 안악 3호분에는 수박도와 함께 활을 멘 병사, 당시 병사들이 사용하던 칼과 창, 방패, 부월도 등이 그려져 있습니다. 칼 손잡이 끝에 달린 둥근 고리는

곡예도(수산리 고분 벽화)
재주꾼들이 구경 나온 사람들 앞에서 장대 걷기, 통 굴리기, 여러 개의 공과 막대를 번갈아 받기 등 재주를 펼치고 있다. 당시에 이러한 재주는 무예의 하나였다.

전투를 할 때 칼이 손에서 빠지지 않도록 고정한 장치예요. 덕흥리 고분 벽화에는 차례대로 말을 달리면서 활을 쏘아 과녁을 많이 통과시킨 사람이 승리하는 마사희(馬射戲) 장면이 그려져 있습니다. 이는 놀이 기능과 함께 기마병들의 전투 능력을 향상시키기 위한 훈련이었지요.

안악 3호분에는 고구려인이 중시했던 철갑 기병이 생생하게 그려져 있습니다. 갑옷이나 투구, 방패는 적의 공격으로부터 자신을 보호하기 위한 방어 기구인데, 기마병뿐만 아니라 말들까지도 투구와 갑옷을 쓴 장면이 그려져 있어요. 그들의 위용은 지금 보아도 간담이 서늘할 정도지요.

이처럼 고구려 벽화에는 사냥이나 무예 훈련에서부터 각종 무기와 병사까지 생생하게 그려져 있습니다. 그중에는 전쟁 상황을 담은 것도 있었어요. 즉, 적과 싸우는 모습을 담은 공성도도 어렵지 않게 발견할 수 있지요. 삼실총에는 성을 두고 외부의 적과 싸우는 공성전과 그 과정에서 벌어지는 기마전, 보병의 육박전까지 생생하게 표현돼 있습니다. 통구 12호분의 북문에는 포로를 참수하는 장면까지 그려져 있지요.

성을 향해 돌진하는 고구려 개마(鎧馬) 무사의 전투 장면이 박진감 넘치게 그려져 있다. 철갑옷을 입은 말을 탄 무사를 개마무사라고 부른다.

고구려 무사가 포로를 참수하고 있다.

전쟁 벽화

옛 벽화에는 그 나라의 특징이 잘 나타나 있다. 신라나 백제는 백성이나 귀족의 일상을 그린 반면, 고구려는 무사들의 훈련과 전쟁 등을 그렸다. 그래서인지 고구려의 전쟁 벽화에서는 다른 나라 벽화에서는 쉽게 찾아볼 수 없는 용맹이 느껴진다.

삼실총 개마 무사 전투도와 못신(국립중앙박물관)
공성전에서 벌어진 기마전이나 보병의 육박전이 묘사돼 있다. 지안 삼실총과 통구 12호분 벽화에는 고구려 무사가 못신을 신고 있는 장면이 있다. 현재 금동 신발은 바닥판만 남아 있다.

장천 1호 수렵도

말을 탄 사람이 활을 겨누며 화살에 맞은 짐승 뒤를 쫓고 있다. 긴 창을 쥔 사람은 멧돼지 앞을 가로막고 있다.

덕흥리 고분 기마궁술도

기마궁술 대회를 묘사한 이 벽화는 평양시 덕흥리에 있다.

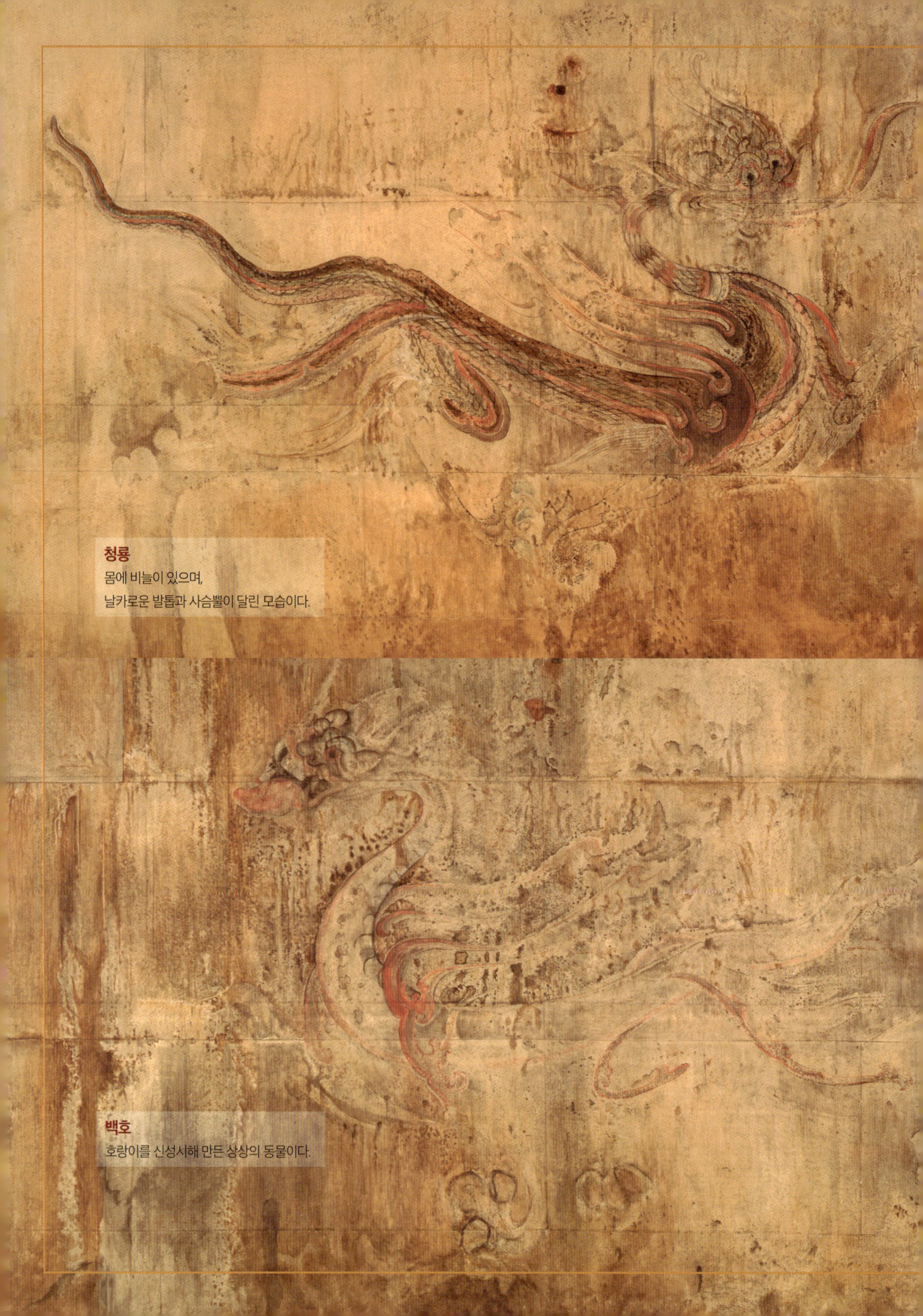

청룡
몸에 비늘이 있으며,
날카로운 발톱과 사슴뿔이 달린 모습이다.

백호
호랑이를 신성시해 만든 상상의 동물이다.

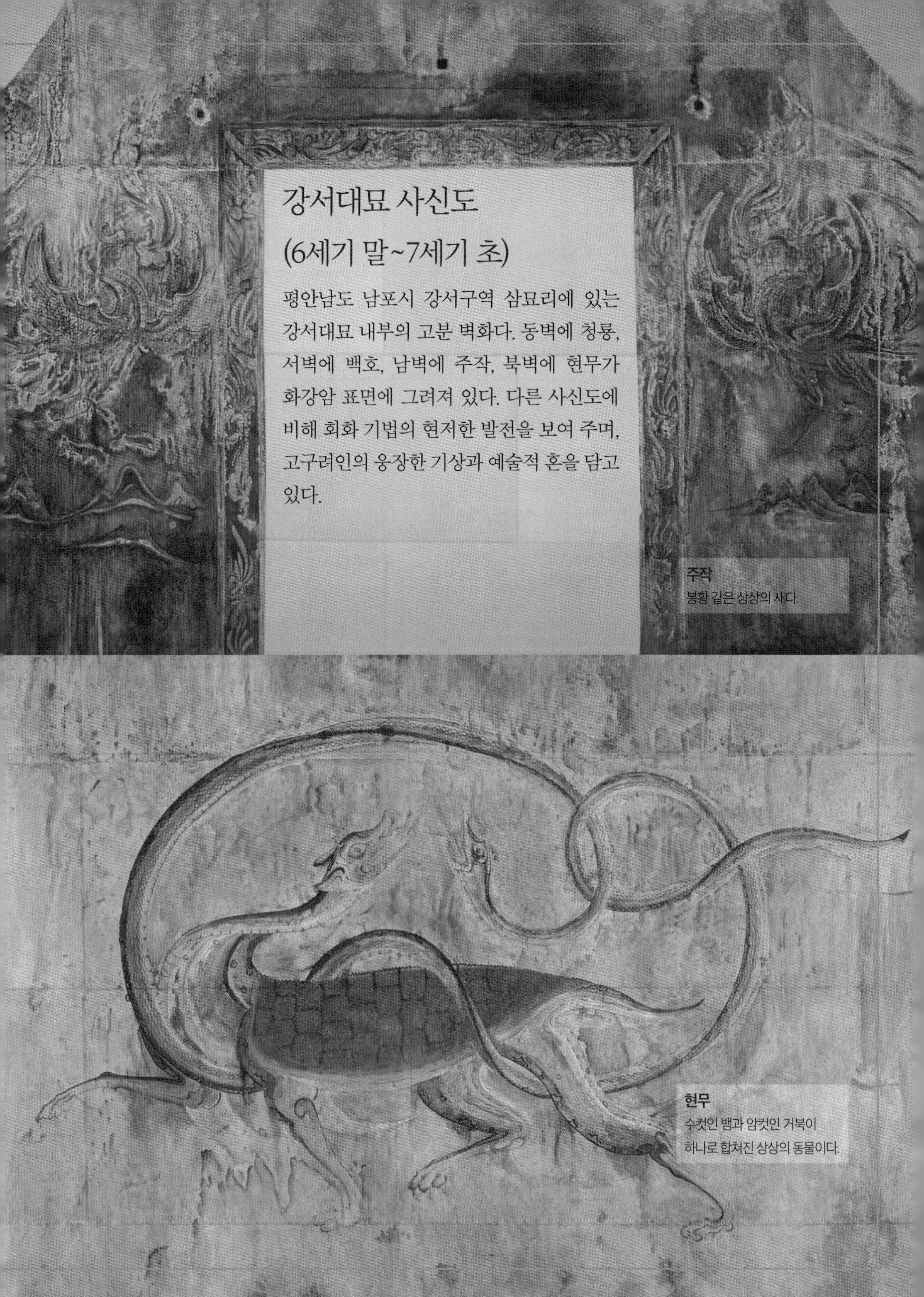

강서대묘 사신도
(6세기 말~7세기 초)

평안남도 남포시 강서구역 삼묘리에 있는 강서대묘 내부의 고분 벽화다. 동벽에 청룡, 서벽에 백호, 남벽에 주작, 북벽에 현무가 화강암 표면에 그려져 있다. 다른 사신도에 비해 회화 기법의 현저한 발전을 보여 주며, 고구려인의 웅장한 기상과 예술적 혼을 담고 있다.

주작
봉황 같은 상상의 새다.

현무
수컷인 뱀과 암컷인 거북이 하나로 합쳐진 상상의 동물이다.

무용총

무용총 무용도(5세기 초)
다섯 명의 무용수가 손을 뻗어 춤추고 있고 아래에서는 일곱 명의 합창단이 노래하고 있다.
합창단의 세 번째 남자는 다른 곳을 보면서 딴짓을 하고 있다. 고구려인의 익살이 엿보인다.
무희의 어깻짓은 보는 사람까지 흥겹게 한다.

무용총 수렵도(5세기 초)
험준한 산악 지대에서 네 명의 무사가 사냥을 하고 있다.
달아나는 두 마리의 사슴을 잡으려고 말을 탄 무사가 힘차게 활을 당기고 있다.
다른 무사는 호랑이를 집으러 하고 있다.

안악 3호분

황해남도 안악군에 있는 이 고분은 벽화와 비문으로 널리 알려져 있다. '永和十三年(영화십삼년)'이라는 글을 통해 연대를 알 수 있는데, 영화는 동진의 연호, 13년은 357년을 나타낸다. 이 고분의 주인공인 동수는 336년에 요동에서 고구려로 귀투한 무장으로 알려져 있다.

부뚜막(평안북도 운산군 동신면 용호동 1호 무덤, 높이 29.1cm, 길이 67.2cm, 국립중앙박물관)
주조 방식으로 만들어진 이 부뚜막은 안악 3호분 부엌 그림에 보이는 부뚜막을 축소해 놓은 듯한 모습이다. 이 부뚜막을 실제 사용한 것으로 추정하기도 하지만, 죽은 이가 사후세계에서 사용할 명기(明器)로 보는 것이 일반적이다.

안악 3호분 부엌과 푸줏간(375년)
깔끔한 박공지붕, 아궁이를 갖춘 부엌에서 시루를 얹고 음식을 만드는 여인, 솥단지 앞에서 국자를 들고 있는 여인, 아궁이 앞에서 불을 때고 있는 여인이 보인다. 부엌 옆의 고기를 저장하는 창고에는 짐승을 매달아 놓는 갈고리도 있다.

동수

벽화 속 초상화의 주인공인 동수 장군은 중국풍의 옷을 입고 있다. 그래서 남한과 일본 학계에서는 전연에서 고구려로 망명한 이주민으로 보지만 북한 학계에서는 고구려의 왕이라고 추측하고 있다.

안악 3호분의 행렬도
이 행렬도의 주인공은 고구려 고유의 복식을 입고 고구려 왕만이 썼다는 백라관을 쓰고 있다.
휘장이 쳐져 있는 화려한 방에 위엄 있는 자세로 앉아 있는 이 인물이 고구려 고국원왕이라는
의견과 중국인 망명객 동수라는 의견이 지금까지도 팽팽하게 맞서고 있다.

고구려 벽화의 일본 전파

일본의 나라 지방에는 다카마쓰 고분 벽화처럼 고구려 분묘 형태를 띤 고분이 다수 존재한다. 한국 사학계에서는 이를 근거로 이 지방에 백제인 외에 고구려인이 상당수 건너갔다고 보고 있다.

수산리 고분 벽화(5세기 말)
귀부인의 윗옷이 치마 위를 덮고 있는 형태와 접힌 주름 등은 일본의 아스카 역사 공원의 다카마쓰 고분에 그려져 있는 여성의 옷차림에서도 볼 수 있다.

다카마쓰 고분 벽화
다카마쓰 고분에서 나온 이 벽화가 일본을
발칵 뒤집어 놓았다. 1972년 이 벽화가
발굴되자 일본의 언론은 연일 특집을 꾸몄지만
결국 고구려 벽화로 결론 났다.

금당벽화
고구려 영양왕 때 담징은 법정과 함께 일본에
가서 오경, 채화, 공예 및 종이, 먹, 칠, 맷돌
등을 만드는 법을 가르쳤다. 담징이 그린 일본
호류사의 이 벽화는 중국의 윈강 석불, 경주의
석굴암과 함께 동양 3대 미술품의 하나로
꼽혔으나 1948년 불타 버렸다.

고구려 · 백제 · 신라의 고분 양식

고구려의 고분 양식은 초기에는 돌무지무덤이 주를 이루었지만 후기로 갈수록 굴식 돌방무덤으로 바뀌었어요. 돌무지무덤은 시신 또는 석곽 위에 돌을 정밀하게 쌓아 올려 만든 무덤입니다. 그래서 적석총(積石塚)이라고도 하지요. 초기에는 가공하지 않은 돌을 쌓았지만, 점차 돌을 사각 기둥 형태로 다듬어 쌓아 올렸어요.

돌무지무덤은 만주의 집안 일대에 1만 2,000여 기가 무리를 이루고 있습니다. 돌을 7층까지 계단식으로 쌓아 올린 장군총이 대표적인 돌무지무덤이지요.

돌무지무덤 장군총

굴식 돌방무덤은 돌로 한 개 이상의 널방을 짜고 그 위에 흙으로 봉분을 만든 무덤입니다. 앞방과 널방으로 이루어져 있는데, 널방의 벽과 천장에는 벽화를 그리기도 했어요. 돌방무덤은 만주 집안, 평안도 용강, 황해도 안악 등지에 널려 있습니다.

고분 벽화는 당시 고구려인의 생활과 문화를 보여 주는 귀중한 자료입니다. 초기에는 무덤 주인의 생활상을 표현한 그림이 많았지만, 후기로 갈수록 강서 고분의 사신도처럼 상징적인 그림이 많이 나타나지요.

백제는 초기 한성 시기에 계단식 돌무지무덤을 만들었는데, 서울 석촌동에 일부가 남아 있어요. 이런 유적은 백제를 세운 주두 세력이 고구려와 같은 계통이라는 건국 신화를 뒷받침하고 있지요. 웅진 시기에는 고구려와 마찬가지로 굴식 돌방무덤으로 바뀌었습니다. 돌방무덤인 부여 능산리 고분군에서는 사신도를 그려 넣기도 했어요. 널방을 벽돌로 쌓은 벽돌무덤도 있습니다. 벽돌무덤은 중국 남조의 영향을 받은 것으로 보이고 무령왕릉이 완전한 형태로 발견된 벽돌무덤으로 알려져 있지요.

**무령왕릉과
송산리 6호분의 내부**

무령왕릉은 1971년 송산리 고분군의 배수로 공사 중에 우연히 발견됐습니다. 무덤의 내부는 백제 특유의 연꽃무늬를 새긴 벽돌로 이루어져 우아하고 화려한 느낌이 들지요. 지석이 발견됐다는 점에서 무덤의 주인공이 무령왕과 왕비임을 알 수 있습니다. 왕과 왕비의 장신구와 금관 장식, 귀고리, 팔찌 등 3,000여 점의 껴묻거리가 무더기로 출토돼 화려했던 백제 문화를 짐작하게 하지요.

신라도 거대한 돌무지덧널무덤을 많이 만들었습니다. 삼국 통일 직전에는 굴식 돌방무덤도 만들었어요. 후기에는 불교의 영향으로 화장이 유행했습니다. 고분 양식도 거대한 돌무지덧널무덤에서 점차 작은 굴식 돌방무덤으로 바뀌었어요. 김유신 묘에서 볼 수 있듯이 봉토 주위를 둘레돌로 두르고 십이지상을 조각하는 독특한 양식도 나타났습니다.

발해에도 도읍지를 중심으로 많은 무덤이 있었어요. 문왕의 둘째 딸인 정혜 공주의 묘는 굴식 돌방무덤입니다. 천장을 좁혀서 올라가게 쌓는 모줄임 구조는 고구려의 고분 양식과 비슷해요. 이곳에서 나온 돌사자상은 살아 있는 듯 생동감이 넘치지요. 넷째 딸인 정효 공주 묘에서는 묘지와 벽화도 함께 발굴됐습니다.

돌무지덧널무덤
지하에 무덤 광을 파고 상자형 나무 덧널을 넣은 뒤 그 주위와 위를 돌로 덮은 다음 바깥을 봉토로 씌운 신라 무덤이다.

묘지(墓誌)
죽은 사람의 생애와 가족 관계를 돌이나 석관에 기록해 관과 함께 묻은 유물이다. 조선 시대에는 백자로 묘지를 만들기도 했다.

천마총
신라 22대 지증왕의 능으로 추정되는 경주의 고분이다. 당시 돌무지덧널무덤의 구조가 밝혀지고 화려한 부장품이 나와 신라 고고학의 새 장을 열었다.

고구려의 상징, 삼족오

삼족오(三足烏)는 왜 고구려의 상징일까요? 삼족오가 고구려 벽화에 무수히 등장하기 때문이에요. 대표적으로 각저총(씨름 무덤), 쌍영총, 천왕지신총, 덕흥리 1·2호 고분, 장천 1호분, 무용총, 약수리벽화무덤, 강서중묘, 개마총 등을 들 수 있습니다.

고구려 진파리 고분에서 출토된 '해뚫음 무늬 금동 장식품'을 보면 둥근 원 안에 삼족오가 있고 원을 따라 12개의 점이 박혀 있어요. 원은 태양이고, 12개의 점은 십이지신을 뜻하지요. 삼족오는 십이지신과 함께 환웅이 지상에 내려올 때 함께 내려온 3,000 무리 가운데 하나로 해석되기도 합니다.

고구려는 단군 조선과 북부여를 계승한 나라이므로 단군 조선의 정신을 이어받고 있었어요. 단군 조선은 개국 이후 정통성 확보를 위해 하늘신이 태양에 존재하고, 단군왕검이 하늘신의 자손이라고 널리 알려야 했지요.

고구려 5부 세력의 주요 산업은 농업이었습니다. 모든 생명체가 살아가는 데 태양이 가장 중요한 역할을 했으므로 많은 신 중에서 태양신이 가장 중요했지요. 5부는 태양신을 섬긴다는 생각 아래 자연스럽게 하나로 모일 수 있었어요.

삼족오에는 고구려의 통합 정신이 담겨 있습니다. 삼족오 또는 세 발 까마귀는 단군 조선과 고구려뿐 아니라 고대 동아시아 지역에서 태양의 신으로 널리 숭배받았던 전설의 새예요. 삼족오를 숭배하는 지역은 곰 토템 지역과 대부분 일치하지요. 랴오허 문명의 주축인 홍산 문화 유적지에도 삼족오가 등장하고 있습니다.

삼족오는 기원전 4000년경 양사오 문화 유적지의 토기에서 처음으로

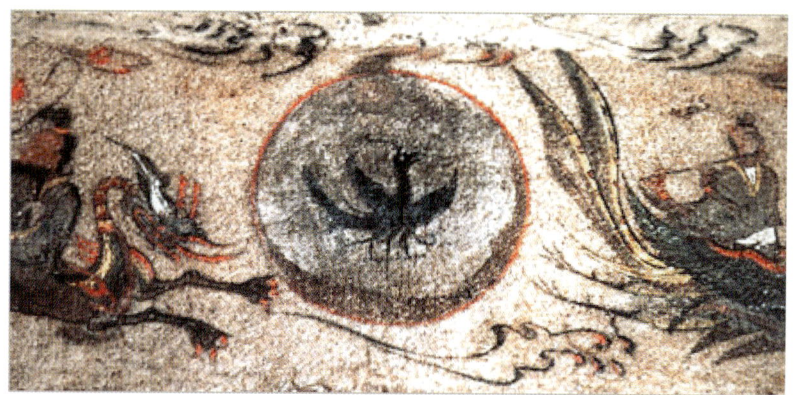

발견됐어요. 삼족오 문양은 랴오닝 성 차오양 지구 원태자 묘의 벽화에도 나타납니다.

삼족오의 '烏(오)'는 까마귀를 가리키는 것이 아니라 '신성한 검은 새'를 의미한다고 볼 수 있어요. 색깔 때문에 편의상 까마귀 '오' 자를 쓴 것이지요. 또한 고구려 벽화에서도 볼 수 있듯이 삼족오의 머리에는 볏이 있습니다. 그런데 볏이 달린 까마귀는 세상 어디에도 없지요.

볏이 달린 신령스러운 새는 동이족이 오랫동안 섬겨 왔던 봉황뿐입니다. 그렇다면 태양 속에서 사는 볏 달린 검은 새는 어디서 유래했을까요? 왜 태양 속에 사는 새가 붉은색이 아닌 검은색을 지니고 있을까요? 그것은 태양의 흑점과 관계있습니다. 고대인은 태양의 흑점을 보면서 태양 속에 검은 불새가 살고, 이 새는 미래를 예언해 주는 태양신이라 믿었던 거예요.

그런데 왜 삼족오의 다리는 세 개일까요? 이유는 여러 가지가 있어요. 태양이 양(陽)이고 3이 양수(陽數)이기 때문이라고도 하고, 천(天), 지(地), 인(人)을 의미하기 때문이라고 해석하는 경우도 있어요. 그런데 묘하게도 삼족오의 발은 조류가 아니라 낙타나 말 같은 포유류의 발처럼 발굽 형태를 하고 있지요.

해뚫음 무늬 금동 장식(4~5세기, 길이 22.8cm, 높이 15cm)

평양시 역포 구역 진파리 7호분에서 출토됐다. 가운데에는 구슬을 박은 둥근 테 속에 태양을 상징하는 세 발 까마귀를 새기고 그 아래의 좌우에는 두 마리의 용을 새겼으며, 위에는 입에서 불을 뿜고 있는 봉황을 새겼다. 이들 사이에는 하늘을 향해 타오르 는 듯한 불꽃무늬를 새겨 넣었다. 고구려인의 힘찬 기상을 느낄 수 있는 걸작이다.

2-2 고구려의 사회와 문화

1 고구려의 고분 벽화

- **주요 고분 벽화** 안악 3호분(행렬도), 강서 고분(사신도), 무용총(수렵도, 무용도), 쌍영총(풍속도), 각저총(씨름도, 별자리)
- **프레스코 기법 사용** 고구려의 고분 벽화가 오랫동안 보존된 이유는 프레스코 기법으로 제작했기 때문임
- **상무 정신 표현** 고구려의 고분 벽화에는 사냥과 무예, 무기와 군대 및 전쟁 모습이 그려져 있는데, 이는 상무 정신이 생활 속에서 체화됐다는 것을 의미 → 고구려의 상무 정신은 단순히 무력을 강화하자는 차원이 아니라 단군 조선의 옛 영화와 영토를 회복하자는 강력한 의지에서 출발 → 고구려는 단군 조선의 성 방위 체계를 계승하면서도 전국적 판도의 수도 방위 체계, 종심 방위 체계, 전방 방위 체계 등으로 체계화함

2 고구려·백제·신라의 고분

- **고구려의 고분** 돌무지무덤(적석총, 만주 집안의 장군총), 굴식 돌방무덤(만주 집안, 평안동 용강, 황해도 안악, 강서 고분)
- **백제의 고분** 계단식 돌무지무덤(석촌동) → 굴식 돌방무덤(공주 무령왕릉, 부여 능산리 고분군)
- **신라의 고분** 돌무지덧널무덤(천마총) → 굴식 돌방무덤

3 고구려의 상징인 삼족오

- **통합 정신** 삼족오는 단군 조선과 고구려뿐 아니라 고대 동아시아 지역에서 태양의 신으로 널리 숭배하는 전설의 새임. 삼족오 숭배 지역은 곰 토템 지역과 대부분 일치
- **유물** 진파리 고분의 '해뚫음 무늬 금동 장식'(둥근 원 안에 삼족오가 있고 원을 따라 12개의 점이 박혀 있음)

고구려의 상무 정신은
학문을 경시하는 것일까요?

고구려가 무를 숭상했다고 해서 학문을 경시한 것은 아닙니다. 이미 소수림왕 때 태학을 설치했고, 그 이후로 여러 역사서를 편찬했다는 점에서 이를 확인할 수 있지요. 문무의 균형이 깨지면 피해는 고스란히 백성의 몫으로 돌아가기 마련이에요. 고려의 무신 정권 시기가 그러했고, 현대사에서의 군사 독재 정권이 그러했습니다. 그렇다면 고구려의 역사를 근거로 할 때, 어떤 관점에서 인재를 평가하고 등용하는 것이 바람직할까요?

문무의 중요성을 저울질한다면 어느 쪽으로도 기울지 말아야 합니다. 한 나라를 운영하려면 문무의 조화가 필요하기 때문이지요. 고구려가 동북아시아의 강자로 군림할 수 있었던 이유는 군사적인 힘과 수준 높은 문명과 문화가 있었기 때문입니다. 상무 정신이 자리 잡았을 뿐만 아니라 유교가 보급되고, 불교와 도교가 활성화됐다는 사실이 이를 증명하지요. 게다가 고구려는 천손 의식이라는 독자적인 세계관을 가지고 있었습니다. 이는 고구려가 문무를 중시했기 때문에 가능했던 일이에요.

문무를 중시한다는 말은 인재를 등용하는 과정에서 한쪽으로 치우치지 않는다는 뜻입니다. 그렇다면 어떤 사람을 등용해야 할까요? 지덕체를 겸비한 전인적인 인간이라고 말할 수밖에 없습니다.

고구려에는 신라의 화랑과 유사한 조의선인이 있었어요. 조의선인이란 검은색의 조복을 입은 선인이란 뜻입니다. 조의선인은 선비 제도라는 특별한 교육 체계에 의해 양성되는 인재로서, 어린 나이에 선발돼 지적·정서적·신체적 훈련을 통해 심신의 능력을 갖추었습니다. 을파소, 을지문덕, 강이식, 양만춘, 연개소문 등이 조의선인 출신이에요. 우리 전통 문화에서 말하는 선비란 이들이 지닌 덕성과 실천력에 뿌리를 두고 있지요.

무관이든 문관이든 모름지기 지도자는 먼저 인간이 되어야 합니다. 제아무리 무술 실력이 탁월하고, 지식 수준이 높다고 하더라도 인간답지 못하면 국가 발전에 아무런 보탬이 되지 않기 때문이지요. 사실 이들 인재들은 다른 곳이 아니라 자기 나라를 이끌어 가기 위해 선발된 사람들입니다. 역사의식이 투철하면 그에 맞게 나라를 이끌어 갈 수 있지만,

그렇지 못하면 나라를 망칠 수도 있어요. 그러므로 중요한 것은 역사의식이 투철한 사람을 뽑는 것이지요.

나라를 팔아먹은 매국노들 대부분은 당대에 내로라하는 지식인이자 무장이었습니다. 을사오적 중 하나인 이완용만 하더라도 당시에 수재 소리를 들었었지요. 하지만 투철한 역사의식이 없었기 때문에 나라를 팔아먹는 짓을 저지른 것입니다.

결론적으로 문무를 중시하는 관점에서 인재를 발굴해야 해요. 그러기 위해서는 무엇보다도 지덕체를 겸비하고 있는지, 역사의식과 사명감을 지니고 있는지를 우선적으로 고려해야 합니다.

3 광개토호태왕릉비의 비밀 | 고구려의 역사

고구려의 시조는 동명 성왕 주몽이지만 실질적으로는 제6대 태조왕이라 할 수 있습니다. 최전성기는 제19대 광개토호태왕 시기고요. 광개토호태왕의 정식 명칭은 국강상광개토경평안호태왕(國岡上廣開土境平安好太王)입니다. 여기에서 '국강상'은 징지가 묻힌 지명을 가리키고, '광개토경'과 '평안'은 업적과 치적을 가리키며, '호태왕'은 왕 중의 왕이라는 의미인 '태왕'에 좋을 '호' 자를 붙인 거예요. 광개토호태왕은 한반도 역사상 최초로 '영락'이라는 연호를 사용해 동북아시아의 강자라는 자부심을 표현했습니다. 광개토호태왕이 죽은 412년 왕위에 오른 장수왕은 고구려 왕실의 신성함과 부왕인 광개토호태왕의 업적을 기리고자 414년 오늘날의 만주 길림성 집안 지역에 광개토호태왕릉비를 세웠어요. 이 비문의 사면에는 고구려의 힘 있는 서체로 총 1,775자가 새겨져 있습니다.

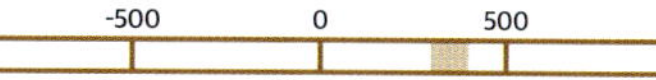

- **371년** 광개토호태왕의 할아버지인 고국원왕이 백제와의 전투에서 전사하다.
- **391년** 제19대 왕 광개토호태왕이 즉위하다. 연호를 영락(永樂)으로 하다.
- **400년** 백제가 가야·왜와 연합해 신라를 공격하자 고구려는 신라에 5만의 구원군을 파병해 낙동강 유역에서 왜를 격퇴하다.
- **414년** 장수왕이 고구려 왕실의 신성함과 부왕인 광개토호태왕의 업적을 가리기 위해 광개토호태왕릉비를 건립하다.
- **427년** 장수왕이 국내성에서 평양으로 천도하다.

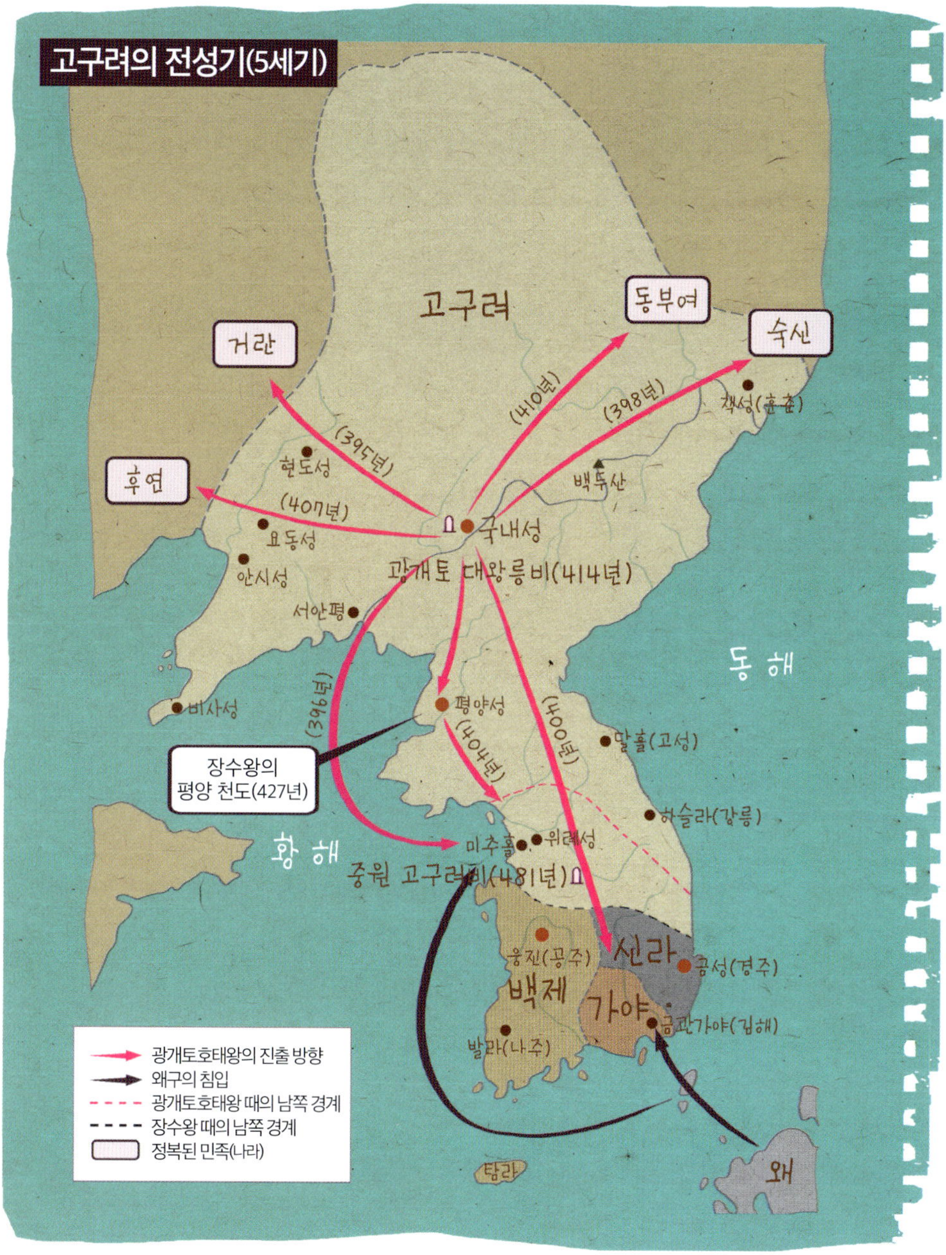

고구려의 실질적 시조, 태조왕

우리나라가 역사적으로 다른 나라보다 훨씬 앞섰다고 강조하며 자부심을 드러내는 것을 어떻게 생각하나요? 역사에 정통하고 그에 상응하는 자부심을 갖는 것은 정당한 일입니다. 하지만 이는 역사를 바르게 이해하려는 관점에서 이루어져야 해요. 국수주의적인 관점에 매몰된다면 역사를 왜곡하는 실수를 피하기 어려울 테니까요.

예를 들어 중국에서는 '태조(한 왕조를 세운 첫째 임금에게 붙이던 묘호)'를 북송(960~1279년) 시대에 처음 사용했지만 우리는 고구려 제6대 왕인 태조왕(53~146년) 때 사용했다는 점을 들어 우리의 문화가 중국의 문화에 비해 앞섰다고 말할 수 있을까요? 이것만으로 고구려가 중국보다 앞선다는 식으로 주장하는 것은 옳지 않습니다. 역사적인 맥락을 살피지 않고 단지 하나의 사건이나 현상만으로 역사를 평가하는 것은 장님이 코끼리 다리를 만지는 것과 다름없기 때문이지요.

분명 고구려는 중국보다 700여 년이나 앞서 태조라는 명칭을 사용했어요. 하지만 당시 고구려가 사용한 태조는 지금 우리가 알고 있는 것처럼 나라를 개국한 왕에게 사용하는 묘호가 아니었습니다. 이는 고구려를 건국한 주몽에게 태조라는 호칭을 사용하지 않은 것을 봐도 알 수 있지요. 그렇다면 고구려 시대에 처음 사용한 태조는 어떤 이미일까요?

태조왕은 사실상 왕권을 찬탈해 왕위에 올랐습니다. 그렇기에 이전의 왕과 혈통이 다를 수밖에 없었지요. 그래서 지금까지의 왕족과 다른 혈통이라는 의미에서 태조라는 이름을 사용했는지도 모릅니다.

하지만 태조라는 이름은 업적을 기리기 위해 붙인 것일 수도 있어요. 태조왕은 대대적인 고토 회복 운동을 벌여 위만 조선이 빼앗긴 고조선의

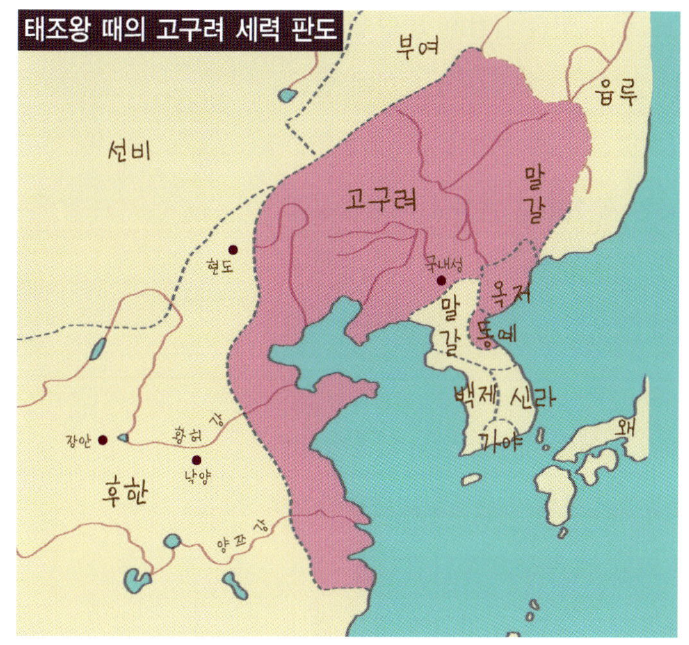

영토를 대부분 회복했습니다. 그리고 산둥 지역 아래까지 세력을 뻗어 대륙의 맹주로 군림했지요. 이에 근거해 태조왕을 고구려의 실질적인 시조로 평가하기도 해요. 하지만 중요한 점은 태조라는 이름에 나라를 세웠다는 의미가 담겨 있지 않다는 것입니다. 발해를 세운 대조영도 태조라 하지 않고 고왕이라고 불렀지요.

자부심을 높이기 위해 특정 사건이나 현상만으로 역사를 평가하는 것은 바람직하지 않습니다. 이보다는 역사적 맥락에 충실하면서 뿌리와 전통이 어떻게 계승되었는지 조명하는 것이 바람직하지요.

고구려의 웅장한 기상, 광개토호태왕릉비

광개토호태왕의 이름을 들으면 대륙을 호령하는 대왕의 모습이 가장 먼저 떠오를 거예요. 그만큼 광개토호태왕은 민족의 융성과 번영을 가져온 위대한 대왕으로 자리매김하고 있습니다.

이를 증명하듯 옛 고구려의 수도인 국내성, 즉 오늘날의 만주 길림성 집안에는 높이 6.39m에 사면의 너비가 1.35~2m나 되는 광개토호태왕릉비가 1,600여 년의 세월을 이기고 우뚝 서 있습니다.

하지만 지금 광개토호태왕릉비가 서 있는 땅은 애석하게도 우리 땅이 아닙니다. 광개토호태왕이 왕릉 관리와 수호에 관한 법령 조항을 직접 명했다는 대목을 볼 때는 더욱 그런 느낌을 떨쳐 버릴 수 없지요. 후손들이 자신들의 영토와 천손의 천하관을 지켜 내지 못할까 염려해서 그렇게 기록해 놓은 것은 아닐까요?

그러나 광개토호태왕릉비는 지난날 웅장했던 역사를 자랑스럽게 증명하며 세상을 굽어보고 있습니다. 온갖 풍상에 씻기면서도 강인한 기상을 잃지 않고 서 있지요. 이것이 고구려의 기상이고 광개토호태왕의 진면목 아닐까요?

광개토호태왕릉비는 어떻게 세워졌고 어떤 내용을 담고 있을까요? 광개토호태왕릉비는 414년 9월 장수왕이 아버지 광개토호태왕의 업적을 기리고자 세운 거예요. 내용은 크게 세 부분으로 나뉩니다.

첫째는 고구려의 건국과 계승 과정을 기술한 뒤 왕위에 오른 광개토호태왕의 치적에 대해 평가하고 있어요. 아울러 산릉을 축조하고 능비를 건립한 목적에 대해서도 기록하고 있습니다. 둘째는 광개토호태왕의 공훈과 업적을 연대와 사건별로 서술하고 있지요. 셋째는 왕릉을 관리하고 수호하기 위한 수묘인연호의 구성과 이를 유지하기 위한 법령 조항을 밝혀 놓고 있습니다. 즉, 광개토호태왕의 정통성과 치적을 먼저 서술하고 고구려의 천하관이 이어지기 위한 방안을 적어 놓은 것이지요.

광개토호태왕릉비는 고구려가 멸망한 이래 우리들의 기억 속에서 점차 잊혀져 갔어요. 그러다가 1870년대 말 청의 한 농부가 능비를 발견했고, 1882년 일본의 스파이 사카와 중위가 일본 학계에 능비의 존재를 밝혔습니다.

수묘인연호(守墓人烟戶)
고구려 때 왕릉과 같은 특별한 묘를 지키는 사람들을 차출하던 가호 혹은 수묘인이 소속된 가호를 나타낸다.

광개토호태왕릉비와 어이없는 임나일본부설

일본은 광개토호태왕릉비문의 '신묘년 기사(辛卯年記事)'를 이용해 임나일본부설(任那日本府說)을 정당화했어요. 그 결과 비문의 해석을 둘러싼 뜨거운 논쟁이 일어났지요.

참 우습지 않나요? 광개토호태왕릉비는 광개토호태왕의 업적을 기리고자 세운 것인데, 다른 나라에서 침략을 정당화하는 근거로 이용한다는 것이 말이에요.

임나일본부설은 4세기 중엽 일본의 야마토 정권이 가야 지역을 정복하고 그곳에 통치 기관을 설치해 6세기 중엽까지 한반도 남부를 다스렸다는 학설입니다.

당시 일본 열도는 통일된 국가도 아니었고 한반도로부터 선진 문화를 수입하는 나라였어요. 그런 일본이 어떻게 백제와 가야를 제압하고 고구려에 맞설 수 있었겠어요? 고려 후기나 조선 초기의 왜구처럼 해안 지역을 약탈했다면 몰라도요. 일본이 조선을 침략해 지배하려면 최소한 일본 열도의 통일이 이루어졌을 때에야 가능했을 거예요.

이런 상황을 전혀 고려하지 않고 비문을 자기 식대로 해석하면서 임나일본부설을 계속 주장한다면, 조선 침략을 합리화하려는 의도라고밖에 볼 수 없습니다.

百殘新羅舊是屬民由來貢 而倭以辛卯年來渡海 破百殘□□新羅以爲臣民

백잔신라구시속민유래공 이왜이신묘년래도해 파백잔□□신라이위신민

이를 해석하면 다음과 같습니다.

"백잔(백제)과 신라는 옛적에는 속민이었고 그전부터 조공을 바쳐 왔는데, 왜가 신묘년에 바다를 건너와서 백잔을 격파하고 신라를 □□신민으로 삼았다."

임나일본부설을 주장하는 사람들은 이 부분을 해석하는 과정에서 역사적 사실과 맥락을 전혀 고려하지 않고, "왜가 신묘년에 바다를 건너와서 백잔을 격파하고 신라를 □□신민으로 삼았다."라는 부분만 차용하고 있습니다.

하지만 이 비문은 광개토호태왕의 업적을 기록한 것이기 때문에 주어를 광개토호태왕으로 봐야 해요. 앞에서 백제와 신라가 옛 속민이었다고 밝히고 있으므로, 백제를 격파하고 신라를 신민으로 삼았다고 보는 것이 타당합니다.

그렇지 않다면 무엇 때문에 예로부터 조공을 바쳐 왔다고 했겠어요? 만약 백제와 신라가 고구려의 속국이 아니라면 왜는 고구려와 어떤 관계이고, 무슨 이유로 고구려를 응징했는지에 대한 내용이 들어가야 할 것입니다. 아무리 봐도 여기에 왜의 업적을 기록할 이유가 없으니까요. 그러므로 왜와 백제가 고구려에 맞서기에 고구려가 백제를 격파하고 신라를 신민으로

광개토호태왕릉비 탁본
광개토호태왕릉비는 약 1,775자의 글자로 빼곡히 채워져 있다. 탁본의 왼쪽 가운데 '破百殘□□新羅以爲臣民'이라는 부분이 뚜렷하게 보인다.

삼았다고 해석해야 합니다. 이러한 내용은 『삼국사기』에서도 확인할 수 있어요.

『삼국사기』에 따르면 고구려는 392년에 신라 이찬 대서지의 아들 실성을 볼모로 데려왔으며, 백제 석현성과 그 주위의 10여 개 성을 함락하고 백제의 전략적 요충지인 관미성을 점령했습니다. 『삼국사기』는 광개토호태왕의 재위 연대를 1년씩 늦춰 기록하고 있지만 연도는 맞아떨어지지요. 따라서 신묘년에 왜와 백제가 다시 맞서자 고구려가 다음 해인 392년에 이들을 격파하고, 신라를 신민으로 삼았던 사실을 역사적 맥락에 따라 서술했다고 봐야 합니다. 때문에 이 문장은 영락 몇 년이라는 연호를 생략하고 있는 거예요.

그런데 여기에서 왜가 등장하는 이유는 무엇일까요? 이는 비문에서 백제를 백잔으로 표현하고 있는 것과 관련이 있습니다. 백잔은 고구려가 백제를 낮춰 불렀던 말이에요.

당시 고구려와 백제는 첨예하게 대립하고 있었어요. 백제는 근초고왕 이래 해상 제국으로 발돋움하며 고구려에 강력하게 대적했습니다. 광개토호태왕의 조부인 고국원왕이 371년 백제와의 전투에서 전사했을 정도였으니까요.

역사적 맥락에서 볼 때 백제와 고구려가 한판 승부를 벌인 것은 당연한 일인지도 모릅니다. 단군 조선의 정통성을 누가 계승하느냐 하는 중요한 문제를 해결해야 했으니까요. 승부를 가리기 위해 두 나라는 일대 격전을 피할 수 없었지요. 백제는 해상 제국의 이점을 이용해 가야는 물론이고 왜까지 전쟁에 끌어들였어요. 그러므로 왜는 백제의 요구에 의해 건너온 세력으로 봐야 합니다. 따라서 고구려는 백제에 의해 동원된 이들 세력을 '백잔'이라고 표현한 거예요.

광개토호태왕릉비

중국 길림성 집안에 있는 이 비석은 414년 광개토호태왕의 아들인 장수왕이 세운 것이다.
우리나라에서 가장 큰 비석으로 높이가 6.39m이고, 사면에는 총 1,775자의 비문이 기록돼
있다. 이 비문은 삼국의 정세와 일본과의 관계를 알려 주는 중요한 금석문 자료다.

광개토호태왕릉비

광개토호태왕의 영토 확장 기록화
18세에 왕위에 오른 광개토호태왕은 거란을 정벌하고 고구려의 변방을 침략하던 숙신을 제압했다.
고구려를 침략한 후연을 수로와 육로로 공격해 응징하기도 했다.

고구려는 왜를 백제와 신라를 제압할 수 있는 세력으로 보지 않았
어요. 서부 국경에서 고구려와 후연의 싸움이 치열할 때, 백제의 조종을
받은 왜가 대방계를 침략하자 고구려는 이들을 거의 몰살해 버립니다.
다시는 단군족의 일에 끼어들지 말라는 경고를 한 셈이지요.
역사적 맥락에 근거해 신묘년 기사를 풀이하면 다음과 같습니다.

백제와 신라는 옛적에는 속민이었고 그전부터 조공을 바쳐 왔는데, 백제의
지시에 따라 왜가 신묘년에 바다를 건너와 백제와 연합해 고구려에 대항하려
했기에(왜에 대해서는 미미한 세력으로 보아 언급도 하지 않고 백제에 포함시켜)
백잔 세력을 격파하고 신라를 신민으로 삼았다.

천손의 자부심을 만방에 떨친 광개토호태왕

역사적 사실이 이러한데도 왜 논란이 계속될까요? 역사를 왜곡해 침략의 도구로 사용하려는 세력 때문입니다. 하지만 우리가 역사를 제대로 알지 못해서라고 할 수도 있어요. 따라서 우리는 광개토호태왕의 업적을 제대로 알아야 합니다.

그렇다면 광개토호태왕의 업적은 무엇일까요? 일일이 열거하자면 굉장히 많지만 그 업적을 관통하고 있는 것은 단군 조선을 계승해 고구려의 독자적인 세계관을 구축하려고 했던 정신이에요.

대부분의 사람들은 광개토호태왕의 업적으로 영토를 넓혔다는 점을 가장 먼저 듭니다. 하지만 이것이 전부는 아니에요. 비문에는 광개토호

광개토호태왕릉
중국 집안현성에서 동쪽으로 4km 떨어진 언덕 위에 있다. 방형 적석총인데 장군총보다 네 배나 크다. 현재 심하게 훼손되어 자갈 무덤만 남아 있는 상태다. 본래 7층 이상의 계단식 무덤이었고 맨 위층에 묘실이 있었다.

태왕의 시호를 '국강상광개토경평안호태왕(國岡上廣開土境平安好太王)'
이라고 분명하게 밝히고 있습니다.

여기에서 '국강상'은 장지가 묻힌 지명을 말하고, '광개토경'과 '평안'
은 땅을 넓히고 백성을 평안하게 한 업적과 치적을 말합니다. 비문에
는 대왕의 은정과 혜택이 하늘에 가득 차고, 위엄과 무공이 온 세상에
떨쳤으며, 적들을 쓸어 없애 백성의 생업을 편안케 하니 나라는 부유
하고 백성은 넉넉하며 오곡이 풍성하게 무르익었다고 표현하고 있
습니다. 그래서 왕 중의 왕이라는 의미인 '태왕'에 좋을 '호' 자를 붙여
'호태왕'으로 칭한 거예요. 정복 군주보다 성군이라는 의미를 강조한
것이지요.

그렇다면 '광개토경'과 '평안'의 지향점은 어디일까요? 바로 전통과
계승일 것입니다. 그래서 비문에는 천제(하늘)의 아들이자 하백의 외
손자인 추모 대왕(주몽)이 고구려를 건국하는 과정과 광개토호태왕이
17대손으로 왕위에 오른 내용이 적혀 있어요.

천제는 해모수를 의미하는데, 해모수는 하늘의 아들로서 단군 조선
의 계통을 이어받은 적통을 뜻합니다. 광개토호태왕의 모든 업적은
결국 천손 의식의 세계관으로 귀결되는 거예요.

따라서 비문에서는 전통과 계승 관계를 가장 먼저 밝히고, 광개토
호태왕은 왕으로 등극하자마자 영락이라는 연호를 사용한 것입니다.
광개토호태왕이 어떻게 영토를 개척해 나갔는지는 두 번째 단락에서
알 수 있어요.

광개토호태왕의 업적은 실로 눈부실 정도입니다. 이는 당시 상황을
보면 잘 알 수 있지요.

342년 서쪽의 전연이 당시 국성이었던 환도성을 함락하고, 선대

글자가 새겨진 청동 그릇(신라 6세기, 높이 19.4cm, 국립중앙박물관)

광복 후 우리나라 사람이 발굴·조사한 최초의 고분인 경주 호우총에서 출토됐다. 그릇의 밑바닥에 새겨진 '을묘년국강상광개토지호태왕호우십(乙卯年國崗上廣開土地好太王壺于十)'이라는 글귀를 통해 광개토호태왕을 위해 만들었음을 알 수 있다. 고구려계의 그릇이 신라의 고분에서 출토된 점으로 보아 당시 신라와 고구려가 교류를 맺고 있었던 것으로 추측된다.

왕인 미천왕의 시신을 도굴하고 태후까지 납치했습니다. 371년에는 백제와의 전투에서 고국원왕이 전사했어요. 378년 서북쪽의 거란이 고구려 주민 1만여 명을 포로로 잡아 갔고, 384~385년 전연에 이어 후연이 고구려를 위협했습니다. 고구려는 사방의 적에게 시달리고 있었지요.

광개토호태왕은 이런 상황에서 18세에 왕위에 올라 모든 침략 세력을 응징했습니다. 먼저 392년 7월 백제의 전략 거점인 관미성을 장악해 백제의 수도성을 공략할 근거를 마련한 뒤 방어전을 전개했어요. 그렇게 백제의 힘을 빼놓고 395년에 군대를 서북쪽으로 돌려 거란을 정벌합니다.

그것도 모자라 서쪽 경계 지역에 군사적 시위를 하면서 돌아왔어요. 후연에게 감히 고구려를 넘보지 말라는 경고 메시지를 보낸 셈이지요. 396년에 고구려는 수도성을 함락하고 아신왕(재위 392~405년)의 항복을 받아 냅니다. 이로써 백제와의 오랜 승부는 끝나게 되지요. 이어

광개토호태왕릉 널방
왕릉 꼭대기에 관을 넣어 두는
널방이 있다.

398년 고구려의 변방을 침략하던 숙신을 제압하고, 고구려를 넘보는 후연을 정복하기 위한 준비에 들어가지요.

이를 틈타 백제는 가야와 왜를 동원해 신라를 제압한 뒤 고구려를 공격하는 전략을 사용했습니다. 이에 400년 광개토호태왕은 신라에 5만여 명의 군사를 파견해 거점까지 완전히 소탕해 버렸어요. 이런 와중에 고구려를 침략한 후연을 수로와 육로로 공격해 응징하기도 했습니다.

그러자 407년 모용운이 후연을 멸망시키고 북연을 세웁니다. 모용운은 자신이 고씨의 후손이라며 고씨 성을 고구려에 요구하고 고구려는 그 요청을 들어줬어요. 북연왕 모용운이 광개토호태왕으로부터 고씨 성을 하사받고 고운이 됐으니 북연은 고구려의 속국이나 마찬가지라고 할 수 있지요.

이렇게 고구려를 넘보던 침략 세력을 모두 평정했으니 대단한 업적이라고 할 수 있어요. 그래서 모든 적을 쓸어 버려 백성이 편안하게 생업에 종사하게 되었다고 비문에 기록한 것입니다. 하지만 광개토호태왕은 여기서 그치지 않고 동부여를 통합하고 마지막 남은 남부 지역을 평정하기 위해 평양성으로 수도를 옮기려 했어요. 그러나 안타깝게도 광개토호태왕은 이 일을 성사하지 못하고 눈을 감았습니다. 39세라는 이른 나이에 말이에요. 그렇게 빨리 눈을 감지 않았더라면 우리 역사는 크게 달라졌을 거예요.

광개토호태왕은 자신이 이룩하려고 한 일을 후대에 맡기면서, 고구려의 독자적인 천하관이 영원히 이어질 수 있는 대책을 강구했어요. 이것이 바로 수묘인 제도입니다.

단순히 왕릉을 보호하고 관리하기 위한 차원이라면, 중대한 업적과 치적을 기록하는 비문의 1,775자 중 637자나 할애하면서까지 수묘인 제도에 대해 자세히 기록하지는 않았을 거예요. 이는 천손의 나라라는 위상을 분명히 하고 그것이 계속 이어지게 하기 위한 대책이었습니다.

광개토호태왕릉비는 단순히 땅을 넓히고 전쟁에서 이겼다는 내용을 담은 기념석이 아닙니다. 광개토호태왕이 어떻게 단군 조선을 계승해 천손의 나라를 건설했는지 기록한 것이지요. 이에 근거해 고구려는 독자적인 세계관을 구축하고 누구도 넘볼 수 없는 동북아시아의 강자가 되었습니다.

광개토호태왕릉의 수묘인
중국 관리인이 널방을 지키고 있다. 이 중국인이 왕릉을 지키는 수묘인 역할을 하고 있는 셈이다. 압록강 너머 북한 땅이 보인다.

한국사의 흐름을 바꾼 장수왕의 평양 천도

장수왕(재위 412~491년)은 흥안령 일대의 초원 지대를 장악하고, 중국 남북조와 교류하면서 대립하고 있던 두 세력을 조종하는 외교 정책을 썼습니다. 장수왕은 배후를 튼튼히 한 후 평양으로 도읍을 옮기고 (427년) 남진 정책을 추진했어요.

장수왕이 평양 천도를 감행하자 백제의 비유왕과 신라의 눌지왕이 나제 동맹(433~553년)을 결성합니다. 장수왕은 백제의 수도 한성을 함락하고 한강 전 지역을 포함해 아산만·남양만에서 죽령에 이르는 곳까지 영역을 넓혔지요. 고구려의 한강 유역 진출은 광개토호태왕 릉비와 충주 고구려비에 잘 나타나 있습니다.

여기서 한 가지 의문이 듭니다. 왜 장수왕은 아버지 광개토호태왕처럼 대륙으로 뻗어 나가지 않고 남진 정책을 썼을까요?

우선 생각할 수 있는 것은 정치적 입장입니다. "평양 천도 후 대신과 유력 귀족들을 무수히 죽였다."라는 『위서』의 기록에서 보듯이 국내성에 뿌리 깊은 기반을 둔 귀족 세력을 견제하기 위한 것일 수 있어요. 이는 고려의 평양 천도, 조선의 한양 천도와 맥을 같이하는 것입니다.

장수왕의 평양 천도에 대해서는 두 가지 견해가 있어요.

서길수 교수는 "만일 장수왕이 평양으로 수도를 옮기지 않고 계속 압록강 이북에 남아 있었더라면, 현재 중국은 고구려를 중국사라고 단정 지어 버렸을 것이다. 장수왕의 천도는 만주와 압록강 위아래를

장군총
(4세기 말~5세기 초, 높이 13m)
중국 길림성 집안에 있다. 고구려 석릉과 토분 가운데 가장 원형에 가깝게 보존된 석릉이다. 장군총은 장수왕릉인 것으로 보고 있다.

모두 우리 역사로 규정하는 데 큰 잣대가 되었다.”라며 평양 천도를 중국의 동북공정에 대한 반대 논리로 삼으며 긍정적으로 바라보았습니다.

이와 반대로 이덕일 박사는 “대륙적 성격을 지닌 고구려가 평양으로 천도함으로써 우리 역사의 대륙적 성격이 퇴화하고 반도적 성격이 강해졌으며, 신라 · 백제와 격렬하게 대립하는 계기가 되었다.”라면서 장수왕의 평양 천도를 부정적으로 바라보았어요.

이유야 어찌됐건 평양 천도에 대해 아쉬움을 떨칠 수 없습니다. 신라가 신문왕 때 넓어진 영토를 다스리기 위해 5소경 제도를 두었고 고구려 유민이 세운 발해 역시 선왕 때 5경 15부 제도를 두었던 것처럼 고구려도 소경 제도를 운용할 수 있었을 테니까요.

미국의 수도는 워싱턴이지만 사실상 뉴욕이 세계의 수도 역할을 하고 있는 것처럼 국내성이 워싱턴이 되고 평양이 경제 수도가 될 수도 있었다는 말입니다. 그러면 중국의 동북공정으로부터도 어느 정도 자유로웠을 거예요.

고구려는 위협을 느낀 백제와 신라의 강력한 견제에 직면했고, 결국 신라에게 나라를 내주고 맙니다. 고구려에 조공을 바치던 약소국 신라를 고구려가 키운 셈이된 것이지요. 고구려의 멸망은 장수왕 때 예견된 것은 아닐까요?

충주 고구려비
장수왕이 남한강 유역의 여러 성을 공략한 뒤 세운 기념비다. 고구려가 백제의 수도인 한성을 함락하고 한반도 중부 지역까지 장악했음을 보여 준다. 국내에 유일하게 남아 있는 고구려 비석이다.

2-3 고구려의 역사

1 고구려의 발전

- **태조왕(1세기 말)** 옥저 · 동예 정복, 한 군현 공략, 요동 지방 진출
- **고국천왕(2세기 말)** 부족 전통의 5부를 행정적인 5부로 개편, 왕위의 부자 상속
- **미천왕(4세기 초)** 낙랑군 · 대방군 축출, 대동강 유역 점령, 요동으로 세력 확대
- **고국원왕(4세기 중엽)** 백제의 공격을 받아 평양성 전투에서 전사
- **소수림왕(4세기 말)** 율령 반포, 불교 공인, 태학 설립 → 중앙 집권 체제 완성

2 정복왕 광개토호태왕(4세기 말)

- **천하의 중심이 된 고구려** 영락이라는 연호 사용. 신라는 정치적 안정을 위해 고구려에 인질을 보내고 조공을 바침. 고구려는 신라와 백제를 종속된 나라로 인식
- **남쪽 영역 확대** 4만의 군대로 백제를 공격해 임진강 차지 → 북쪽의 거란을 원정, 모용운이 세운 후연을 공략하기에 앞서 그 배후의 거란을 차단 → 백제를 다시 공격해 한강 이북의 땅을 모두 점령
- **북쪽 영역 확대** 서북쪽의 후연 격파 → 요동 지방을 포함한 만주 지방 대부분을 차지 → 동북쪽의 부여와 동쪽의 말갈을 굴복시킴 → 재위 중 64개의 성과 1,400여 촌락을 차지

3 광개토호태왕릉비

- **건립** 장수왕은 고구려 왕실의 신성함과 부왕인 광개토호태왕의 업적을 기리고자 414년 오늘날의 만주 길림성 집안에 광개토호태왕릉비를 건립
- **가야 · 왜 격퇴 사실 기록** 백제가 가야 · 왜와 연합해 신라를 공격하자 신라에 5만의 구원군을 파병해 (400년) 낙동강 유역에서 격퇴한 사실을 기록

4 장수왕의 남진 정책

- **남진 정책** 수도를 국내성에서 평양성으로 옮김(427년) → 남진 정책 추진 → 신라와 백제는 나제 동맹 체결(433년) → 한성 공격, 한강 전 지역을 포함해 아산만에서 죽령에 이르는 지역 장악(475년) → 충주 고구려비를 세움
- **외교** 남북조와는 등거리 외교를 추구함 → 중국 견제
- **문자 명왕(5세기 말~6세기 초)** 부여 완전 병합 → 최대 영토 확보

강대국 고구려는 왜
중국을 다스리지 않았을까요?

많은 사람들이 동북아시아의 강자로 군림한 고구려가 왜 중국 대륙을 지배하지 않았을까 의문을 품습니다. 거란의 요나 몽골의 원, 여진족의 청 등은 중국 대륙을 압박하거나 지배했지요. 고구려도 그런 능력이 있었지만, 그렇게 하지 않은 까닭은 무엇일까요? 혹시 중국 대륙을 지배할 힘이 없었던 것일까요? 아니면 또 다른 이유가 있었을까요?

고구려는 중국 대륙을 지배할 힘이 없어서가 아니라, 그래야 할 이유가 없었기 때문에 중국 대륙을 침략하지 않았습니다. 어떤 나라가 다른 나라를 침략하느냐 마느냐를 결정하는 것은 그 나라의 지배 욕구나 이해관계에 달려 있어요. 아무리 힘이 세도 지배욕이 없거나 침략할 이유가 없을 때는 다른 나라를 공격하지 않지만, 불가피하게 침략해야 할 이해관계가 있다면 힘이 없어도 다른 나라를 압박하게 됩니다.

수와 당이 고구려를 침략한 이유는 지배욕 때문었어요. 수와 당은 충분히 자기 영토 안에서 먹고살 만했지만 황제의 나라로서 세상의 중심이 되어야 한다는 지배욕에 사로잡혀 이웃 나라를 침략했던 것입니다. 반면 왜구가 남해안 일대를 노략질한 것이나 거란족과 여진족이 우리 땅과 중국 땅을 넘본 것은 물자 부족 때문이라고 할 수 있어요. 물론 힘이 있을 때에는 단순한 노략질에 그치지 않고 대대적인 침략으로 이어지기도 했습니다.

하지만 고구려는 안정적으로 농경 및 유목 생활을 했을 뿐 아니라 수자원도 풍부했어요. 게다가 물질적·문화적 수준이 상당히 높아 풍요로운 생활을 누리고 있었습니다. 거란족이나 여진족, 몽골족처럼 유목 생활을 하는 나라와는 경제적 조건이나 기반 자체가 달랐어요. 다른 나라를 침략해 물자를 충족할 이유가 없었던 거지요.

또한 고구려는 지나친 지배욕을 가지고 있지 않았습니다. '다물(多勿)'의 기치에서 드러나듯 단군 조선의 영토를 회복해 평화롭게 살고자 했어요. 단군 조선을 이은 천손의 나라를 건설해 번영을 누리고자 했던 것입니다. 천손 의식 자체가 하늘의 자손이라는 자부심을 표현하면서도 같은 동족이라는 의미를 내포하고 있었던 거예요. 이 점에서 지배욕을 가지고 있는 중국의 천하관과 고구려의 천하관은 전혀 다릅니다.

결론적으로 고구려는 경제적인 이해관계나 천하관이라는 사상적 측면에서 다른 나라를 침공해야 할 이유가 없었어요. 따라서 단군 조선의 옛 영토를 회복하고 모든 단군족을 통합해 천손의 나라를 건설하는 것을 정책적 목표로 추구한 것이지요.

4 "이제 족함을 알고 그만둠이 어떠한가" | 고구려와 수의 전쟁

고구려가 추구한 세계관은 하늘의 자손인 천손이 자기 땅의 백성을 다스린다는 것입니다. 반면에 중국이 추구한 세계관은 황제가 하늘을 대신해 만민을 다스린다는 것이지요. 6~7세기경 수가 네 차례에 걸쳐 고구려를 침략한 것은 두 나라의 세계관이 달라서 벌어진 일입니다. 당시 고구려의 영양왕(재위 590~618년)은 수와의 한판 대결을 앞두고 598년 2월 영주를 선제공격했어요. 이에 수는 598년 6월에 30만 대군을 이끌고 고구려로 쳐들어왔지만 대패합니다. 이후 즉위한 수양제가 612년에 113만 대군을 이끌고 침략했으나 30만 별동대가 을지문덕의 살수 대첩으로 궤멸되지요. 수는 계속해서 대공세를 펼쳤지만 큰 성과를 거두지 못하고 후퇴했어요. 그 결과 수는 618년 멸망합니다.

- **598년** 영양왕이 2월에 영주를 선제공격하다. 이에 수가 1차로 6월에 30만 대군을 이끌고 고구려로 쳐들어왔지만 대패하다.
- **612년** 수양제가 113만 대군을 이끌고 침략했으나, 30만 별동대가 을지문덕의 살수 대첩으로 궤멸하다.
- **613년** 수가 대공세를 펼치다.
- **614년** 수가 대공세를 펼쳤으나 큰 성과를 거두지 못하고 후퇴하다.

수의 1차 고구려 침공

전쟁이 일어나면 엄청난 자원 낭비는 물론이고 수많은 인명 사상이 뒤따릅니다. 전쟁이 일어나면 이처럼 피해가 막중하기 때문에 모두가 손해를 볼 것이라고 생각하기 쉽지만 반드시 그런 것만은 아니에요. 수많은 사람들이 고통을 감수해야 하지만 그 와중에 이익을 보는 세력이 있습니다. 그런 세력이 여러 사람에게 고통을 떠안기는 셈이지요.

일본의 도요토미 히데요시가 왜 임진왜란을 일으켰는지 생각해 보세요. 일본은 100여 년간 계속된 내란을 수습하고 통일 국가를 이루었습니다. 이제 전쟁의 피해를 복구하고 평화롭게 살 수 있는 방법을 찾아야 했지요. 하지만 도요토미 히데요시는 전쟁을 치르면서 형성된 반대 세력이 부담스러웠을 것입니다. 그들의 관심을 나라 밖으로 쏠리게 해 자신에 대한 불만을 잠재울 수 있는 방법을 찾아야 했지요. 그 결과 임진왜란이 시작됐습니다. 이 전쟁은 조선을 지배하려는 야심을 채울 수 있는 방법이기도 했어요. 전쟁에서 승리하면 재물을 빼앗아 호사로운 생활을 누릴 수 있으니까 일석이조라고 생각했을 것입니다. 침략은 자신의 욕심을 채우기 위해 하는 것이지 자기 백성이나 다른 나라를 잘살게 해 주려고 하는 것은 아니니까요.

이런 상황에서 우리는 어떻게 대응해야 할까요? 전쟁을 통해 이익을 얻으려는 세력이 존재하는 한 전쟁은 피하기 어려울 것입니다. 침략을 감행하려고 하는 세력은 어떻게든지 구실을 찾기 때문이에요. 그렇기 때문에 전쟁을 막는 방법은 힘을 키우는 것뿐이에요. 상대방이 겁을 먹고 침공하지 않으면 전쟁을 미리 막는 것이고, 그래도 침략하려 한다면 단호히 응징해야 하지요.

수와 고구려는 전쟁을 치를 수밖에 없는 상황에 놓여 있었어요. 수의

고구려의 철갑 기병
(안악 3호분)
고구려의 주력 부대는 갑옷을
입힌 개마를 탄 철갑 기병으로
구성됐다.

야욕 때문이었지요. 두 강대국이 갈등과 대립을 겪는다고 해서 꼭 전쟁이 터지는 것은 아닙니다. 얼마든지 서로 협력 관계를 유지할 수도 있어요. 물론 역사에서 이런 경우는 흔하지 않습니다. 당시의 역사 발전 과정은 침략적 속성을 갖고 있었기 때문이지요.

백성을 억누르는 지배자가 다른 나라 백성이라고 봐줄 리가 있겠어요? 착취와 억압이 존재하는 한 전쟁은 비일비재하게 일어날 수밖에 없습니다. 하지만 대외적 관계에서 침략적 야욕을 노골적으로 드러내는 것과 그렇지 않은 것은 중요한 차이가 있습니다. 노골적으로 침략하려 한다면 곧바로 전쟁 상황으로 치달을 수 있으니까요.

수는 왜 고구려를 침략하려고 했을까요? 수와 고구려가 가지고 있는 세계관의 차이 때문입니다. 수는 중화 문명의 세계관을 이어받은 나라였고 고구려는 천손의 세계관을 이어받은 나라였어요. 중화 문명의 세계관은 황제가 하늘을 대신해서 천하를 다스린다는 것입니다. 어느 나라든지 황제의 지배를 받아야 한다는 것이지요. 중국이 국력이 강해지면 주변국을 지배하기 위해 침략 전쟁을 벌인 이유가 바로 이 세계관 때문이랍니다.

반면 고구려의 세계관은 하늘의 자손인 천손이 자기 땅의 백성을 다스린다는 것입니다. 하늘의 자손인 대왕이 직접 모든 것을 살핀다는 사고방식이지요. 여기에는 천손이 모든 국가를 지배해야 한다는 침략적 내용은 담겨 있지 않습니다. 고구려는 독자적인 세계관을 가진 나라로서의 긍지와 자부심을 표현했을 뿐이에요.

그런데 6세기 중엽에 이르러 중화의 세계관과 천손의 세계관이 충돌하는 상황이 펼쳐졌습니다. 5세기와 6세기에는 고구려 문명권과 북방 유목 문화권, 4~5개의 남북조 국가로 나누어진 중화 문명권이 형성돼 있었습니다. 쉽게 말해 동북아시아의 문명권이 3등분돼 있었던 거예요. 하지만 중화 문명권은 오랜 분열을 끝내고 하나의 강력한 국가로 통일됩니다. 6세기 중엽, 양쯔 강 유역에는 진(陣), 황허 강 상류에는 후주, 황허 강 하류에는 북제가 있었습니다.

577년 후주는 먼저 북제를 멸망시켰어요. 이어 581년에 후주 왕실의 외척인 양견이 왕위를 빼앗아 수를 세우더니, 589년 진마저 멸망시킴으로써 중화 문명권을 하나로 통일했습니다. 게다가 북방 유목 문화권으로 강력한 세력을 형성했던 돌궐이 동돌궐과 서돌궐로 분열한 상태에서 수는 585년 동돌궐을 복종시키고 이어 서돌궐까지 공격했어요.

이렇게 되자 수와 고구려만 남은 상황이 되었어요. 고구려의 평원왕(재위 559~590년)은 수가 쳐들어올 것이라고 판단해 병기와 군량을 마련하는 등 국력을 재정비하고, 동돌궐과 연합 전선을 형성하는 등 전쟁을 준비했어요.

수도 침략 준비에 박차를 가합니다. 수는 고구려의 움직임과 전력을 탐색하기 위해 고구려에 사신을 보냈어요. 이러한 의도를 모를 리 없는 고구려는 수 사신의 활동을 제한하고 감시했지요. 이에 수가 의구심을 품자 고구려도 수에 사신을 보내 수의 정책을 더욱 명확하게 탐지합니다. 이 과정에서 고구려는 수가 중화 문명의 세계관을 추진하고자 하는 것을 파악했을 것입니다. 언제든지 전쟁으로 치달을 수 있는 상황이 된 거예요.

590년 평원왕의 뒤를 이어 왕위에 오른 영양왕은 피치 못할 싸움이라면 군사적 행동을 개시해 기선을 잡는 것이 필요하다는 판단을 내립니다. 그래서 598년 2월, 말갈인으로 구성된 기병 1만 명을 영주 지방에 보내 선제공격합니다. 이때 수의 영주 자사 위충의 방어로 한발 물러서기는 했지만 수의 북방 전진 기지에 큰 타격을 주었지요. 이 침공은 이후 수의 침략을 막는 중요한 역할을 합니다. 북방 전진 기지가 제 역할을 할 수 없게 되자 수는 군량미 조달 등 온갖 어려움을 겪었으니까요.

고구려의 선제공격을 빌미로 수문제는 598년 6월 한왕 양양(楊諒, 수문제의 넷째 아들)을 내세워 30만 대군을 이끌고 고구려를 공격합니다. 하지만 고구려는 육군의 중간 보급 기지를 공격하고, 수는 군량 수송 문제로 곤경에 빠지지요. 또한 고구려는 주라후의 지휘 아래 평양성으로 온 수군 함선을 격퇴합니다.

이에 대해 중국의 사서인 『자치통감』이나 『수서』는 육군이 큰 장마를 만나 군량이 수송되지 못해 군사들이 굶주리고 병에 걸렸으며, 주라후가 이끄는 수군이 평양성으로 가던 중 폭풍을 만나 병선이 침몰해 9월에 철수했다고 기록했어요. 그리고 사죄의 의미로 사신을 보낸 고구려를 용서하고 전과 같이 대우했다고 덧붙이고 있습니다.

이것은 자신들이 패배한 원인을 감추기 위한 기록이라고 볼 수 밖에 없어요. 이는 수가 612년 침공의 명분으로 '고구려가 수의 해안 방어 시설을 빼앗고 요서 지역을 공격했다' 라고 한 것에서 확인할 수 있습니다. 고구려가 해안 방어 시설을 빼앗고 요서 지역을 공격했다면, 598년 전쟁 당시 고구려는 수의 수군에 반격해 병선을 격침시켰을 거예요. 또 군량미의 수송을 방해하며 끊임없이 공격했기 때문에 수의 육군은 더 이상 전진하지 못하고 굶주려 죽었겠지요.

결국 수는 598년 수문제의 침입 이후 10여 년간 고구려를 침략하지 못했습니다. 이런 승리를 거두었기에 영양왕은 『유기』 100권을 축약해 이문진으로 하여금 『신집』 5권을 저술하게 했던 거예요.

그리고 607년 승리에 힘입어 동돌궐에 사신을 보내 협력을 강화한 후 수를 포위하려고 합니다. 이 상황에서 자기 아버지와 형을 죽이고 왕위에 오른 수양제를 만나지요. 이를 계기로 수양제는 더욱 치밀하게 침략을 준비합니다.

수의 2차 고구려 침공

수양제는 612년에 고구려 원정을 감행합니다. 이때 탁군에 모인 침략군은 113만여 명에 이르렀어요. 그들 스스로는 200만 대군이라고 했는데, 보조 인원까지 합치면 300만~400만 명에 이르는 엄청난 규모였지요. 탁군에서 출발할 때 12군으로 나눈 뒤 각 군이 40리(15km) 정도의 간격을 유지하며 행군했는데 후미 부대가 출발할 때까지 40여 일이나 걸렸고 행군 대열은 960리(377km)에 이르렀다고 합니다.

612년 3월 중순 수 군대는 회원진에 도착했지만 고구려의 철벽 수비에 부딪쳐 랴오허 강을 건너지 못합니다. 4월 중순에야 강을 건너 요동성을 포위하지만 6월 중순까지도 요동성을 함락시키지 못하지요. 고구려가 수의 중간 보급로를 차단하기 위해 총공격을 펼치자, 수의 대군들은 전진하지도 못하고 요동성의 공격에 합세하지도 못하는 진퇴양난에 빠졌어요.

결국 수양제는 평양을 곧장 공격하기 위해 기동력이 뛰어난 별동대를 꾸립니다. 그 부대의 군사 수가 자그마치 30만여 명에 이르렀어요. 육군이 요동 지역에서 전진하지 못하자, 수양제는 수군이 평양을 공격하도록 명합니다.

이때 평양성으로 쳐들어온 수군은 총 24군 중 무려 7개 군이나 됐어요. 내호아가 이끈 수군은 대동강 하구에 배를 대고 육군과 협동 작전을 펴는 데 유리한 지역을 차지하기 위해 평양성을 공격했지요.

고구려는 수의 육군과 수군이 협공하면 어려움이 클 것이라고 예상하고 수군의 공격을 유도했습니다. 수의 군대를 기습 공격해 일부러 패하는 작전을 써서 적을 내륙 깊숙이 끌어들였지요.

이 사실을 모르는 내호아는 첫 전투에서 승리한 것에 자만한 나머지 본래의 계획과 달리 고구려 수도를 향해 진군하다가 고구려의 매복 작전에 걸려들고 맙니다. 그러다가 구사일생으로 탈출해 대동강 하구에 진을 치고 고구려 군대와 대치하지요.

한편 우중문과 우문술이 이끈 별동대는 평양성을 향해 진군합니다. 하지만 이들은 전술상 군량 보급로를 포기할 수밖에 없었기 때문에 100여 일 분량의 식량과 무기 등을 군사들에게 한꺼번에 지급했어요. 개개인이 무거운 짐을 짊어지고 먼 거리를 행군한다는 것은 무리였겠지요. 급기야 행군 도중에 지휘관의 감시를 피해 장비는 물론 식량까지 버리는 병사들이 속출했습니다.

이를 내다본 을지문덕은 백성을 성안으로 옮기거나 전쟁 지역에서 멀리 피신시켜서 수 군대가 고구려 땅에서 식량을 얻지 못하게 했어요. 그리고 적의 약점을 파악하기 위해 수군 진영으로 직접 찾아갔지요. 이때 수는 을지문덕을 잡아 두려고 했지만, 을지문덕은 교묘히 수군 진영에서 빠져나와 수를 고구려 영내로 더욱 끌어들이기 위해 수 군대에 승리를 안겨 줍니다. 수는 승리감에 도취된 나머지 살수를 건너, 7월 초순 평양에서 북쪽으로 30여 리 떨어진 지점까지 진격해 들어오지요.

  그러자 을지문덕은 평양 북쪽으로 20여 리 떨어진 곳에 정예 부대를
배치하고 적장 우중문에게 다음과 같은 시를 지어 보냅니다.

  神策究天文(신기한 책략은 하늘의 이치를 꿰뚫었고)

  妙算窮地理(기묘한 계책은 땅의 이치마저 통달했네)

  戰勝功旣高(전쟁에 이겨 이미 공이 높으니)

  知足願云止(이제 족함을 알고 그만둠이 어떠한가)

  우중문은 을지문덕의 조롱 시를 받아 보고서야 고구려의 계략에
속았음을 알게 됩니다. 이런 상황에서 신속하게 철군하는 것만이 최선
이라고 생각하고 퇴각 명령을 내리지요. 그러나 수군은 적의 도하 작전
을 꿰뚫어 본 고구려군의 공세에 밀려 살수에서 섬멸됩니다. 이것이
유명한 살수 대첩이에요.
  이때 30만 정예군을 자랑하던 수의 별동대 중에서 요동성까지 살아
돌아간 자가 2,700여 명에 불과했다고 하니, 수가 얼마나 참패했는지
짐작할 수 있습니다. 이로 인해 수는 8월 하순경 전군을 철수했어요.
고구려는 수의 2차 침략(수양제의 1차 침략)도 성공적으로 막아 낸 것
입니다.

평양성 대동문
평양성의 동문(東門)이며, 평양
6대문 중 가장 규모가 크다.
이 그림은 1919년 영국 화가
엘리자베스 키스가 우리나라를
여행하면서 그린 것이다.

을밀대

6세기 중엽 평양성 내성의 장대(將臺)로 세운 것이다. 사방이 트여 있어 주위의 아름다운 경치를 한눈에 바라볼 수 있다. 을밀대라는 이름은 먼 옛날 을밀 선녀가 이곳의 경치에 반해 하늘에서 내려와 놀았다는 설화와 을지문덕 장군의 아들인 을밀 장군이 이곳을 지켰다는 이야기에서 유래했다.

살수 대첩(전쟁기념관)

612년(영양왕 23년) 고구려가 살수(청천강)에서 수양제를 격퇴하고 대승을 거둔 싸움이다. 고구려군을 이끈 명장 을지문덕은 살수에 둑을 쌓아 물을 막아 놓았다가 수군이 강을 건너기 시작하자 둑을 무너뜨렸다. 30만 5,000여 명의 군사 가운데 생존자는 2,700여 명에 불과했다.

하지만 수양제는 정신을 차리지 못하고 613년에 직접 대군을 이끌고 랴오허 강을 건너 변경 지역을 공격했어요. 자기 욕심을 채우기 위해 전쟁을 일으켰으니 내부에서도 불만이 속출했겠지요. 결국 군량 수송의 임무를 맡았던 양현감이 반란을 일으킵니다. 병부 시랑 곡사정은 고구려로 망명했고요. 이제 수는 더 이상 전쟁을 할 수 없는 형편에 이르렀어요. 결국 수양제는 군대를 철수할 수밖에 없었지요.

이 정도라면 고구려를 공격하는 것이 얼마나 무모한 일인지 깨달아야 하건만 수양제는 614년에 다시 고구려 침략에 나섭니다. 그러나 군사도 제대로 모으지 못하다가 7월 중순에야 겨우 원정군이 공격 작전의 토대라고 할 수 있는 회원진에 도착하지요.

이때 내호아가 비사성을 한때 점령하기도 했어요. 그러나 이미 세력이 약해진 수는 고구려에 대항해 싸울 여력이 없었습니다. 수와의 전쟁이 무의미하다고 생각한 고구려는 곡사정을 되돌려 보내고 수가 철군하면서 전쟁이 끝납니다. 국력이 약해진 수는 결국 망하고 당이 그 뒤를 이었지요.

2-4 고구려와 수의 전쟁

1 7세기 동북아시아의 국제 관계

- **문명권** 5~6세기 고구려 문명권과 북방 문화권, 4~5개의 남북조 국가로 나누어진 중화 문명권이 형성됨
- **수 건국** 북방 유목 문화권의 강력한 세력인 돌궐이 동돌궐과 서돌궐로 분열된 상태에서, 581년 후주 왕실의 외척인 양견(문제)이 왕위를 빼앗아 수를 건국함
- **십자 동맹** 581년 수는 남북조 시대의 혼란을 진정시키고 중화 문명권을 하나로 통일시킴 → 585년 동돌궐을 복종시키고 서돌궐까지 약화시킴 → 수(당)와 신라가 한편이고 고구려와 백제, 왜, 돌궐이 한편인 대립 관계가 조성

2 세계관의 차이

- **고구려의 세계관** 하늘의 자손인 천손이 자기 지역과 백성을 다스린다는 세계관임
- **중화 문명의 세계관** 황제가 하늘을 대신해서 다스린다는 뜻으로 결국 누구든지 황제의 지배를 받아야 한다는 세계관임

3 4차에 걸친 수의 침략

- **고구려의 선제공격** 고구려의 공격에 고전을 면치 못하던 신라는 원광을 수에 보내 군사 원조를 요청 → 영양왕은 수와의 한판 대결이 불가피하다고 보고 먼저 598년 2월 영주를 공격함
- **수의 1차 침략(수문제의 침략)** 수문제는 598년 6월 30만 대군을 이끌고 침략 전쟁을 일으켰으나 랴오허 강에서 고구려에 격파됨
- **수의 2차 침략(수양제의 1차 침략)** 수양제가 612년 113만 대군을 이끌고 침략했으나, 우중문과 우문술이 이끈 30만 별동대가 을지문덕의 살수 대첩으로 궤멸됨. 별동대 30만 명 가운데 살아서 돌아간 자는 겨우 2,700여 명 정도였다고 함
- **수의 3차, 4차 침략(수양제의 2차, 3차 침략)** 수양제가 613년, 614년에 침략했으나 큰 성과를 내지 못함 → 수는 고구려 침략 전쟁의 실패와 무리한 대운하 건설(605~611년)로 인해 618년에 멸망함

고구려의 성이 난공불락의 요새가 될 수 있었던 원동력은 무엇일까요?

고구려는 무예를 중시하는 상무 정신에 입각해 국가 방위 체계를 구축했습니다. 이로 인해 수와 당과의 싸움에서 승리할 수 있었지요.

우리나라는 수천 년에 걸쳐 중국, 거란, 일본, 몽골 등의 침략을 받았지만 유구한 역사를 이어왔습니다. 그 비결은 당도 천하의 요새라고 탄식하며 인정했던 성에 있어요.

초기 고구려는 평지에는 국내성을, 산지에는 환도 산성을 쌓았어요. 국내성에서 나라를 다스리다가 전쟁이 일어나면 환도 산성으로 피해 나라를 지켰던 것입니다. 고구려에는 화강암이 많아 성을 쌓기에도 유리했어요. 고구려는 수도를 평양성으로 옮긴 후에도 만주 북부의 개모성·신성에서 남쪽 바닷가의 백암성·비사성에 이르는 천리장성을 쌓아 중국의 침략을 막아 냈습니다. 특히 요동 반도의 중심인 안시성은 고구려가 멸망할 때까지 단 한 번도 함락당하지 않았어요. 오히려 안시성을 공략하지 못한 당이 자멸하고 맙니다.

그렇다면 고구려의 강력한 방어 체계는 무엇이었을까요? 단적으로 말하면 성을 지키는 방위 체계라고 할 수 있습니다. 고구려는 성을 중심으로 방어망을 구축해 외침을 막아 내고 침략의 기미가 보이면 선제공격해 기선을 제압했어요. 이런 당당함의 밑바탕에는 고구려를 난공불락의 요새로 만들어 놓았다는 자부심이 있었지요.

난공불락의 요새인 성은 어떻게 구축됐을까요? 고구려 성은 중국의 만리장성처럼 인위적으로 축조하지 않고 지리적 특성을 활용해 험준한 산 위에 견고하게 쌓았습니다. 힘을 적게 들이면서도 적을 효과적으로 방어할 수 있도록 만든 것이지요. 방어망이 얼마나 철통같은지 적군이 "동쪽의 오랑캐는 성을 잘 지키기 때문에 쉽게 함락시킬 수 없다."라고 말할 정도였어요.

이렇게 성을 쌓아 방어망을 꾸리는 것은 단군 조선으로부터 계승돼 온 것입니다. 북한 학계는 평양 일대에 흩어져 있는 고대 성곽이 단군 조선 시기의 것이라고 밝혔어요. 단군 조선의 거수국이라고 할 수 있는 위만 정권이 한에 맞서기 위해 축조한 왕검성 또한 예외가 아닙니다. 이를 통해 단군 조선이 성을 이용해 방어 체계를 구축했음을 알 수 있어요.

고구려의 힘은 상무 정신에 입각한 난공불락의
수성전(守成戰)에서 찾을 수 있어요.

고구려는 성을 지역 거점으로 활용하면서 국가 전역의 방어망으로 체계화했습니다. 수도 방위 체계는 물론이고 종심 방위 체계나 전방 방위 체계도 구축했으니까요. 적군의 침입에 대비해 전방 방위 체계를 가동하고, 종심으로 들어오는 길목을 중심으로 종심 방어 체계를 가동했으며 수도 방위 체계까지 갖추어 놓았던 것입니다. 그러므로 성을 깨뜨리기도 쉽지 않았을 뿐만 아니라 성을 점령했다고 하더라도 다른 방어망으로 인해 성안으로 진입하기 어려웠던 거예요.

나라의 존엄함을 내세운 연개소문 |
고구려와 당의 전쟁

7세기 동북아시아에는 수·당과 신라를 한 축으로 하고, 고구려와 백제·왜·돌궐을 다른 한 축으로 하는 대립 관계가 형성됐습니다. 618년 수가 멸망하고 당이 세워지는 동안 고구려에서는 영양왕의 뒤를 이어 영류왕이 왕위에 올랐지요. 영류왕은 당과 화친 정책을 추진하려 했지만 642년 10월, 연개소문이 일으킨 정변에 의해 시해됩니다. 대막리지의 자리에 오르면서 정권을 장악한 연개소문은 당과의 전투를 승리로 이끌어 냈지요. 하지만 그가 죽은 665년 이후 고구려는 구심점을 잃고 내부적으로 분열되다가 668년에 멸망합니다.

- **642년**　연개소문이 정변을 일으켜 대막리지의 자리에 오르며 정권을 장악하다.
- **644년**　당 태종이 김춘추의 요청을 빌미로 삼아 고구려 정벌을 선포하다.
- **645년**　당 태종이 연개소문의 정변을 구실 삼아 수십만 명의 대군을 이끌고 고구려와 전쟁을 벌이다.
- **668년**　고구려는 연개소문이 죽은 이후 구심점을 잃고 분열하다가 결국 멸망하다.

정변으로 대막리지가 된 연개소문

한 나라가 안정기를 누리다가 위기를 맞는 상황은 역사에서 흔하게 볼 수 있는 일이에요. 위기는 외침일 수도 있고 내부 붕괴에 의한 것일 수도 있습니다. 하지만 외세와 국경이 맞닿아 있으면 두 원인이 동시에 작용하는 경우가 많아요.

내적 위기로 인해 국력이 기울어지는 상황에서는 외부의 침입을 맞아 파국으로 치닫는 경우가 많지요. 고려가 무신 정변을 맞아 몽골의 침입을 받은 것이나, 조선이 파당 분쟁을 거듭하다 임진왜란을 겪게 된 것이 그 예입니다.

이러한 시기에는 위기를 극복하기 위한 움직임이 일어납니다. 그중 하나가 연개소문의 정변이에요. 연개소문은 집권 후 막리지와 구별된 대막리지를 신설하고 자신이 대막리지가 됐습니다.

연개소문이 정변을 일으킬 당시 고구려는 어려운 상황에 처해 있었습니다. 그중 하나가 598년부터 614년까지 치른 수와의 전쟁이었어요. 전쟁은 수많은 인력과 재정, 자원을 소모하는 일입니다. 더구나 수는 인류 역사상 유례를 찾기 힘들 정도로 엄청난 군대를 동원해 고구려를 침략했어요. 고구려와 2차전을 벌일 당시 군사는 113만이었고, 딸린 인원만 약 200만이었다고 하니 규모가 어느 정도인지 짐작할 수 있을 것입니다. 아무리 철저히 대비했다 해도 피해와 손실이 막대했겠지요.

이렇게 생사를 걸고 전쟁을 하고 나면 어느 한쪽은 붕괴되고 맙니다. 그렇게 수는 역사의 무대에서 사라지고 618년 당이 그 뒤를 이었어요. 그런데 문제는 여기서 발생했습니다. 당 또한 고구려에 대한 야욕을 버리지 못했으니까요.

막리지

막리지의 실체에 대해서는 의견이 분분하다. 먼저 막리지를 고구려 제1관등인 대대로와 같다고 보는 견해가 있는데, 다수의 막리지 중에서 3년마다 대대로로 선출된 것으로 본다. 연개소문의 할아버지가 군권을 쥐고 권세를 장악했다는 기록으로 보아 막리지가 군사권을 장악하고 있었음을 알 수 있다. 연개소문이 죽은 후 아들 남생과 남건도 자신들의 정치적 입지를 강화하고 권력을 장악하기 위해 태대막리지를 신설하고 그들이 태대막리지를 차지했다.

고구려와 당이 처음부터 대립 관계에 있었던 것은 아닙니다. 당은 건국된 지 얼마 되지 않은 상황이라 고구려를 침략할 준비를 제대로 갖추지 못했고, 고구려 또한 수와의 전쟁에서 입은 피해를 하루빨리 복구하는 것이 급선무였으니까요. 초반에는 평화적 관계가 조성됐지만 오래갈 수 없었어요.

왕위에 오른 당 태종은 629년에 국내외 지방 군벌 세력을 평정하고 바로 돌궐을 공격하는 등 주변 국가를 정복하기 시작합니다. 동시에 당이 고구려를 넘보고 간섭하는 일도 잦아졌어요. 국자 조교 주자사를 고구려에 보내 신라를 공격하지 말라고 하고, 631년에는 고구려가 수와의 전쟁에서 이긴 것을 기념한 경관을 허물라고 강요했어요. 당과의 화친을 주장한 온건파 세력은 당의 요구를 들어주는 데 급급했지만, 강경파 세력은 굴욕적인 처사라며 반발했지요.

그래서 고구려는 631년부터 부여성(눙안)에서 발해 연안의 비사성(다롄)에 이르는 지역에 천리 장성을 쌓아 당의 공격에 대비했습니다. 연개소문은 이 성곽 축조를 감독하면서 요동 지방의 군사력을 장악하지요.

고구려가 서쪽 변경의 방어에 힘을 쏟고 있을 때, 신라는 629년 고구려의 낭비성을 함락했습니다. 고구려는 당의 침입을 우려해 적극적인 공략에 나서지 못하다가 638년 10월 군사를 동원해 신라의 북쪽 변경 요지인 칠중성을 공격했지만 실패했어요.

고구려는 남부 지역의 안전을 방비하지 못했지만 당은 동돌궐마저 멸망시켜 버립니다. 이런 상황에서 당은 고구려에 사신을 보내 태자를 입조시키라고 요구했어요. 이때 고구려의 조정은 강경파와 온건파로 나뉘었지요.

천리 장성

고구려는 631년부터 부여성(눙안)에서 발해 연안의 비사성(다롄)에 이르는 지역에 천리 장성을
쌓아 당의 공격에 대비했다. 연개소문은 천리 장성 성곽 축조를 감독하면서 요동 지방의 군사력을
장악했다.

비사성
중국 랴오닝 성 진저우에 있는 고구려의 성이다. 수·당과 전쟁 당시 적군의 침략을 막는 산성 역할을 했다.
천혜의 요새이자 군사적 요충지로 『삼국사기』에는 "사면이 절벽으로 둘러싸여 있고, 다만 서문을 통해서만
오를 수 있다."라고 기록돼 있다. 수양제가 614년(영양왕 25년) 고구려를 침공할 때 비사성까지 진격했으나
단 하나의 성도 빼앗지 못했다. 이로 인해 수는 건국한 지 40년 만에 멸망했다. 이후 645년 당은 4만여 명에
달하는 대규모 수군을 동원해 비사성을 공격했고, 고구려군은 많은 수군에 대항하지 못해 패했다. 그러나 당
태종이 이끄는 막강한 당군이 안시성 전투에서 패하자 수군도 모두 철군했다.

호산 장성(박작성)
수와 당의 침략에 대비해 고구려가 세운 천리 장성의 일부다. 단동 시내에서 압록강변을 따라 북쪽으로 약 30km 떨어진 지점에 있다. 중국은 1990년대 호산 장성의 성곽을 새로 축조한 후 만리장성의 일부라고 했지만, 이는 고구려 천리 장성의 일부다.

호산 장성 정문

강경파는 더 이상 당의 압력에 굴복해서는 안 된다며 태자를 보내지 말 것을 주장했어요. 하지만 온건파는 두 나라의 평화를 유지하기 위해서는 태자를 보내야 한다고 주장했지요. 결국 영류왕은 온건파의 주장을 받아들여 640년 2월 태자를 장안으로 보냅니다. 게다가 태자를 당의 국학에 입학시켜 달라고 청원하기까지 하지요.

두 파의 대립은 641년 당이 고구려의 예방에 답하겠다는 서한을 보내오자 더욱 격렬해졌어요. 당에서 보내겠다는 진대덕은 낭중의 벼슬에 있는 자로 병법에 능하고 지리에 밝은 인물이었지요. 이 때문에 강경파는 진대덕을 입국시키면 안 된다고 주장했습니다. 그를 보내는 것은 고구려의 지리를 파악해 침략을 쉽게 하기 위해서라고 판단했기 때문이지요.

하지만 당과의 화친만을 염두에 둔 영류왕은 강경파의 주장을 귀담아 듣지 않고 진대덕의 입국을 받아들였어요. 뿐만 아니라 평양성으로 오는 길에 여러 성읍을 구경할 수 있도록 해 달라는 요청까지 허락했지요. 진대덕이 요수에서 평양에 이르는 길목을 샅샅이 살펴 각 성에 배치된 군사력까지 면밀히 알아낼 수 있도록 허용한 것이나 다름없었습니다. 과연 진대덕은 당으로 돌아가자마자 고구려를 칠 것을 제의했지요.

강경파의 불만은 말이 아니었어요. 하지만 영류왕을 비롯한 온건파는 당과의 화친을 맺는 데 방해가 되는 행동은 삼가야 한다면서 장성 축성 작업까지 중단할 것을 주장했지요. 두 세력 간의 긴장은 점점 고조돼 갔습니다.

이런 상황에서 영류왕과 온건파 세력들은 연개소문을 제거하려는 움직임을 보였고, 이를 눈치챈 연개소문은 미리 선수를 쳐 정변을 감행했어요. 642년 10월 잔치를 마련해 대신들을 빠짐없이 초대하고 열병식을 한다는 평계로 군사들을 집결한 뒤 참관한 대신들을 모조리 참살한 것입니다.

그리고 연개소문은 대궐에 들어가 영류왕을 시해했어요. 이후 영류왕의 조카인 보장왕을 왕위에 앉히고 스스로 대막리지가 되어 권력을 장악한 다음, 당과의 결전을 준비해 나갑니다. 그리고 죽는 순간까지 당과의 전쟁을 승리로 이끌어 냈지요.

이런 진행 과정을 보면 연개소문의 정변은 어쩌면 필연적이었다는 생각이 듭니다. 나라의 앞날을 놓고 온건파와 강경파는 전술에 대한 입장 차이를 넘어 정치적 대립으로 나아갔고, 서로를 죽이는 상황으로 치달았으니까요.

누가 먼저 거사를 일으켜 성공시키느냐의 문제만 남았을 뿐 각자 자신의 관점을 관철시키기 위해 어떠한 행동도 마다하지 않을 상태에 이르렀습니다. 당과 전쟁을 치르느냐 마느냐를 선택해야 하는 이상 미적거리고 있을 여유가 없었으니까요. 이런 상황에서 강경파를 대변하는 연개소문이 정변을 일으켜 권력을 잡은 것입니다.

고당 전쟁의 승리와 패배

당 태종은 중원을 장악하고 돌궐을 복속시켰어요. 천하 통일의 야망을 하나씩 실현해 가고 있었던 당 태종에게 고구려는 넘어야 할 마지막 산이었습니다. 이런 상황에서 연개소문의 정변은 좋은 빌미가 됐어요. 신라의 김춘추도 도움을 요청하고 있는 상황이었지요. 당 태종은 고구려에 사신을 보내 신라에 대한 공격을 당장 중지하라고 압박했지만 연개소문이 그 말을 들을 리 없었습니다. 결국 당 태종은 644년 고구려 정벌을 선포했어요.

"연개소문이 임금을 죽이고 대신들을 살육하고 백성을 혹독하게 대하더니 이제는 이웃 나라를 강제로 침략하기에 이르렀다. 그러니 토벌하지 않을 수 없다."

그러나 이것은 명분에 불과했어요. 중국 중심의 천하를 꿈꾸는 당 태종에게 고구려는 제압해야 할 상대였고, 연개소문과의 충돌은 피할 수 없었지요. 이것이 고당 전쟁의 시작이었습니다. 랴오허 강을 건너 당은 개모성을 점령하고 요동성을 함락했어요. 전쟁 초반에는 당의 공세가 성공적인 듯했지만 고구려는 신성, 건안성 등을 지켜 내며 당군의 발길을 묶었지요. 고구려군은 5개월에 걸친 안시성 전투를 승리로 이끌며 당의 침입을 물리쳤어요.

당 태종은 퇴각하는 길에 병을 얻어 649년에 결국 죽고 맙니다. 당은 647년과 648년에 계속 고구려를 침입했지만 연개소문이 이끄는 고구려군에게 번번이 당할 수밖에 없었지요.

하지만 주변 상황이 순조롭지 않았습니다. 660년 신라와 당의 연합군이 백제를 멸망시키고 여세를 몰아 고구려까지 공격했거든요. 이때 연개소문은 당군을 몰살시킵니다. 이후 665년 연개소문이 죽을 때까지 당은 고구려를 공격할 엄두조차 내지 못했어요.

여기서 우리가 눈여겨봐야 할 것은 연개소문의 정변이 성공한 이유와 고구려가 당과의 전쟁에서 승리한 이유입니다.

먼저, 연개소문이 출중했기 때문이라고 할 수도 있어요. 상황을 판단하는 데에는 지휘관의 역할이 막중하므로 맞는 말일 수도 있습니다. 하지만 승리는 수많은 사람들의 힘이 하나로 합쳐졌을 때 가능하지요.

이런 점에서 보면 고구려는 어떤 국가보다 단군 조선의 뿌리를 확고히 구축했다고 할 수 있습니다. 왕을 시해해도 나라의 영예를 빛내는 행위라면 정당성을 부여하는 분위기였지요. 그렇지 않았다면 이때부터 고구려는 분열됐을 것입니다. 하지만 연개소문이 권좌에 있을 당시 그런 일은 없었어요. 도리어 당의 침략군을 막아 내기 위해 서로 힘을 합쳐 싸웠지요.

안시성 전투 기록화(전쟁기념관)
645년 당 태종은 연개소문의 정변을 구실 삼아 수십만 명의 대군을 이끌고 고구려와 전쟁을 벌였다. 육군과 수군
양쪽으로 공격해 온 당은 먼저 랴오허 강을 건너 군사적 요충지인 개모성, 요동성, 백암성, 비사성 등을 점령하고,
전략적으로 가장 중요한 안시성을 공격했다. 그러나 안시성의 성주 양만춘 장군은 군민과 힘을 합쳐 당군을 격퇴했다.

어떤 일을 준비할 때 사회 분위기는 매우 중요한 역할을 합니다. 고구려 이후 시대 분위기가 완전히 달라진 것으로도 알 수 있어요. 이는 고구려 이후로 접어들면서 단군 조선의 뿌리와 계통을 이으려는 의식이 약해졌다는 것을 의미합니다.

묘청이 김부식에게 진압당한 것이나 최영이 이성계에게 패한 사실 등은 단순히 전술적 오류 때문만은 아닙니다. 또 조선 시대에 대륙적인 기질과 호탕한 기상을 지녔던 남이나 김종서 등이 죽은 이유도 개인적인 잘못에 있다고 할 수는 없지요. 연개소문의 정변을 기점으로 이전은 성공했지만, 이후에는 매번 패배한 것이 묘한 대조를 이루지 않나요?

이런 점에서 연개소문의 정변이 주는 아쉬움도 큽니다. 왜 정변 이후에 고구려가 망하는 것을 막지 못했을까요? 나라의 자주권을 지키기 위해 정변을 일으켰다면 대비책 또한 잘 세워야 하지 않을까요?

투석기
돌을 던져 공격하는 무기다.

　　대비책에는 여러 가지가 있지만 새로운 인재를 대대적으로 발굴하는 것이 중요합니다. 능력 있는 인재를 많이 등용해야 고구려의 기상에 맞게 나라를 이끌어 갈 수 있었겠지요.

　　이 점에서 연개소문은 여러 모로 노력을 기울였습니다. 당시 기득권 층이었던 지배층 외에도 다른 성씨의 장수들이 활동했다는 사실을 보더라도 알 수 있어요.

　　하지만 가장 중요한 것은 고구려의 기상에 맞게 나라가 계속 유지 되는 것 아닐까요? 연개소문은 정변 이후에도 자신의 뜻이 이어지도록 해야 했어요. 그러려면 새로 등장한 세력이 힘을 합쳐 단결해야 했을 것입니다. 고구려가 멸망한 가장 큰 원인은 군사력의 약화가 아니라 내부의 균열이었어요.

연개소문은 24년 동안이나 집권했습니다. 왕이 있었지만 실제 정치는 연개소문이 도맡아 했지요. 그런데 연개소문이 병으로 죽자 세 아들인 남생, 남건, 남산은 서로 다투지 말라는 연개소문의 유언에는 아랑곳없이 최고 권력자가 되려고 싸움을 벌였어요. 먼저, 장남 남생이 지방에 간 틈을 타서 둘째 남건이 형의 자리를 가로챘습니다. 남생은 자신의 힘으로는 전세를 역전하기 어렵다고 판단하고 당에 아들 헌성을 보내 고구려를 정벌해 달라고 간청하지요. 당은 헌성을 앞잡이로 삼아 고구려를 공격했어요.

668년 1월 나당 연합군이 평양성으로 몰려들었습니다. 이때 남생이 남건의 신하 신성에게 첩자를 보내 성문을 열면 큰 상을 주겠다고 꾀었지요. 닷새 뒤 성문이 열렸습니다. 신라의 기병 500명이 전광석화처럼 들어가고 당군이 뒤를 따랐지요. 이때 평양성은 넉 달 내내 화염에 휩싸였다고 합니다. 당시 앞잡이 노릇을 한 남생과 헌성은 당으로부터 큰 벼슬을 받았어요. 그러나 훗날 헌성은 반란 혐의로 죽임을 당했고 남건은 당에 포로로 끌려갔습니다. 연개소문의 동생인 연정토는 신라로 망명했지요.

결국 연개소문이 주변의 정세를 파악하지 못하고, 사후 일에 대비하지 못했기 때문에 고구려는 멸망으로 치달은 거예요.

그렇다 하더라도 연개소문의 정변은 민족사적으로 큰 의의를 가지고 있습니다. 그리고 연개소문은 유교 사상의 지배를 받던 조선 시대에는 왕을 죽이고 나라를 망친 인물로 평가받았으나, 민족의 자주성을 중시하던 20세기에는 혁명가로 재평가됐어요.

2-5 고구려와 당의 전쟁

1 연개소문의 집권

- **주변 정세** 수가 멸망하고 당이 건국됨(618년) → 고구려는 영양왕의 뒤를 이어 영류왕이 왕위에 올라 당과의 화친 정책을 추진 → 당 태종 즉위(626년)
- **천리 장성 완공(647년)** 보장왕 때 당의 침입에 대비해 부여성(눙안)에서 비사성(다롄)에 이르는 천리 장성을 16년의 공사 끝에 완공 → 연개소문은 성곽 축조를 감독하면서 요동 지방의 군사력을 장악
- **연개소문의 정변(642년 10월)** 연개소문이 정변을 일으켜 영류왕의 조카를 보장왕으로 세우고 대막리지에 오르며 정권을 장악 → 백제와 힘을 합해 신라에 대한 공격을 강화하고 당의 간섭을 단호히 물리침
- **고구려의 수상** 초기엔 좌보 · 우보 임명 → 국상(165년) → 대대로(5세기) → 대막리지(7세기)

2 당과의 전쟁

- **당의 침입** 당 태종이 연개소문의 정변을 구실 삼아 직접 고구려 침략 → 랴오허 강을 건너 요충지인 요동성 · 백암성 등을 차례로 함락한 후 안시성 공격 → 당군에 완전히 포위돼 하루에도 6, 7회의 공격을 받는 가운데 마지막 3일 동안 총공격을 받았으나 군민이 협력해 당군을 물리침(645년)
- **의의** 고구려를 지켰을 뿐 아니라 중국의 한반도 침략을 저지했다는 점에서 큰 의의가 있음

3 고구려의 멸망

- **나당 연합군의 공격** 고구려는 계속된 전쟁으로 국력을 소모했고, 연개소문이 죽은 665년 이후 구심력을 잃고 분열 → 백제를 멸망시킨 신라는 다시 당과 연합해 고구려를 공격
- **멸망** 최고 권력자였던 남생은 당에 투항해 앞잡이가 되었고, 연개소문의 동생인 연정토는 신라로 망명함 → 고구려 멸망(668년)

연개소문의 정변과 군사 쿠데타는 무엇이 다를까요?

연개소문의 정변을 두고 나라의 주권을 지키기 위한 필연적 사건이었다고 주장하는 사람들이 있어요. 현대사에서도 군사 쿠데타가 일어났습니다. 쿠데타를 일으킨 주역들은 하나같이 나라를 지키려는 의도였다고 주장합니다. 물론 하나는 고구려 시대의 일이고 다른 하나는 현대의 일이지요. 하지만 나라의 주권을 지키기 위해서였다는 주장은 별반 차이가 없어 보입니다. 그렇다면 연개소문이 정변을 일으킨 것처럼 쿠데타를 일으켜도 상관없는 것일까요?

역사적 행위에 대한 판단은 관점에 따라 달라질 수 있어요. 어떤 행위를 두고 한 쪽에서는 옳다고 하고 다른 쪽에서는 틀렸다고 합니다. 하지만 그렇다고 하더라도 시대적 맥락에 따른 종합적 판단에 기초해야 돼요. 시대적 맥락도 따져 보지 않고 옳고 그름을 주장한다면, 역사를 객관적인 시각에서 평가하지 않고 주관적인 시각에서 평가하는 것과 다르지 않지요.

연개소문의 정변과 군사 쿠데타는 어떤 점에서 다를까요? 우선 두 사건은 시대적 배경이 다릅니다. 연개소문의 정변은 고구려가 위기 상황에 직면했을 때 나라의 주권을 고수하기 위해 일어났고, 군사 쿠데타는 나라의 주인은 국민이라고 하는 민주 공화국에서 일어났어요.

영류왕을 비롯한 온건파는 당과의 화친만을 염두에 두고 장성 축성까지 중단할 것을 주장했어요. 이런 상황에서 온건파가 연개소문을 제거하려는 움직임을 보이자 더 이상 물러설 길이 없었던 연개소문은 정변을 감행합니다. 당시의 시대적 상황을 보면 당과 화친한다고 해도 힘이 뒷받침되지 않으면 결국 당의 속국으로 전락할 수밖에 없었지요. 결국 연개소문은 굴욕보다는 고구려의 존엄을 택한 거예요. 이에 반해 군사 쿠데타의 주역들은 안보를 내세워 정권을 잡기에 바빴다고 할 수 있습니다. 아이러니하게도 쿠데타가 발생했을 때 오히려 안보 위협이 고조됐어요.

이런 측면에서 볼 때 연개소문의 정변은 역사적 의의가 있습니다. 하지만 군사 쿠데타는

나라의 주권을 지키려 했던 연개소문의 정변은
군사 쿠데타와는 성격이 달라요.

민주 공화제를 정면으로 부인한 사건이에요. 따라서 군사 쿠데타는 시대착오적인 행위로
볼 수 있습니다.

이후의 행적에서도 차이가 납니다. 연개소문은 당과의 전쟁을 성공으로 이끌어 냈으나
쿠데타를 일으킨 세력은 독재 권력을 행사하고 국민을 탄압하면서 온갖 부정과 비리를
저질렀지요. 쿠데타 세력은 북한과의 대치 상황에서 나라의 안보를 지키기 위한 어쩔 수
없는 선택이었다고 주장합니다. 하지만 이 또한 설득력이 없어요. 진정한 국가 안보는
민주주의를 실현할 때 이루어지기 때문입니다.

지금은 국민이 주인의 권리를 행사하는 시대예요. 따라서 어떠한 경우라도 국민의 권리를
제약하는 쿠데타는 인정할 수 없습니다.

6 칠지도로 본 대해상 제국 백제 |
백제의 건국 신화와 역사

우리 고대사에는 명확히 해명되지 못한 채 수수께끼로 남은 부분이 많습니다. 그중 하나가 백제와 관련된 부분이에요. 건국 시조만 놓고 보더라도 '온조'라는 설도 있고, '비류'라는 설도 있습니다. '소서노'로 보는 설도 있고, 심지어 제3의 인물인 '구태'로 보는 설까지 있어요. 이런 주장이 나온 배경에는 김부식의 『삼국사기』가 있습니다. 김부식은 온조를 건국 시조로 보면서도 비류, 소서노, 구태 등과 관련된 설화를 언급했어요. 온조 백제는 한강 유역의 위례성에 자리를 잡았어요. 이후 근초고왕 때는 고구려의 고국원왕을 전사시킬 정도로 강력한 국력을 자랑했지요. 백제가 강력한 제국으로 성장한 것은 칠지도를 통해 확인할 수 있어요.

- **369년** 근초고왕 시기에 우주의 중심이자 황제를 의미하는 황색 깃발을 사용해 열병식을 거행하다.
- **371년** 남평양성 전투에서 고구려의 고국원왕이 전사하다.
- **405년** 당시 태자였던 전지왕이 왜에서 아신왕의 부음을 듣고 백제로 돌아오다.
- **408년** 전지왕이 칠지도를 왜왕에게 하사하다.

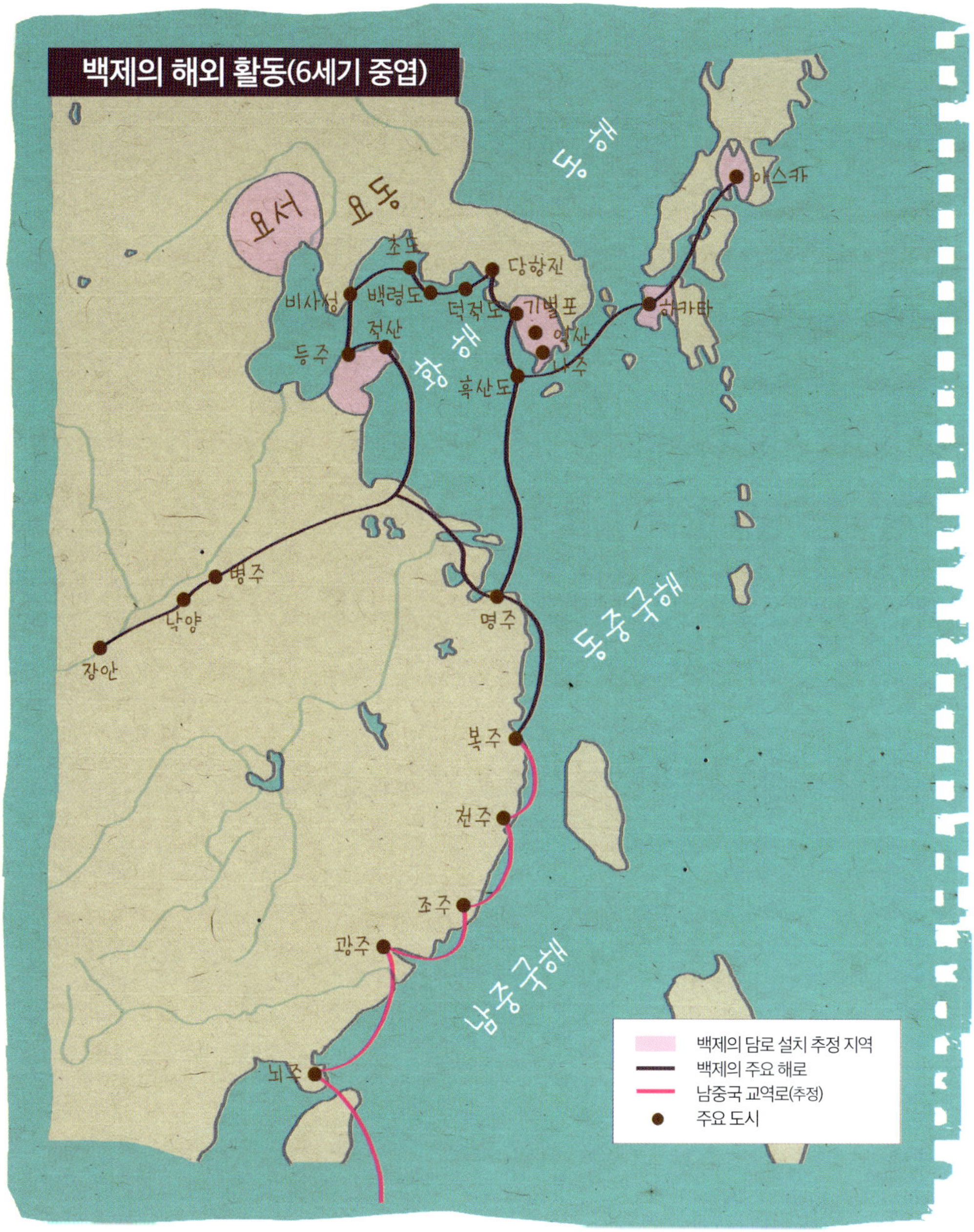

백제의 건국과 정통성 문제

고구려가 등장하면서 단군 조선의 정통성을 누가 계승하느냐 하는 문제는 더욱 복잡해졌습니다. 이번에는 백제가 등장하면서 역사가 새로운 양상으로 전개됐지요.『삼국사기』에는 백제의 건국 과정이 다음과 같이 기록돼 있습니다.

백제의 시조 온조왕은 주몽의 아들이다. 주몽이 북부여에서 도망쳐 졸본 부여로 왔는데, 졸본 부여 왕에게는 딸만 셋이 있었다. 졸본 부여 왕은 주몽이 보통 인물이 아님을 알고 둘째 딸을 아내로 주었다. 얼마 후 왕이 죽자 주몽이 왕위에 올랐다. 주몽은 두 아들을 낳아, 큰아들은 비류라 하고 작은 아들은 온조라 했다.

그런데 주몽에게는 북부여에 두고 온, 부인과 아들 유리가 있었다. 훗날 유리가 아버지를 찾아와 태자가 되자 비류와 온조는 이에 불만을 품고 오간, 마려 등 열 명의 신하와 함께 남쪽으로 내려갔다. 이때 많은 백성이 이들의 뒤를 따랐다.

마침내 한산에 이르러 이들 일행은 살 만한 곳을 찾았다. 비류는 바닷가를 정착지로 삼고 싶어 따르는 백성들을 데리고 미추홀(지금의 인천광역시 일대)로 떠났다. 반면에 온조는 하남 위례성에 두읍을 정하고 열 명의 신하와 함께 세웠다는 뜻에서 국호를 십제(十濟)라 했다. 비류가 죽자 미추홀의 백성은 습한 토지와 짠물 때문에 살기가 힘들어 모두 위례성으로 떠났다. 온조는 백성들이 즐거이 따랐다고 해 국호를 백제(百濟)라 하고, 부여를 성씨로 삼았다.

이렇듯 백제는 고구려와 밀접하게 관련돼 있어요. 그런데『삼국사기』에는 또 다른 건국 설화가 기록돼 있습니다. 주몽이 온조의 의붓 아버지이고 온조의 형인 비류가 백제를 건국했다고 전하고 있지요.

이런 점을 들어 한편에서는 주몽(광개토호태왕릉비에는 '추모'로 기록 돼 있음)과 동명 성왕이 다른 인물이라고 주장하기도 합니다. 동명 성 왕은 부여를 건국하고 주몽은 고구려를 건국한 사람이라는 거예요. 그런데 고구려가 강성해지면서 부여 동명 성왕의 건국 신화를 차용 했다는 것입니다. 그러다 보니 주몽과 동명 성왕을 동일 인물로 오해 해 동명 성왕의 건국 신화가 사라졌다는 주장이지요. 이것은 백제가 부여를 성씨로 삼았다는 것에서도 확인할 수 있습니다.

따라서 백제가 동명 성왕의 사당을 세운 것도 주몽의 묘를 세운 것 이 아니라 부여를 건국한 동명 성왕을 추모하기 위한 것이라고 할 수 있어요. 하지만 문제는 동명 성왕이 북부여의 시조 해모수나 동부여

의 시조 해부루와 동일 인물인지 확인하기 어렵다는 것입니다. 확인할 수 있는 사실은 백제를 건국한 왕이 고구려의 주몽과 연결돼 있다는 점이지요. 즉, 백제와 고구려는 혈연관계를 토대로 자신들의 정통성을 내세우고 있는 것입니다.

부여, 고구려, 백제는 얼마나 직접적으로 연결되느냐에 차이가 있을 뿐, 모두 해모수와 이어지고 있어요.

단군 조선의 정통성을 계승할 후계자가 뚜렷하지 않은 상황에서 해모수가 부여를 건국하면서 적자임을 주장했고, 해모수 이후의 후계자를 놓고 고구려와 백제가 각축전을 벌이는 상황으로 역사가 진행된 것입니다. 부여가 스스로 적자임을 천명한 이후 주도권은 고구려로 넘어갔고, 백제가 주몽을 계승한 것이든 부여를 계승한 것이든 새로운 방식으로 단군 조선의 적통임을 주장한 거예요.

일각에서는 비류를 백제의 시조로 보고 온조를 비류와 별개의 왕통

으로 보기도 해요. 비류와 온조는 고구려에서 남하해 각각 미추홀과
한수 지역에 도읍을 정합니다. 시간이 흘러 광개토호태왕의 침공으로
비류 백제가 멸망하자, 왕족들은 일본으로 건너가 토착민을 규합해
새로운 국가를 건설하지요. 그리하여 이들을 일본 왕의 시조로 보는
것입니다. 이러한 견해는 백제의 시조를 온조로 설정했을 경우에는
나타나지 않는 새로운 역사적 발견이에요. 물론 사실인지 아닌지는
여러 모로 확인해 봐야 합니다.

백제의 시조를 온조로 보는 사람들은 온조가 처음에 국호를 십제
라고 했다가 비류가 죽은 후 미추홀에 살았던 무리가 모여들자 도읍
을 옮기고 국호를 백제라고 바꿨다고 주장합니다. 백제의 주된 세력
이 온조의 무리라고 하더라도, 백제는 여러 세력이 하나로 모여 건국
됐다는 것이지요.

어떤 설만 받아들이고 나머지 설은 부정하기보다는 각각의 설을
부분적으로 보완하고 절충해 종합적으로 바라볼 때 백제의 역사를
온전히 이해할 수 있습니다.

이렇듯 백제의 역사를 살펴보는 것 자체가 매우 어려운 일입니다.
하지만 분명한 사실은 백제가 그렇게 작은 나라는 아니었다는 점이
에요. 백제와 고구려가 단군 조선의 정통성을 놓고 다투었다는 사실만
봐도 알 수 있습니다.

백제는 기원전 18년 북쪽에서 내려온 유민이 한강 유역의 위례성에
자리 잡으면서 마한의 한 나라인 백제국에서 출발했어요. 건국 신화로
미루어 볼 때 백제 건국의 주도 세력은 고구려계의 유민이었음을 알
수 있습니다. 백제 왕실의 성씨가 부여씨인 것이나 석촌동의 돌무지
무덤이 고구려 무덤일 가능성이 있다는 것이 이를 뒷받침해 주지요.

백제는 근초고왕 시기인 369년에 황색 깃발을 사용해 열병식을 거행했습니다. 황색은 우주의 중심이자 최고의 권위를 상징하는 것으로 황제를 의미해요. 백제가 명실상부한 황제의 나라임을 대외적으로 선포한 셈이지요. 고구려가 이를 인정하지 않자 두 나라는 한판 격돌을 벌이는데, 이 전쟁이 371년에 남평양성에서 벌어진 전투입니다. 이 전투에서 고구려의 고국원왕이 전사했을 정도로 백제는 강력한 국력을 자랑했지요.

칠지도, 대해상 제국 백제를 증언하다

백제가 강력한 제국으로 성장했다는 것은 칠지도(七支刀)를 통해 확인할 수 있습니다. 칠지도는 길이 74.9cm의 양날 검이고, 좌우로 세 개씩 뻗은 가지 모양의 칼날과 몸체까지 모두 일곱 개의 칼날이 나 있어 붙은 이름이에요. 이 검은 일본 나라현 덴리시 이소노카미진구(石上神宮)라는 신사에 오래전부터 전해져 내려오던 것입니다. 1873~1877년 이소노카미진구의 대궁사(大宮司)로 있던 간마사토모(菅政友)가 칠지도의 녹을 닦아 내다가 몸체에 금으로 상감(象嵌)된 61자의 명문(銘文)을 발견하면서 처음 공개됐어요. 이로써 칠지도를 둘러싼 논란이 일어났지요.

일본은 백제가 칠지도를 왜왕에게 헌상했다고 하면서 한반도 침략을 정당화하기 위한 도구로 이용했습니다. 광개토호태왕릉비의 비문을 보고 임나일본부설을 합리화했던 것과 마찬가지지요. 하지만 아랫사람이 윗사람에게 헌상하기 위해 검을 만든다는 것은 억지스럽습니다.

원래 검은 고대부터 권위의 상징이었습니다. 그래서 왕이 제후에게 하사하거나 임금이 신하에게 하사하는 것이 관례였지요. 지금도 대통령이 군 장성에게 삼정도(三精刀)를 하사하는 것에서 확인할 수 있습니다. 대체로 검은 하급자의 충성심을 높이기 위해 상급자가 선물할 때 쓰지요.

그런데 칠지도에 어떤 명문이 새겨져 있었기에 이런 논쟁이 일어났을까요? 어느 정도 예상했겠지만, 칠지도의 명문은 광개토호태왕릉비문처럼 중요한 부분의 글자가 보이지 않아요. 다음은 칠지도의 명문입니다.

泰□四年(伍)月十(六)日丙吾正陽造百練鐵七支刀(出)(僻)百兵宜(供)供侯王□□□□作

태□사년(오)월 (육)일병오정양조백연철칠지도(출)(벽)백병의(공)공후왕□□□□작

[앞면 풀이] 태□ 4년 오월 십육일 병오 한낮에 백 번 단련한 철로 된 칠지도를 만들다. 이 칼은 백병을 물리칠 수 있으므로 마땅히 후왕들에게 줄 만하다. □□□□ 만들었다.

(先)世(以)來未有此刀百(濟)王(世)(子)□(奇)生聖(音)故爲(侯)王(旨)造傳示後世

(선)세(이)래미유차도백(제)왕(세)(자)□(기)생성(음)고위(후)왕(지)조전시후세

[뒷면 풀이] 선대 이래로 이런 칼이 없었는데 백제 왕 치세에 기이하고 성스러운 소식이 생긴 까닭에 후왕을 위해 만들었으니 후세에 전하면서 보이도록 하라.

※참고: ( )는 논란 부분, □는 판독이 어려운 글자

판독되는 부분만 보아도 분명히 윗사람이 아랫사람에게 하사했다는 것을 알 수 있어요. 언제 어떻게 만들었는지 밝히면서 후세에 전하라는 거지요. 더 중요한 것은 명문에 왜왕이 아니라 후왕이라고 기록돼 있다는 사실이에요. 후왕은 황제의 나라에서 제후국에 대해 쓰는 표현입니다.

그뿐만이 아니에요. 왕을 왜왕이라고 해석하더라도 여전히 문제가 남습니다. 한 국가가 다른 국가에게 헌상한다면 황제나 대왕이라는 표현을 써야 하는데 고작 왜왕이라고 언급하고 있습니다. 그렇다면 두 나라가 대등한 지위에 있다는 것인데, 어떻게 헌상의 뜻을 담고 있다고 할 수 있겠어요? 이미 백제는 황색의 깃발을 사용하면서 황제의 나라라는 것을 대외적으로 천명하고 있었어요. 이러한 나라에서 왜왕에게 칼을 헌상한다는 것은 설득력이 떨어집니다.

백제가 여러 왕을 거느리고 있었다는 사실은 중국 사서에서도 확인할 수 있어요. 『송서』「백제전」에는 468년 당시 좌현왕, 우현왕이, 『남제서』「백제전」에는 480년대 말에서 490년대 초에 면중왕(후), 도한왕, 아착왕, 매로(라)왕, 팔중후, 불사후, 벽중왕 등이 있었다고 전합니다. 그리고 521년경에 양을 방문한 백제, 왜 등의 사신의 모습이 담긴 '양직공도(梁職貢圖)'에는 당시 백제의 이웃으로 반파, 탁, 다라, 전라, 사라, 지미, 마련, 상기문, 하침라 등 여러 부용국(후국)이 있었다고 기록돼 있어요.

반면 일본의 상황은 백제와 대비됩니다. '양직공도'에서 왜 사신의

칠지도 복제품(국립부여박물관)
진품은 일본 나라현 덴리시 이소노카미진구(石上神宮)에 보관 중이다. 한일 역사 학계에서는 칼 표면에 새겨져 있는 명문(銘文)의 해석을 둘러싸고 서로 해석을 달리하고 있다. 이 명문은 광개토호태왕릉비와 더불어 임나일본부설의 실재 여부를 입증하는 데 중요한 실마리이기 때문이다.

옷차림새만 봐도 문화적 수준이 낮았음을 짐작할 수 있어요. 일본 열도가 통일된 것은 6세기 무렵이에요. 그러므로 4~5세기 일본 열도의 정세를 볼 때 왜는 가야와 백제의 영향을 크게 받은 북규슈의 조그만 소국이라고 보는 것이 맞을 것입니다. 일본 열도에서 백제와 가야 등 우리 유물이 많이 발견된 점으로도 확인할 수 있어요.

상황이 이러하다면 황제국을 자처한 백제에서 왜왕에게 검을 하사했다고 보는 게 타당합니다. 이것은 연호와 간지에서도 추정할 수 있어요. 칠지도는 국가적인 사업의 일환이었으므로 연호와 간지가 정확해야 합니다. 나라의 건물을 지을 때는 기왓장 하나까지도 연호와 간지가 모두 맞아떨어졌어요. 이런 작은 일도 철저히 시행했는데 칠지도 같은 특제 귀중품을 만드는 경우에는 말할 나위가 없겠지요.

칠지도 명문에는 '태 4년 (오)월 십(육)일 병오 정양'이라고 제작 시기를 밝히고 있습니다. 북한의 김석형은 "중국을 비롯한 여러 나라가 태화(泰和)를 연호로 쓴 적이 없으므로 이 연호를 백제의 연호로 봐야 한다."라고 주장했어요. 전지왕(재위 405~420년)이 태화라는 연호를 사용했다면 칠지도는 전지왕이 즉위한 지 4년 후인 408년에 만든 것이 됩니다.

백제는 스스로 황제의 나라라고 여겼으므로 자체 연호를 사용했을 거예요. 지금까지 밝혀진 바에 따르면 고구려는 370년대 소수림왕 때부터 선대왕인 고국원왕을 소열제라 칭했습니다. 고구려가 독자적인 연호를 사용한 이래 신라에

당염립본왕회도
당 때 염립본이 만든 화첩인 왕회도에서는 백제, 고구려, 신라(왼쪽부터)의 사신을 모두 볼 수 있다.

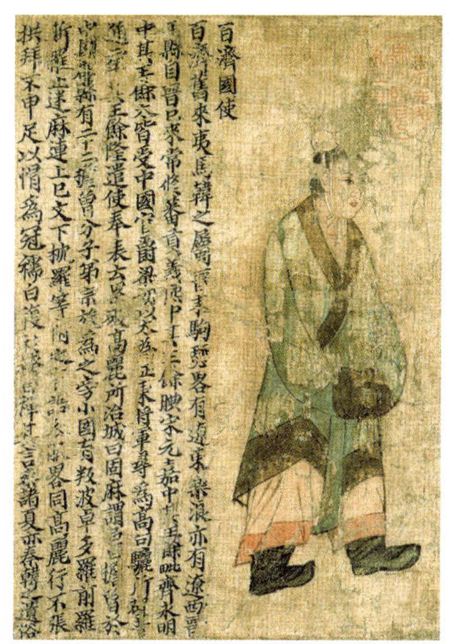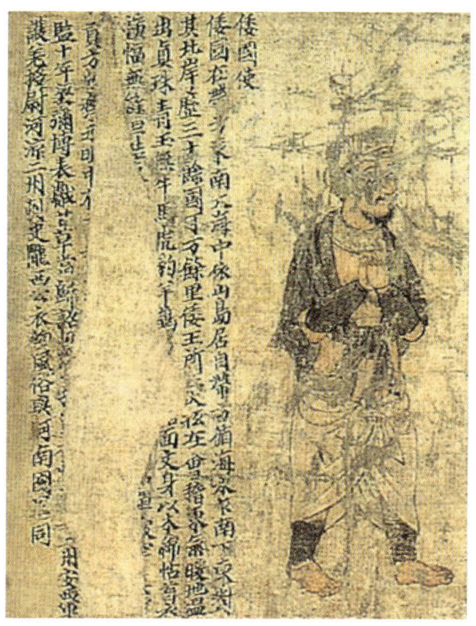

중국 남경박물관에 소장된
직공도(사신도)다. 중국에 입조한
백제국을 비롯한 12명의 각국
사신들의 모습을 그려 놓았다.
단정한 백제 사신과 남루한 왜
사신이 뚜렷이 대비된다. 사신
옆에는 그 나라의 상황과 역대
중국과의 교류에 대한 간단한
설명이 있다.

서 당의 연호를 사용하기 시작한 650년까지 삼국은 중국 연호를 쓴 사례가 없어요.

일본 학계에서는 397년 당시 태자였던 전지왕이 왜에 질자(質子)로 있다가 부왕인 아신왕의 부음을 듣고 405년에 백제로 돌아간 것을 두고 왜가 백제보다 위에 있었다고 주장합니다.

하지만 반드시 소국이 대국에게 복종과 충성을 표시하기 위해 질자를 보내는 것은 아니에요. 대국이 소국에게 신임을 표시하기 위해 질자를 보내기도 하고, 세력이 동등한 나라끼리 질자를 교환하기도 했지요. 그러므로 전지왕이 태자 시절에 왜에 있었다는 사실만으로 왜가 상국이었다고 주장할 수는 없습니다.

이것은 당시 백제와 왜의 관계를 보면 확실히 드러납니다. 백제는 22개의 담로를 두어 왕자나 왕족을 파견해 통치했어요. 그런데 백제는 수시로 왜의 관리를 파견하거나 교체했지요. 위덕왕(554년 2월) 때 관인 동성자막고(東城子莫古)를 보내 이전에 파견한 동성자언(東城子言)

과 교체했다는 기록과 오경박사 왕유귀를 마정안으로 교체했다는 기록도 있습니다.

이것은 그만큼 백제가 왜에 대해 강력한 영향력을 행사했다는 것을 증명합니다. 그렇지 않다면 무엇 때문에 관리를 파견하거나 교체했겠어요? 전지왕이 왜에 갔을 때의 상황을 보면 더욱 분명합니다. 397년은 아신왕이 고구려의 광개토호태왕에게 항복을 하고 난 다음 해예요. 백제는 고구려에 대항하기 위해 왜에서 많은 무력을 끌어내야 했습니다. 이는 전지왕이 왜에 있을 때 백제를 지원하기 위해 많은 군사를 보낸 점에서 확인할 수 있어요.

결론적으로 칠지도는 백제가 강력한 제국으로 성장해 여러 소국을 거느렸다는 것을 증명합니다. 『송서』「백제전」에는 백제가 370년대에 요서, 진평의 두군을 차지했고 『남제서』「백제전」에는 오늘날의 중국 산둥 성 일대를 거점으로 삼고 북위와 맞섰다고 전하고 있어요.

백제는 강력한 해상 제국을 건설했습니다. 그래서 고구려 유민인 이정기(732~781년) 일가가 중국 산둥 성의 동부 해안 지역에서 치청 번진을 경영하며 55년 동안 당에 대항할 수 있었고, 후기 신라의 장보고(?~846년)가 산둥 반도 일대에 거점을 두고 강력한 해상 세력으로 성장할 수 있었지요.

오경박사
주역(周易), 시경(詩經), 서경(書經), 예기(禮記), 춘추(春秋) 등 경서에 능통한 학자에게 주던 칭호다.

2-6 백제의 건국 신화와 역사

1 강력한 제국의 상징, 칠지도

- **전지왕** 근초고왕 시기인 369년에 황색 깃발을 사용하면서 황제로서의 위상을 천명 → 칠지도의 명문을 볼 때 백제의 전지왕이 태화를 연호로 사용했을 것으로 추정
- **왜왕에게 칠지도 하사** 백제는 담로를 두어 왕자나 왕족을 파견해 통치했고 수시로 왜의 관리를 파견하고 교체함. 백제 왕이 후왕(제후국의 왕)인 왜왕에게 칠지도를 하사한 것으로 보는 것이 타당함

2 담로

- **봉건제 형성** 담로는 백제 말의 음차로 읍성(邑城)을 의미하는데, 중국의 군현과 같은 지방 통치 조직임. 『양서(梁書)』의 「백제전」에 따르면 전국에 22개의 담로를 두고 왕자나 왕족을 보내어 다스리게 했음
- **설치 시기와 변천** 웅진 천도 이후로 보기도 하지만 근초고왕이 지방 행정 조직을 정비하고 지방관을 파견하기 시작한 때로 보는 것이 타당함. 웅진 도읍 시기에는 22개였음 → 영토가 확장됐을 때는 50여 개 이상이었을 것으로 추정 → 성왕이 수도를 사비로 옮기면서 지방 행정 조직은 수도의 5부와 지방의 5방제로 재편

3 삼국 문화의 일본 전파

- **백제** 아직기(4세기에 일본 태자에게 한자를 가르침), 노리사치계(우리나라 최초로 일본에 불경과 불상을 전함), 오경박사 · 의박사 · 역박사, 화가 등이 백제 문화 전파 → 고류사 미륵보살 반가 사유상, 호류사 백제 관음상
- **고구려** 담징(화가. 종이 · 먹 · 맷돌 만드는 법을 전수, 호류사의 금당 벽화를 그림), 혜자(쇼토쿠 태자의 스승), 혜관(불교 전파), 수산리 고분 벽화와 다카마쓰 고분 벽화가 유사함
- **신라** 원효의 불교 문화와 강수 · 설총의 유교 문화가 하쿠호 시대의 문화 성립에 기여

삼국의 문화는
일본에 어떤 영향을 미쳤나요?

삼국의 문화는 일본 고대 문화의 성립과 발전에 기여했습니다. 특히 강력한 해상 왕국으로 성장한 백제는 삼국의 선진 문화를 일본에 전하는 데 가장 큰 역할을 했어요. 4세기에는 아직기가 일본의 태자에게 한자를 가르쳤고, 왕인은 천자문과 논어를 가르쳤습니다. 아직기는 근초고왕의 명으로 두 필의 말을 일본의 왕에게 선사한 후 말을 기르는 일을 맡았다고 해요. 일본 왕은 아직기가 경서에 능한 것을 알아보고 태자의 스승으로 삼았습니다. 또한 노리사치계는 성왕의 명으로 불경과 불상을 일본에 전했어요.

오경박사, 의박사, 역박사와 천문박사, 채약사, 화가와 공예 기술자들도 일본에 백제 문화를 전파했습니다. 백제는 전문 분야에서 뛰어난 사람에게 '박사'라는 칭호를 주고 벼슬을 내려 후하게 대우했어요. 일본은 백제의 선진 문화를 기반으로 고류사 미륵보살 반가 사유상과 호류사 백제 관음상을 만들지요.

고구려도 일본 고대 문화에 큰 영향을 끼쳤어요. 승려 담징은 영양왕 때 일본에 가서 종이, 먹, 맷돌 등을 만드는 법을 가르쳤지요. 담징이 그린 호류사의 금당 벽화는 중국의 윈강 석불, 경주의 석굴암과 함께 동양 3대 미술품의 하나로 꼽혔지만, 안타깝게도 1948년 불타 버리고 지금은 복제품만 남아 있어요. 승려 혜자는 쇼토쿠 태자의 스승이 되었고, 승려 혜관은 일본에 불교를 전파했지요. 일본 나라시에서 발견된 다카마쓰 고분 벽화가 수산리 고분 벽화와 비슷한 것은 고구려 문화가 일본에 전파된 것을 보여 주는 좋은 예입니다.

신라는 일본과의 교류가 적었지만 배 만드는 기술과 제방 쌓는 기술을 일본에 전해 주었어요. 신라의 축제술로 축조된 저수지에는 '한인의 연못'이라는 이름까지 붙었지요. 이처럼 삼국의 문화는 6세기경 야마토 조정의 성립과 7세기경 나라 지방에서 발전한 아스카 문화의 형성에 큰 영향을 끼쳤습니다. 후기 신라 때는 원효의 불교 문화와 강수와 설총의 유교 문화가 하쿠호 문화의 성립에 기여했어요.

심상이 전한 화엄 사상은 일본 화엄종을 일으키는 데 많은 영향을 주었습니다. 심상은 740년 일본 천황의 명을 받아 『화엄경』을 강의했는데, 당시 일본의 승려 16명과 많은

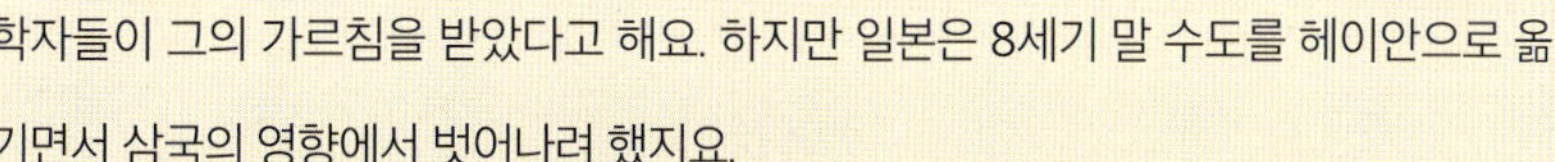

학자들이 그의 가르침을 받았다고 해요. 하지만 일본은 8세기 말 수도를 헤이안으로 옮기면서 삼국의 영향에서 벗어나려 했지요.

일본의 고대 문화는 삼국의 선진 문화를 흡수해 이룬 것입니다. 문화의 유입은 곧 사람의 유입을 의미합니다. 2001년 아키히토 일왕은 68세 생일을 맞은 기자 회견에서 천황의 모계 혈통이 백제계라는 사실을 이례적으로 언급하기도 했어요. "간무 일왕의 생모가 백제 무령왕의 자손이라고 『속일본기』에 쓰여 있기 때문에 한국과 혈연관계에 있다고 생각한다."

『속일본기』는 793년 당시 간무 일왕이 펴낸 역사서입니다. 여기에 간무 일왕의 어머니가 백제 무령왕의 직계 후손인 화씨 부인이라고 기록돼 있어요. 간무 일왕의 아들인 헤이세이 일왕은 무령왕 때부터 일본에 오경박사가 초빙됐고, 무령왕의 아들인 성왕이 일본에 불교를 전해 줬다고 말했지요.

7 한강 쟁탈전과 백제의 운명 |
백제의 흥망성쇠

삼국은 수많은 전쟁을 치렀습니다. 정세의 변화에 따라 동맹 관계도 나제 동맹(신라와 백제의 동맹)에서 여제 동맹(고구려와 백제의 동맹)으로 수시로 바뀌었어요. 이 전쟁을 끝내려면 통일이 필요했습니다. 이때 꼭 거쳐야 하는 과정이 한강 유역의 장악이에요. 이유는 한강의 입지 조건 때문입니다. 한강 유역은 지정학적으로 남북의 교역을 매개하는 데 유리했을 뿐만 아니라 교통의 요지이고, 많은 인구를 먹여 살릴 수 있을 정도로 농산물이 풍부했어요. 인구가 많고 물자가 풍족한 데다가 사방으로 뻗어 나갈 수 있는 길목을 확보한다면 그만큼 국력을 튼튼하게 할 수 있지 않을까요?

- **260년** 고이왕이 6좌평과 16품의 관등 제도를 제정하고 율령을 반포하다.
- **369년** 근초고왕이 한반도 남부에서 세력을 유지하고 있던 마한을 멸망시키다.
- **371년** 근초고왕이 고구려의 남평양성까지 쳐들어가 고국원왕을 전사시키다.
- **372년** 근초고왕이 서쪽으로 바다를 건너 동진과 수교하고 중국의 요서와 산둥 지방에 진출하다.
- **538년** 성왕이 웅진성에서 사비(부여)로 천도하고 국호를 남부여로 바꾸다.
- **660년** 백제가 나당 연합군에 의해 멸망하다.

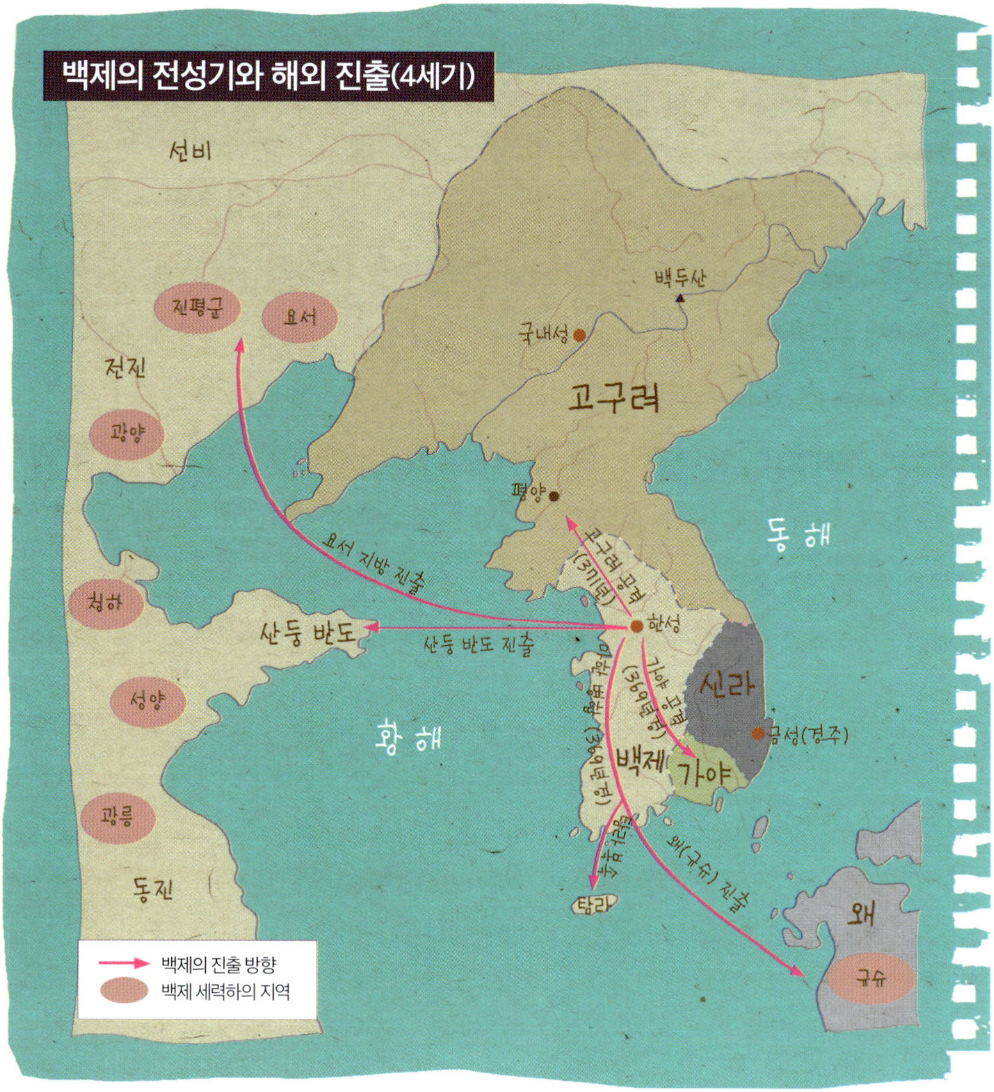

뒤바뀌는 한강의 주인

삼국 중에서 한강 유역을 차지한 나라는 강성한 나라가 됐습니다. 4세기에는 백제, 5세기에는 고구려, 6세기에는 신라가 한강의 주인으로 전성기를 누렸지요. 특히 백제는 다른 나라와 달리 한강 유역의 확보에 따라 운명이 달라졌어요.

고구려와 신라가 영토 확장 정책을 추진하면서 한강 유역을 차지했다면 백제는 건국 시기부터 이곳을 기반으로 성장한 나라였습니다. 백제는 한강 유역을 기반으로 세력을 뻗쳐 나가던 한성 시기에 전성기를 구가했어요. 하지만 이후 이곳을 잃으면서 국력이 쇠퇴했고 마침내 멸망에 이르렀지요. 이런 점에서 백제의 운명은 한강 유역의 쟁패에 달려 있었다고 해도 과언이 아닙니다.

이 과정은 구체적으로 어떻게 진행됐을까요? 우선 백제의 온조 세력이 한강 유역의 위례성에 터를 잡았어요. 백제는 당시만 해도 마한에 조공을 바치는 소국에 지나지 않았지요. 하지만 한강 유역의 지리적 이점을 활용하면서 미추홀의 비류 세력을 흡수하고 마한의 여러 소국을 정복할 수 있었어요. 그 결과 1세기 중엽에는 마한을 공격할 정도까지 성장했습니다.

이런 성과에 기초해 3세기 중엽 고이왕은 강력한 중앙 집권 체제를 갖추며 국가 체제를 새롭게 정비해 갑니다. 260년에 6좌평(六佐平)과 16품의 관등(官等)제도, 백관의 공복(公服) 등을 제정하고 262년에 율령을 반포했어요. 지방 족장에 차등을 두어 중앙 관료로 흡수한 것이지요.

고이왕이 이렇게 할 수 있었던 것은 한강 유역을 완전히 장악하고 왕권을 강화했기 때문입니다. 고이왕은 낙랑군(246년)과 대방군(247년)

및 말갈을 공격해 영토를 넓혔으며 신라와도 여러 차례 전쟁을 치렀지요.

낙랑군과 대방군의 위치가 어디인지에 대해서는 의견이 분분합니다. 한반도 지역으로 보는 시각도 있고, 중국 대륙의 요서 지역으로 보는 시각도 있어요. 하지만 분명한 것은 낙랑군과 대방군 등의 기초가 된 한사군이 한반도 내에 있지 않았다는 사실입니다. 게다가 중국 정사에 백제의 요서 장악이 기록돼 있고, 이후 백제가 해상 제국으로 성장했다는 점을 염두에 둔다면 낙랑군과 대방군의 위치가 반드시 한반도일 이유는 없습니다.

이렇게 다진 국력을 기반으로, 백제 시기의 최전성기를 구가한 왕은 4세기 말의 근초고왕이었어요. 근초고왕은 남부에 잔여 세력이 남아 있던 마한을 멸망시켜(369년) 전라남도 해안 지역까지 영역을 넓혔고, 가야 7국을 병합해 후방을 튼튼히 다져 놓았습니다.

풍납토성
서울 송파구에 위치한 풍납토성(風納土城)은 초기 백제 시기의 토축 성곽인데, 정식 명칭은
광주풍납리토성(廣州風納里土城)이다. 대체로 한성 백제 시대(온조왕~개로왕)의 하남 위례성으로 보지만, 방어성으로
보는 견해도 있다. 백제 초기의 모습을 살필 수 있어 역사적으로도 매우 가치 있는 곳이다.

몽촌토성 목책(木柵)

우리나라의 목책은 초기 철기 시대부터 조선 시대에 이르기까지 오랜 기간
적을 방어하는 수단으로 사용됐다. 몽촌토성 벽 위에는 목책이 설치돼
있다. 이는 발굴·조사된 원래의 목책 기둥 자리를 따라 복원한 것이다.

마침내 근초고왕은 한강 유역에서 벗어나 대제국으로 뻗어 나갈 발판을 마련했어요. 서쪽으로는 동진과 수교(372년)하고 중국의 요서와 산둥 지방에 진출했습니다. 이것은 중국 역사서에 백제가 요서, 진평 2군을 점령한 후에 백제군을 설치했다고 기록한 것에서 추론할 수 있지요.

백제가 중국 대륙에 백제군을 실제로 설치했는지, 그렇다면 그 시기는 언제인지에 대해 여러 가지 의견이 있어요. 그러나 분명한 것은 어떤 형태로든지 백제가 중국 대륙에 진출했다는 사실에 근거가 된다는 점입니다.

근초고왕은 중국 대륙에 머무르지 않고 일본의 규슈 지방까지 진출해 활동 무대를 넓혔어요. 근초고왕 시기에 아직기와 왕인이 일본에 건너가 논어와 천자문을 전해 주는 등 선진 문화를 전파한 것에서 확인할 수 있습니다. 한마디로 백제는 한강 유역의 작은 나라에서 중국의 요서와 산둥 지방, 일본 열도를 연결하는 대제국으로 발돋움해 나갔던 거예요.

하지만 북방의 강자로 성장하고 있던 고구려가 백제의 앞길을 가로막았어요. 고구려와의 한판 싸움에 백제의 운명이 갈리는 상황이 다가온 것입니다. 먼저 선제공격을 한 쪽은 고구려였어요. 고구려의 고국원왕은 369년에 치양성을 공격했습니다. 이에 근초고왕은 태자 근구수에게 반격하도록 해 대승을 거두지요. 이 승리로 인해 백제의 앞길을 막을 나라는 없음이 확인됐어요.

이런 자신감에 기초해 근초고왕은 한수(漢水)의 남쪽 지역에 황색 깃발을 내걸었어요. 백제 중심의 세계관을 확립하기 위해 황제의 나라임을 선포했던 것입니다. 한껏 자긍심이 높아진 백제는 고구려의 남평양성을 공격했고 이 전쟁에서 고국원왕이 전사했어요(371년). 또 고흥이 백제의 역사서인 『서기』(375년)를 편찬했습니다.

하지만 백제는 전성기를 누리자마자 쇠락의 길로 접어듭니다. 고구려와의 승부에서 연이어 패해 한강 유역을 지켜 내지 못했기 때문이에요. 고이왕과 근초고왕이 한강 유역을 지켜 대제국으로 발돋움한 것과 반대로 이곳을 잃어버림으로써 국력이 쇠약해진 것이지요.

물론 이렇다고 백제 중심의 세계관을 세운 자긍심이나 중국 대륙과 한반도, 일본 열도로 연결되는 대제국의 기반이 곧장 사라진 것은 아니에요. 하지만 국제적 위상은 힘을 구축해야 가능한 것입니다. 백제의 부흥은 일차적으로 한강 유역의 확보에 달려 있었어요. 따라서 이후 백제 왕들은 이 지역을 되찾기 위해 심혈을 기울입니다.

고구려, 백제의 웅진 천도로 통일의 기회를 놓치다

전쟁 중에 비참하게 목숨을 잃은 백제 왕이 두 명 있습니다. 두 죽음이 모두 한강 유역의 확보와 관련돼 있다는 사실에서 백제가 한강 유역을 차지하기 위해 얼마나 노력했는지 알 수 있어요.

이 중 한 명이 개로왕입니다. 개로왕은 백제의 아신왕이 고구려의 광개토호태왕에게 노객(奴客)으로 살겠다면서 무릎을 꿇은 이래 치욕을 씻기 위해 칼날을 갈아 왔지요.

당시 중국에서는 5호 16국 시대가 끝나고 남북조 시대가 시작되고 있었어요. 이때 개로왕은 북방의 강국이었던 북위의 효문제에게 국서를 보내 고구려를 협공하자고 제안합니다. 하지만 북위는 동북아시아의 강자로 군림하고 있던 고구려를 감히 공격할 엄두를 내지 못하고, 도리어 그 내용을 고구려에 전하지요.

　　남진 정책에 골몰해 있던 장수왕은 때를 보고 있었어요. 그러다 개로왕이 바둑을 잘 둔다는 것을 알고 승려 도림을 도망친 것으로 가장해 백제에 잠입시킵니다. 바둑의 고수였던 도림은 개로왕을 바둑에 빠지게 했어요. 도림은 상객으로 대접을 받았고 개로왕과 바둑을 두며 독대할 기회도 많았지요. 어느 날 도림은 개로왕을 위대한 왕으로 치켜세우면서 말했습니다.

　　"왕은 마땅히 다른 사람의 눈과 귀를 움직이게 할 정도로 위세를 보여야 하는데 성곽과 궁궐을 수리하지 않은 채 방치하고, 비가 오면 백성의 가옥이 무너져 내리며, 선왕의 유골은 임시로 모셔 놓고 있으니 어찌 신이 대왕에게 찬동할 수 있겠나이까."

충청남도 공주시 송산리(현 웅진동)에 위치한 백제의 고분군이다. 7기의 무덤이 모여 있는데 이 가운데 7호분은 널리 알려져 있는 무령왕릉이다. 유형은 두 가지로 나뉘는데, 1~5호분은 굴식 돌방무덤이고 6~7호분은 굴식 벽돌무덤이다.

개로왕은 도림의 말대로 궁성을 화려하게 증축하고, 아버지 비유왕의 무덤을 대규모로 조성했으며, 거대한 제방도 세웠어요. 이런 공사들이 일시에 진행되자 국고는 바닥나고 백성은 곤궁해졌지요. 도림의 보고를 들은 장수왕은 3만의 군사를 이끌고 475년 한성 공격에 나섰습니다.

개로왕은 한성을 어떻게 해서든지 사수하려 했으나 도리어 처형당하고 말지요. 이렇게 백제는 한강 유역을 잃으면서 한성 시대를 마감하고 웅진 시대, 사비 시대로 접어듭니다.

장수왕의 남하 정책으로 한강 유역을 잃은 문주왕은 금강 유역인 웅진으로 도읍을 옮깁니다(475년). 만약 여주를 도읍으로 정했다면

용무늬 장식 고리자루칼(백제 6세기, 충청남도 공주 무령왕릉, 길이 82cm, 국립공주박물관)

파죽지세로 몰아치던 장수왕의 공격을 받았을 것이고, 백제는 멸망의 길로 빠졌을 거예요. 그러면 삼국의 판도도 달라지고 장수왕이 남진 정책에 박차를 가해 삼국을 통일했을지도 모르지요.

전쟁 중 목숨을 잃은 또 다른 백제 왕은 성왕(재위 523~554년)입니다. 백제는 이 시기에 본격적으로 중흥의 발판을 마련했어요. 성왕은 538년 비좁은 웅진성을 떠나 드넓은 벌판과 수로 교통이 편리한 사비(부여)로 천도하고 남부여로 국호를 바꿉니다.

성왕은 중앙 관청과 지방 제도를 정비하고 불교를 진흥했어요. 또한 중국의 남조와 활발하게 교류하고, 일본에 불교를 전하기도 했습니다. 한때는 신라 진흥왕(재위 540~576년)과 연합해 한강 유역을 회복하기도 하지요(551년). 하지만 신라의 배신으로 그 땅을 다시 신라에 빼앗기고 맙니다(553년). 함께한 나라의 속셈을 알아차리지 못하면 어떤 결과를 초래하는지 알려 주는 사건이지요.

신라의 배신에 격분한 성왕은 이듬해 왕자 여창(위덕왕)을 보내 신라를 공격하도록 했어요. 성왕 자신도 경기병을 데리고 관산성 전투(554년)에 친히 나섰지만 매복한 적에 의해 목숨을 잃습니다. 이로써 관산성 전투 또한 백제의 패배로 끝나 버립니다. 백제는 다시 쇠락의 길을 걷게 되지요.

신라는 6세기 진흥왕 때 내부의 결속을 다지고 활발한 정복 활동을 전개하면서 삼국 간의 항쟁을 주도하기 시작했어요. 진흥왕은 고구려가 지배하고 있던 한강 유역을 빼앗고 함경도 지역까지 진출했으며, 남쪽으로는 고령의 대가야를 정복해 낙동강 서쪽을 장악했지요.

특히 한강 유역을 장악해 황해를 거쳐 중국과 직접 교역할 수 있는 발판을 마련했습니다. 진흥왕의 정복 활동에 관한 내용은 단양 적성비와 북한산비, 창녕비, 황초령비, 마운령비 등 네 개의 순수비를 통해 확인할 수 있어요.

두 백제 왕의 비참한 죽음은 한강 유역의 확보가 나라의 운명을 결정했다는 것을 뜻합니다. 백제는 고구려, 왜 등과 동맹을 맺고 신라를 끊임없이 공격해 한강 유역을 되찾고자 했지만 결국 나당 연합군에 패해 660년 멸망하고 말지요.

이렇듯 백제의 흥망사는 한강 유역의 쟁탈전에 크게 좌우됐습니다. 이 지역을 안정적으로 확보했을 때는 힘을 뻗쳐 나가 전성기를 구가했지만 그러지 않았을 때는 쇠락의 길을 걸었지요. 그러므로 나라의 운명과 직결된 지역은 기필코 지켜 내야 한다는 것을 알 수 있습니다. 이런 점은 우리가 만주와 요동 지역을 잃어버린 이후 동북아시아의 강자로 군림하지 못했던 상황에서도 유추할 수 있지요.

무령왕릉
백제 무령왕과 왕비의 능이다. 무령왕릉은 완전한 형태로 발견된 벽돌무덤으로 잘 알려져 있다.

영토 확장을 증언하는 신라의 비석들

단양 적성비

신라 진흥왕 때 충청북도 단양군 단성면 하방리의 적성에 세운 것이다. 적성이
원래 고구려의 영토였던 사실과 새 영토의 주민 통치와 관련된 내용 등이 적혀
있다. 신라의 관직명과 인명을 확인할 수 있을 뿐 아니라 당시 율령 제도와 이에
따른 호적의 기재 내용이 구체적으로 나타나 있어 신라사 연구에 큰 도움을 준다.

울진 봉평 신라비

경상북도 울진군 죽변면 봉평리에 있는 신라의 비다. 법흥왕
11년(524년)에 세운 것으로 추정된다. 신라가 동북 방면으로
진출하면서 건립한 이 비는 신라 사회의 다양한 모습을 살펴볼
수 있게 해 주는 귀중한 자료다. 또한 법흥왕 때의 율령 반포와
6부제 실시에 대해 파악할 수 있는 실마리를 제공해 준다.

북한산 신라 진흥왕 순수비(국립중앙박물관)
6세기 중엽 진흥왕이 새로 확보한 영토를 돌아보며 세운 비 가운데 하나다. 조선 시대에는
무학 대사의 비로 알려져 있었으나 1816년 금석학자 김정희에 의해 참모습이 밝혀졌다.

웅진 백제의 중심지, 공주 공산성

475년(문주왕 1년) 한산성(漢山城)에서 웅진(공주)으로 천도했다가 538년(성왕 16년)에 부여로 다시 천도할 때까지 웅진을 방어하기 위해 축성된 백제의 산성이다.

무령왕릉 출토 유물

공주 송산리 고분군 가운데 일곱 번째로 발견된 고분이다. 무령왕과 왕비의 합장 무덤인 무령왕릉에서 금제 관식, 금제 귀고리, 금제 뒤꽂이, 족좌 등을 포함해 총 2,900여 점의 유물이 출토됐다. 출토된 지석으로 축조 연대를 분명히 알 수 있어 삼국 시대 고고학 연구에 중요한 자료다.

국립공주박물관 소장

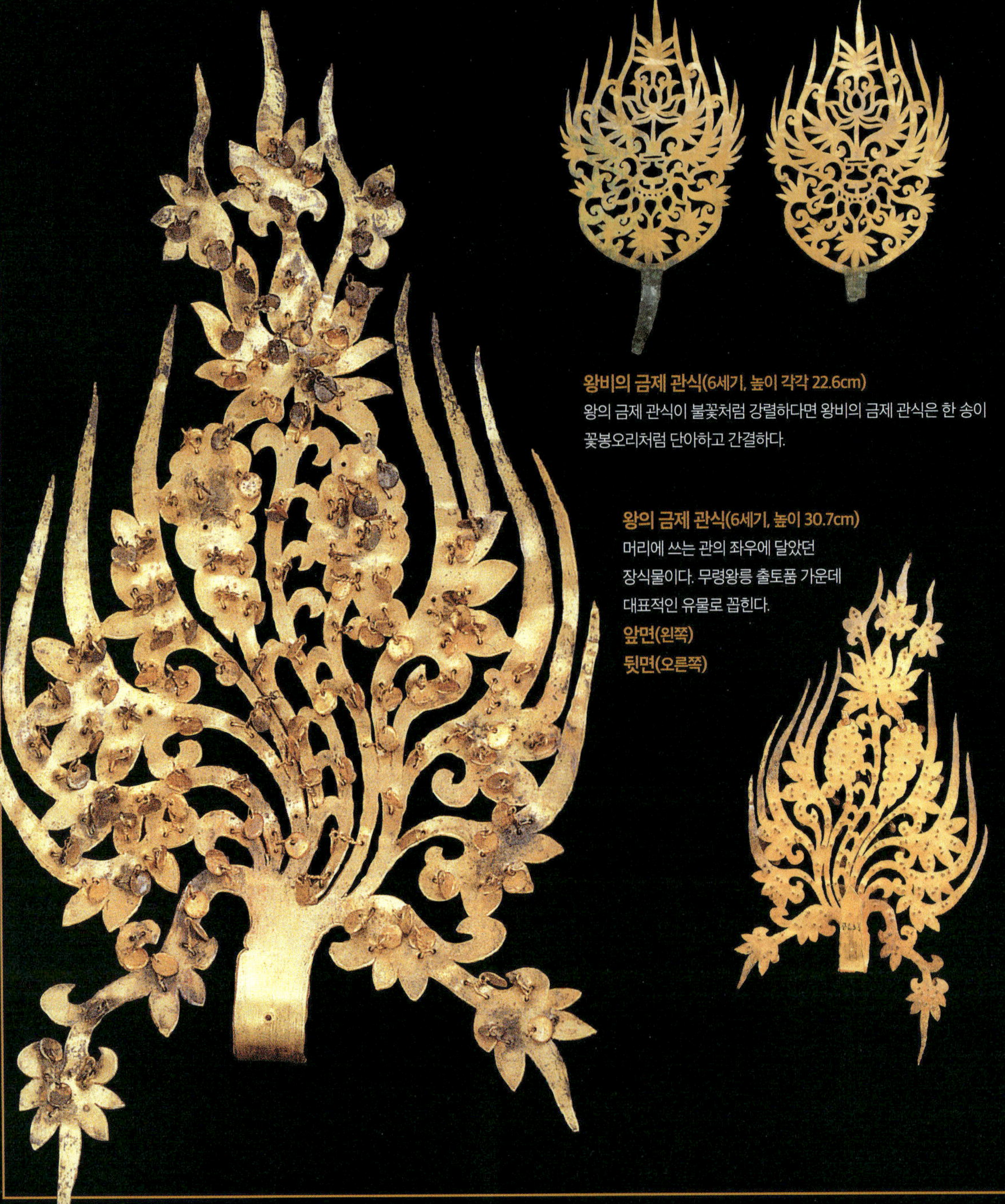

왕비의 금제 관식(6세기, 높이 각각 22.6cm)
왕의 금제 관식이 불꽃처럼 강렬하다면 왕비의 금제 관식은 한 송이 꽃봉오리처럼 단아하고 간결하다.

왕의 금제 관식(6세기, 높이 30.7cm)
머리에 쓰는 관의 좌우에 달았던 장식물이다. 무령왕릉 출토품 가운데 대표적인 유물로 꼽힌다.
앞면(왼쪽)
뒷면(오른쪽)

왕의 금제 귀고리(6세기)
굵은 고리를 중심으로 잎사귀 모양의 장식을 길게 늘어뜨렸다.

송산리 5호분의 내부

왕비의 금제 귀고리(6세기)
장식이 길고 세련돼 왕의 것보다 더 화려하다.

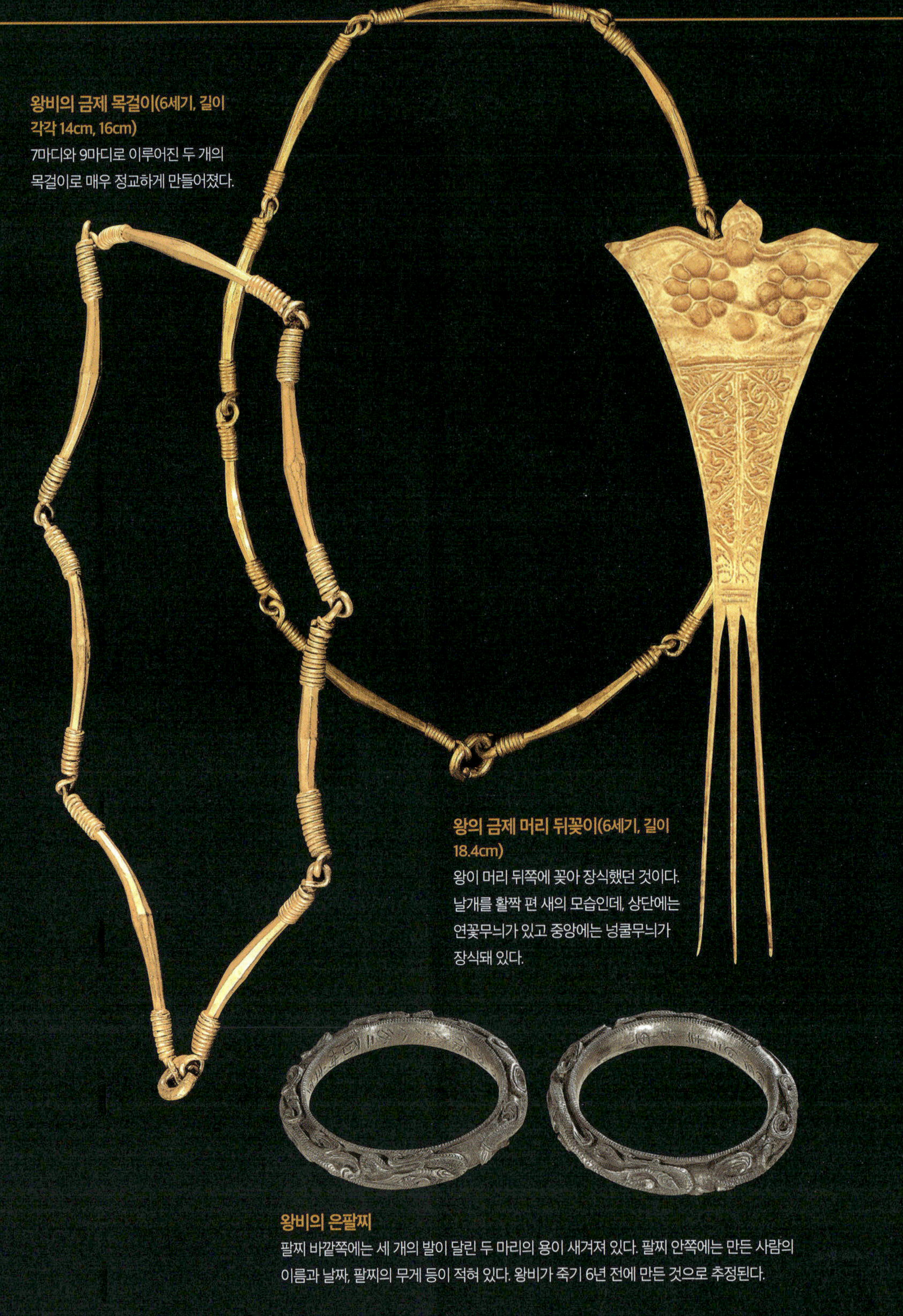

왕비의 금제 목걸이(6세기, 길이 각각 14cm, 16cm)
7마디와 9마디로 이루어진 두 개의 목걸이로 매우 정교하게 만들어졌다.

왕의 금제 머리 뒤꽂이(6세기, 길이 18.4cm)
왕이 머리 뒤쪽에 꽂아 장식했던 것이다. 날개를 활짝 편 새의 모습인데, 상단에는 연꽃무늬가 있고 중앙에는 넝쿨무늬가 장식돼 있다.

왕비의 은팔찌
팔찌 바깥쪽에는 세 개의 발이 달린 두 마리의 용이 새겨져 있다. 팔찌 안쪽에는 만든 사람의 이름과 날짜, 팔찌의 무게 등이 적혀 있다. 왕비가 죽기 6년 전에 만든 것으로 추정된다.

청동 거울(6세기)
거울 내부에는 반라의 인물상과 글이 새겨져
있는데 한의 거울과 비슷하다.

석수(6세기, 높이 30cm)
벽돌 방 입구에서 발견된 석수는 돌로 만든 동물
조각이다. 사악한 기운이 무덤으로 들어오는 것을
막기 위해 세워 두었다.

왕비의 베개
왕비가 쓰던 장의용 나무 베개다. 위가 넓은
사다리꼴의 나무토막 가운데를 U자형으로 파내어
머리를 받치도록 했다.

왕의 발받침
왕의 장의용 발받침대다.

낙화암
사진 가운데 윗부분에 있는 정자가 백화정이고,
그 아래에 있는 바위가 낙화암이다.
사진 왼쪽 중간에 고란사가 있다.

사비 백제가 꽃처럼 지다

660년(의자왕 20년) 백제가 나당 연합군의 침공으로 함락되자 삼천 궁녀가 충청남도 부여군 부여읍 부소산 북쪽 백마 강변에 있는 낙화암에서 백마강으로 투신했다고 한다.

낙화암의 백화정

백제금동대향로(7세기, 높이 64cm, 국립부여박물관)

백제의 마지막 수도였던 부여의 능산리 절터에서 출토됐다. 이 향로의 뚜껑에는 연기가 빠져 나갈 수 있도록 12개의 구멍이 뚫려 있다. 74개의 산봉우리와 17명의 사람, 호랑이, 코끼리, 새 등 각종 동물과 바위, 나무 등이 묘사돼 있다. 몸통에는 연꽃이 정교하게 새겨져 있고, 받침에는 한 마리의 용이 앉아 있다. 이 향로는 바다, 땅, 하늘 등의 삼라만상을 담고 있다.

백제의 얼굴과 미소

구아리 나한상(백제 7세기, 국립부여박물관)
나한은 부처의 가르침을 실천하는 성자를 말한다. 때로는 개구쟁이처럼 때로는 마음씨 좋은 아저씨처럼 온화한 미소를 띠고 있지만, 중생의 속을 들여다보는 듯하다.

서산 마애삼존여래석불
'백제의 미소'로 널리 알려져 있는
삼존 석불의 오른쪽에는 보살
입상이, 왼쪽에는 반가 사유상이
조각돼 있다.

벽돌에 세겨진
백제인의 정신세계

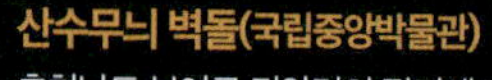

산수무늬 벽돌(국립중앙박물관)
충청남도 부여군 규암면의 절터에서 출토된 벽돌에는 도교·불교적 세계관을
나타내는 여러 가지 무늬가 새겨져 있다. 6~7세기 무렵 건물이나 회랑의 바닥에
사용됐을 것으로 짐작된다.

도깨비무늬 벽돌

용무늬 벽돌

연꽃무늬 벽돌

2-7 백제의 흥망성쇠

1 백제의 발전

- **고이왕**(3세기 말) 마한의 중심 세력인 목지국 병합, 한강 유역 장악, 6좌평과 16품의 관등 제도를 제정하고 율령 반포(중앙 집권 체제 강화), 낙랑군과 대방군 및 말갈을 공격해 영토를 넓힘, 요서 지방 장악
- **근초고왕(4세기 말)** 한반도 남부에서 잔여 세력을 유지하고 있던 마한 전 지역을 통합(369년), 고구려의 남평양성까지 쳐들어가 고국원왕을 전사시킴(371년), 동진과 수교(372년), 수군을 정비해 요서·산둥·규슈 지방까지 진출, 박사 고흥에게 백제의 역사서인『서기』를 편찬하게 함(375년)
- **동성왕(4세기 말)**『남제서』에 백제와 북위군 간의 전쟁 관련 내용이 나옴(요서 경영설을 뒷받침함), 신라와 동맹(493년)을 맺고 고구려와 싸움(495년), 탐라를 복속시킴(498년)
- **무령왕(6세기)** 지방과 해외 식민지의 22담로에 왕족 파견 → 지방 통제 강화

2 한강 쟁탈전과 백제의 멸망

- **웅진 천도** 온조왕 때 하북 위례성에서 하남 위례성으로 천도 → 나제 동맹(433~553년) → 개로왕 때 한성 함락(475년) → 문주왕 때 웅진성(475년)으로 천도
- **사비 천도** 성왕 때 사비성으로 천도(538년), 국호를 남부여로 바꿈. 고구려의 내정이 불안한 틈을 타 신라와 연합해 한강 유역을 부분적으로 수복했으나 곧 신라 진흥왕에게 빼앗김. 성왕은 관산성 전투에서 전사함
- **한강 쟁탈전** 진흥왕 때 고구려의 지배하에 있던 한강 유역을 빼앗고 함경도 지역까지 진출. 진흥왕 순수비(북한산비, 창녕비, 황초령비, 마운령비) 세움 → 백제는 고구려·왜와 동맹 구축(여제 동맹, 6세기) → 나당 동맹(7세기)
- **백제의 멸망** 의자왕이 신라의 대야성을 비롯한 40여 개의 성을 빼앗고 당으로 가는 길을 끊기 위해 고구려와 당성을 공격 → 고구려 지원 요청에 실패한 신라가 대당 동맹에 성공 → 김유신이 이끈 신라군은 황산벌에서 계백의 결사적인 저항을 물리치고 소정방이 이끈 당군과 함께 사비성을 함락 → 백제 멸망(660년)

백제의 요서 영유설을
어떻게 이해해야 할까요?

백제를 '잃어버린 왕국'이라고 표현하는 것에서 알 수 있듯이 백제의 역사는 많은 부분 축소되거나 은폐됐어요. 이와 관련된 내용 중의 하나가 요서 영유설입니다. 과연 백제는 중국 대륙에 진출해 요서 지역을 영유했을까요? 아니면 그저 황당한 이야기라고 생각해야 할까요?

백제의 요서 영유설은 단군 조선사의 이해로부터 출발해야 합니다. 이에 대한 이해 없이는 합리적으로 설명할 수 없기 때문이에요. 요서 영유설은 『송서』, 『양서』, 『남제서』 등에 분명히 기록돼 있습니다. 물론 이런 기사가 남조계의 사서에만 등장하고 있다든가, 진(晉) 말기 모용씨가 이미 요서 지방을 장악하고 있었던 점을 볼 때 전적으로 받아들이기는 어려워요. 하지만 무조건 부정할 수는 없습니다. 이러한 기사는 백제와 요서 영유가 관련이 있기 때문에 기록됐다고 봐야 해요.

백제는 이 지역과 어떠한 관련이 있을까요? 이를 살펴보려면 우선 단군 조선의 영역을 이해해야 합니다. 백제가 아무런 거점을 가지지 않고 요서를 영유했다고 주장할 수도 있어요. 하지만 이런 주장은 백제가 바다를 건너야 요서 지역에 이를 수 있다는 점에서 설득력이 떨어집니다. 따라서 백제와의 연결 고리가 있다고 보는 것이 타당하지요.

예로부터 요서는 단군 조선의 영역이었습니다. 하지만 단군 조선이 멸망한 이래 열국 체제가 성립됐고, 이들 중 부여는 제일 먼저 단군 조선의 정통성을 주장했어요. 부여와 고구려는 정통성을 놓고 대립했고, 고구려가 부여를 제압한 이래 고구려와 백제의 대결로 진행됐지요. 백제의 왕실은 부여씨를 성으로 삼았습니다. 백제의 지배층은 왕족인 부여씨와 8성의 귀족으로 이루어졌어요. 이들은 한문을 능숙하게 구사했고 중국의 고전과 역사책을 즐겨 읽었어요. 이런 상황에서 단군 조선의 유민으로 살았던 요서 지역민들이 백제를 지지하게 되었지요. 백제는 이 연결 고리를 통해 요서를 영유할 수 있게 된 셈이에요.

어떤 사서에서는 백제가 요서를 영유했다고 기록하고 있지만, 다른 사서에서는 낙랑이

백제의 요서 영유설은 백제가 단군 조선의
정통성을 계승한 나라라는 점에서 이해해야 해요.

요서를 영유했다고 기록하고 있고, 백제는 예로부터 동이의 마한에 속한다고 기록된 사서도 있습니다. 각 사서의 편찬자가 혼동했기 때문이라고 할 수도 있겠지요. 하지만 『남제서』에는 백제의 동성왕 시기에 일어난 백제와 북위군 간의 전쟁이 뚜렷하게 기록돼 있습니다. 남조의 송과 대치하고 있는 상황에서 북위가 수십 만의 기병을 동원해 백제를 침공했다는 것은 이치에 맞지 않아요. 이는 아무리 봐도 백제가 요서 지역을 장악하고 있다는 사실을 전제해야만 가능한 내용입니다.

결론적으로 백제는 단군 조선의 유민과 관련돼 있는 요서 지역을 영유했을 가능성이 높습니다. 그래서 백제는 중국 대륙과 한반도, 일본 열도를 이은 해상 제국을 건설하고, 근초고왕 때 황제의 나라임을 만방에 선언할 수 있었던 거예요.

8 유사한 네 나라의 신화 | 신라와 가야의 역사

우리 역사의 뿌리와 계보를 세우는 데 복잡하고 어려운 일 가운데 하나가 신라의 건국 신화를 이해하는 것입니다. 부여와 고구려, 백제는 어떻게든 연결되는데 신라는 그렇지 않기 때문이지요. 그러다 보니 우리 민족의 뿌리를 단군 조선으로 보는 한편, 예맥과 한족까지 포함하는 상황이 발생하고 있습니다. 이 문제를 가볍게 넘기면 부여와 고구려, 백제 등의 부여계와 신라, 가야 등의 삼한계를 다른 민족으로 이해하는 상황을 피할 수 없게 됩니다. 우리 민족의 뿌리가 단군 조선이 아닌 반쪽짜리가 되어 버리는 거예요.

- **기원전 57년** 박혁거세가 여섯 촌장의 지지를 얻어 거서간이 된 후 나라 이름을 서라벌이라 하다.
- **기원전 37년** 천제의 아들 해모수와 하백의 딸 유화 사이에서 태어난 주몽이 고구려를 건국하다.
- **기원전 18년** 주몽의 셋째 아들 온조가 비류와 남하해 하남 위례성(서울)에 도읍을 정하다.
- **기원후 42년** 김수로가 구간의 추대를 받아 금관가야를 건국하다.
- **기원후 562년** 대가야가 신라에 병합되다.

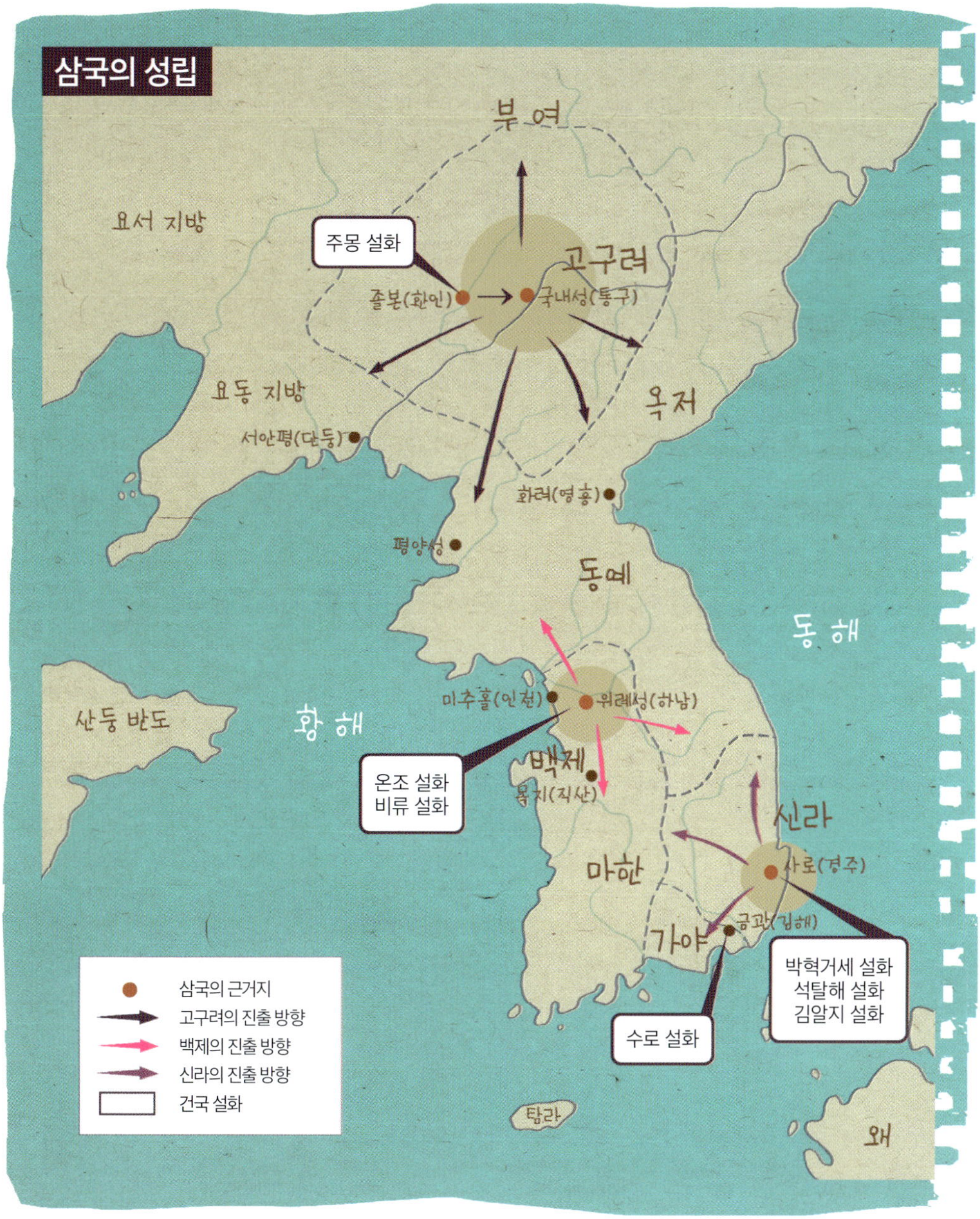

신라의 건국 신화

단군 조선의 뿌리에 관한 문제는 우리 민족이 갈라져 싸우는 요인이 될 수도 있습니다. 한쪽에서는 부여나 고구려, 백제 등의 북방 계통을 내세울 것이고, 다른 한쪽에서는 신라 같은 삼한 계통을 강조하는 현상이 나타날 수 있는 거예요. 이렇게 되면 결국 다투게 되지 않을까요?

후기 신라 이후에 후고구려, 후백제 등이 다시 일어섰고, 고려 시대엔 묘청의 난(1135년)을 계기로 서경 천도론과 삼한 정통론이 맞서기도 했습니다. 지금 한반도는 남북으로 분단된 상태이고, 한국 내에서는 지역감정이니 지역 갈등이니 하는 말이 계속 입에 오르내리고 있지요.

이를 보면 신라가 단군 조선을 계승하고 있는지 명확히 밝히는 것은 단군 조선을 뿌리로 하는 한민족으로 단합할 수 있느냐의 문제와 밀접한 관련이 있다고 할 수 있습니다.

신라의 건국 신화는 크게 박(朴), 석(昔), 김(金) 3성의 시조 설화로 이루어져 있어요. 이 중에서 시조 설화이자 건국 신화인 박혁거세(재위 기원전 57~기원후 3년) 설화를 먼저 살펴보겠습니다. 『삼국유사』의 내용을 요약하면 다음과 같습니다.

오릉

경주 시내 평지에 자리 잡고 있는 다섯 개의 무덤이다. 신라 시조 박혁거세 거서간과 제2대 남해 차차웅, 제3대 유리 이사금, 제5대 파사 이사금 등 초기의 네 임금과 박혁거세 거서간의 왕후인 알영 왕비의 능으로 전해 온다. 무덤 남쪽에 혁거세 거서간의 제향을 받드는 숭덕전이 있고 숭덕전 내에 알영정 터가 있다.

옛날 진한 땅에 여섯 마을이 있었다. 첫째는 알천 양산촌이고, 둘째는 돌산 고허촌, 셋째는 무산 대수촌, 넷째는 자산 진지촌, 다섯째는 금산 가리촌, 여섯째는 명활산 고야촌이다.

이 여섯 부의 조상들은 3월 초하루에 각자의 자제들을 거느리고 알천 남쪽 언덕에 모여서 의논했다.

"우리들은 지금까지 위로 임금을 모시지 않고 백성들을 다스렸기 때문에 백성들이 모두 제 마음대로 하고 있소. 그러니 덕 있는 사람을 찾아서 임금으로 삼아 나라를 세우고 도읍을 정해야겠소."

이윽고 높은 곳에 올라 남쪽을 바라보니 양산 밑 나정이라는 우물 옆에 이상한 기운이 번갯불처럼 땅에 드리워져 있고 흰말이 꿇어앉아 절하는 모습이 보였다. 그곳에는 붉은 알이 한 개 있었고, 거기에서 사내아이가 나왔는데 용모가 단정하고 아름다웠다. 너무 놀라워 그 아이를 동천에서 목욕시켰더니, 몸에서 광채가 나고 새와 짐승이 따라 춤추며 천지가 흔들리고 해와 달이 청명해졌다. 여섯 마을의 사람들은 그를 하늘이 냈다고 생각해 높이 추대했다.

그의 나이 13세 때 왕으로 추대하고 국호를 서라벌이라고 했다. 그가 태어난 알이 박과 같다 해 성을 박으로 삼고, 세상을 밝은 빛으로 다스린다고 해 혁거세라 했다.

혁거세가 태어날 무렵 사량리의 알영정이라는 우물가에 계룡(鷄龍)이 나타나 왼쪽 갈빗대에서 계집애를 낳았는데, 우물의 이름을 따 알영이라고 했다. 후에 왕은 알영을 왕비로 삼았다.

신라의 건국 신화를 보면 고구려의 건국 신화와 매우 유사하다는 것을 알 수 있어요. 박혁거세가 하늘에서 내려와 알에서 깨어났다는

알영정(알영 우물)
오릉 남쪽의 숭덕전 내에 있는
알영 왕비의 탄생지다. 알영
왕비의 이름은 알영정에서
따왔다고 한다.

이야기는 해모수가 하늘에서 내려왔다는 것과 주몽이 알에서 깨어났다는 것을 합쳐 놓은 듯합니다. 그뿐 아니라 하백의 딸인 주몽의 어머니가 물의 신을 이어받고 있듯 알영이 물의 신인 용에게서 태어났다고 밝히고 있어요. 이를 통해 신라의 건국 신화에도 하늘 신을 숭배하는 사상이 있음을 알 수 있지요. 이것은 혁거세라는 이름에서도 확인할 수 있습니다.

하늘 신을 숭배하는 민족은 많습니다. 그렇다면 신라의 건국 신화를 우리와 다른 뿌리를 지닌 민족의 것으로 봐야 할까요? 그럴 수는 없습니다. 신라라는 지역 자체가 자연적 · 물리적 장벽이 없는 한 다른 나라들과 교류했다고 보는 것이 타당하기 때문이에요.

이러한 내용은 여러 사료나 자료를 통해 확인할 수 있습니다. 위만에게 정권을 빼앗긴 고조선의 준왕은 뱃길로 남하해 한반도 남부에서

나정
신라의 시조인 박혁거세의 탄생
신화가 전해지는 우물이다.

한왕이 되었지요. 또 『삼국사기』에는 오래전부터 단군 조선의 유민이 산이나 계곡에 흩어져 살면서 여섯 마을을 형성했다고 기록돼 있어요. 게다가 『삼국유사』에는 6부 자체가 하늘에서 온 것 같다고 기록돼 단군 조선과 관계가 있음을 밝히고 있습니다.

그렇다면 신라에서도 단군 조선의 정신을 몰랐을 리 없습니다. 단군 조선의 힘이 약해지자 서로 정통 계승자가 되기 위해 난립하는 상황을 충분히 알 수 있었다는 거예요. 그들 또한 새로운 세력으로 단군 조선의 계승자라고 나서는 것은 충분히 있을 수 있는 일입니다. 그러지 않고 다른 데서 정통성을 찾으려고 했다면 구태여 이런 내용의 건국 신화까지 만들 필요는 없었겠지요.

가야 또한 그랬습니다. 가야의 건국 신화, 즉 하늘에서 상자가 내려오고 거기에 황금 알이 여섯 개가 들어 있었는데, 알에서 깨어 나온 사람들이 각각 여섯 왕이 되었다고 밝히고 있는 것에서 확인할 수 있지요. 이로 미루어 수많은 거수국이 부여와 고구려, 백제, 가야, 신라 등으로 압축됐기 때문에 알 수 없을 뿐, 다른 거수국 또한 단군 조선의 계승자임을 자임했다고 추측할 수 있습니다. 한반도 남부라고 단군 조선의 뿌리가 이어지지 않았다고 생각할 이유가 없다는 것이지요. 그만큼 단군 조선은 오랜 기간 한반도와 만주 대륙에 걸친 강대국으로 군림하면서 통합의 과정을 거쳐 왔어요.

한반도 남부에는 마한, 진한, 변한의 삼한이 있었어요. 삼한을 두고 한편에서는 세 영역으로 나뉘어 있지만 실상은 하나의 진국이라고 설명하기도 하고, 다른 한편에서는 단군 조선은 원래 삼조선으로 나뉘어 있었고, 대륙에 있었던 나라가 한반도로 이동해 온 것이라고 주장하기도 해요. 무엇이 옳다고 단정 지을 수 없지만, 분명한 것은 삼한이 모두 단군 조선과 관련이 있다는 거예요. 그리고 삼한의 건국 연대를 아무리 높게 잡아도 기원전 2333년에 건국된 단군 조선보다 앞서지는 않습니다. 그래서 삼한을 단군 조선의 거수국으로 파악하기도 하지요.

삼한 가운데 진한의 한 나라가 신라였습니다. 그렇다면 충분히 단군 조선의 정통 계승자가 되기 위해 건국 신화를 만들어 냈다고 볼 수 있어요. 그렇다고 신라의 건국 신화가 부여와 고구려, 백제의 건국 신화와 똑같다는 것은 아니에요. 차이점은 석탈해 설화에서 찾아볼 수 있지요.『삼국유사』에 기록된 석탈해 설화의 내용은 다음과 같습니다.

외국의 동북 1,000리나 되는 용성국에서 함달파(含達婆)라는 왕이 적녀국(積女國)의 왕녀를 왕비로 맞아들였는데, 오래도록 자식이 없어 기도하며 아들을 구하더니, 7년 만에 알 하나를 낳았다. 왕이 상서롭지 못하다 하고 버리면서 큰 궤짝에 알과 일곱 가지 보물 및 종들을 태워 보냈다.

이때 붉은 용이 나타나 호위하는 가운데 가락국을 지나 계림(신라의 다른 이름) 동쪽 하서지촌 아진포에 이르렀는데, 한 노파가 그 궤짝을 열어 보니 어린아이가 들어 있었다. 까치 떼가 궤짝 위에 몰려와 발견됐다 해 까치 작(鵲) 자의 일부를 떼어 석(昔)으로 성을 삼고, 궤를 풀고 나왔다 해 탈해(脫解)라 이름을 지었다. 혁거세의 아들인 남해왕은 탈해가 뛰어나다는 소리를 듣고 사위로 삼았다. 훗날 유리왕의 뒤를 이어 4대 왕이 됐다.

하늘에 기도해 알을 얻었다는 점, 수신의 상징인 용왕의 호위를 받았다는 점이 박혁거세 설화와 크게 다르지 않습니다. 중요한 것은 왜

국에서 1,000리나 떨어진 용성국에서 온 탈해를 왕으로 맞아들였다는 점이에요. 이것은 무엇을 의미할까요? 신라가 해양 세력과 교류했음을 상징적으로 나타낸다고 볼 수 있습니다. 즉, 가야 왕비가 된 허황옥 설화에서 나타난 것처럼 해로를 이용한 측면을 반영한 거지요. 신라의 건국 신화는 단군 조선의 정통성을 계승하고 있다는 점과 해양 세력과 활발하게 교류했다는 점을 반영하고 있어요. 신라에 해양 세력인 석탈해 집단이 등장하면서 박, 석, 김의 3성이 교대로 왕위를 차지했습니다. 유력 집단의 우두머리는 이사금(왕)으로 추대됐지요.

4세기 내물왕(재위 356~402년) 때 신라는 낙동강 동쪽의 진한 지역을 차지하고 중앙 집권 국가로 발전하기 시작합니다. 이때부터 김씨에 의한 왕위 계승권이 확립됐지요. 왕의 칭호도 거서간, 차차웅, 이사금, 마립간, 왕 등으로 계속 바뀌었습니다. 거서간은 신령한 대인(박혁거세)을, 차차웅은 제사장을, 이사금은 계승자를, 마립간은 대수장(내물왕)을 의미해요. 지증왕(재위 500~514년) 때 왕의 칭호가 마립간에서 왕으로 바뀌었고 국호도 신라, 사로, 서라벌로 불리던 것을 신라로 정했어요.

가야의 건국 신화

신라보다 활발하게 해상 활동을 펼친 나라는 가야입니다. 가야 수로왕(재위 42~199년)의 왕후가 된 허황옥 설화에 따르면, 그녀는 고대 인도의 아요디아국에서 왔다고 해요. 이것을 그대로 믿어야 할까요? 아니면 허황된 설화에 불과하다고 여겨야 할까요?

신화가 일정 부분 과장하는 것은 필연적입니다. 하지만 과장이 섞여 있다고 무조건 부정하는 것은 옳지 않아요. 신화에는 일정한 시대적 요구와 역사적 사실이 담겨 있기 때문입니다.

신하들이 수로왕에게 왕비를 맞이하기를 청했지만 수로 왕은 태어나면서부터 공주가 먼 곳으로부터 올 것을 알고 있었다며 그 청을 거절했다고 해요. 여기에는 과장이 섞여 있지만 몇 가지 사실을 추론할 수 있습니다. 즉, 허황옥이 가야에 왔다는 사실을 기록하고 있다는 거예요. 허구일 수도 있지만 그녀가 구체적으로 인도 아요디아국의 공주라고 밝힌 점에서 사실일 가능성이 많아 보입니다.

사실로 본다면 추론은 여기서 끝나지 않습니다. 도대체 허황옥이 어떻게 왔을까 하는 문제가 나서기 때문이지요.

여기서 확인해야 하는 것은 이때 말고도 아요디아국과 교류가 이루어졌느냐 하는 점입니다. 그렇다는 것을 확인한다면 이 사건은 우연이 아닌 일로 보아도 무방해요. 하지만 허황옥 설화에서 확인할 수 있는 내용은 단지 뱃사공 15명을 돌려보냈다는 것뿐입니다. 그들이 제대로 자기 나라로 돌아갔는지조차 확인할 수 없지요. 하지만 그들이 돌아갈 수 있을 정도의 항해술을 지녔다는 뜻도 되지 않을까요?

가야 무사상(국립중앙박물관)
철의 나라 가야의 무사를 유물을 토대로 복원한 모습이다.

어쨌든 허황옥 설화는 많은 의문을 남깁니다. 이 설화에 나타난 내용을 확인할 방법은 없을까요? 역사적 유물과 유적에 근거하면 사실에 근접할 수 있을 것입니다.

예를 들어 김해의 수로왕릉 정문 현판에 그려진 '쌍어문'이 아요디아국의 문양과 비슷하다고 해서 곧바로 설화가 사실이라고 믿어서는 안 됩니다. 자료에 따르면 수로왕릉은 조선 시대 정조 이후에 조성된 것으로 밝혀졌기 때문이에요. 즉, 옛날 것을 그대로 복원했는지 새롭게 복원했는지 확인해야 합니다.

이것만 놓고 보면 역사가 이해할 수 없는 미궁처럼 보일 수도 있습

니다. 하지만 역사는 유물과 유적 등을 끊임없이 발굴하면서 점차 진실을 향해 나아가는 과정이에요. 이런 점에서 하나의 사실을 가지고 역사를 이해하려는 것은 올바르지 못한 태도라고 할 수 있지요.

가야가 해상 활동을 활발히 했으며 가야를 정복한 백제가 해상 강국으로 성장한 것을 볼 때, 허황옥 설화를 단순히 허황된 이야기라고 보기는 어렵습니다.

허황옥 설화는 금관가야를 건국한 수로왕이 해상 세력과의 교류를 통해 왕권과 국력을 강화했음을 보여 줍니다.『삼국사기』와『삼국유사』「가락국기」에는 다음과 같은 기록이 있어요.

수로왕릉(납릉) 정문
현판 좌우에 쌍어문과 파사 석탑이
그려져 있다.

변한의 구야국에서는 주민들이 촌락별로 나뉘어 생활하고 있었다. 그런데 42년 3월 부족장을 기다리는 구야국의 지도자들에게 하늘에서 왕을 내려 보낸다는 계시와 함께 "거북아 거북아 머리를 내놓아라. 그렇지 않으면 구워 먹으리라."라는 노래를 부르라는 명령이 들려 왔다. 가락국의 구간(干) 이하 수백 명의 사람이 김해의 구지봉(龜旨峰)에 올라 하늘에 제사를 지내고 춤을 추면서 구지가를 불렀다.

부족민의 수가 늘어나 노랫소리가 점점 커지자 하늘에서 빛이 나더니 붉은 보자기에 싸인 금빛 상자가 내려왔는데, 이 속에는 황금색의 여섯 알이 들어 있었다. 12일 후 여섯 알에서 남자아이들이 태어났다. 그중에서 제일 먼저 사람으로 변한 이가 수로였다.

사람들은 그를 6가야 중 가장 넓은 금관가야의 왕으로 추대해 가락국의 왕으로 받들었고 나머지 아이들도 각각 고령의 대가야, 함안의 아라가야,

인도 아요디아국의 문양과 비슷해 설화가 사실이라고 볼 수도 있다. 하지만 수로왕릉은 조선 시대 정조 이후에 조성됐으므로 정확한 사실 확인이 필요하다.

고성의 소가야, 성주의 성산가야, 함창의 고령가야 등 5가야의 왕으로 세웠다.

기록에는 6가야만 언급되지만 실제로는 더 많은 나라가 있었을 거예요. 이를 통해 고구려, 신라, 가야의 건국 신화가 비슷하다는 것을 알 수 있습니다.

모두 알이나 물과 관련이 있어요. 김수로, 박혁거세, 주몽 모두 알에서 깨어났어요. 허황옥은 물을 건너 가야로 왔고, 알영은 물의 신인 용에서 태어났으며, 주몽의 어머니는 하백의 딸로 물의 신을 이어받고 있지요. 세 나라의 신화에서 알은 모두 태양 즉, 하늘을 상징합니다. 따라서 이들 신화는 모두 단군의 천신 사상을 바탕에 깔고 있다고 볼 수 있어요.

신라를 위협한 철의 나라 가야

가야가 42년에 건국됐다는 것은 무엇을 의미할까요? 단군 조선이 멸망한 이후 열국 시대로 들어갔다는 것을 말해 줍니다. 가야의 건국이 그 지역에 최초로 국가가 등장했음을 뜻하지는 않습니다. 단군 조선의 통치를 받던 가야는 그 영향을 받아 건국된 것이니까요. 그러므로 가야의 건국은 단군 조선의 통치가 오랫동안 유지됐고, 단군 조선의 힘이 약해지자 수많은 나라가 등장해 열국 시대로 전환됐다는 것을 말해 줍니다. 단군 조선의 통치 지역에서는 가야뿐 아니라 다른 나라도 등장했어요.

낙동강 하류의 변한 지역은 품질이 좋은 철이 많이 나는 곳이었어요. 이곳은 철기 문화를 토대로 농업 생산력이 늘어났고, 3세기경에 여러 정치 집단이 통합되면서 김해의 금관가야를 중심으로 한 연맹 왕국으로 발전했습니다. 이를 전기 가야 연맹이라고 부르지요. 연맹의 맹주인 금관가야는 김수로에 의해 건국됐고, 세력 범위는 낙동강 유역 일대에 걸쳤어요.

가야 소국의 사람들은 일찍부터 벼농사를 지었습니다. 낙동강이 바다로 흘러 들어가는 김해에 자리 잡은 금관가야는 해상 교통이 발달해 제주도에 무역 기지를 건설하고 낙랑과 왜의 규슈 지방에 철을 내다 팔았어요. 해상 강국이 된 것이지요.

그러나 전기 가야 연맹은 4세기 초부터 백제와 신라의 팽창에 밀려 약화되기 시작했어요. 400년 고구려와의 항쟁에서 연패하던 백제는 고구려와 제휴한 신라에 앙심을 품었습니다. 백제의 부추김을 받은 가야는 일본의 소국까지 끌어들여 신라를 대대적으로 침공했지요. 보병으로 이

파사 석탑

허황옥이 아요디아국에서 바다를 건너올 때 파신(波神)의 노여움을 잠재우기 위해 싣고 왔다는 석탑이다. 김해 부사 정현석은 이 탑은 허왕후가 가져온 것이니 왕후 곁에 두어야 한다고 했다. 그래서 호계사에 있던 것을 현재의 허왕후릉 옆으로 옮겼다.

루어진 신라군과 달리 가야군은 갑옷으로 무장한 중기병으로 이루어져 있었고, 일본군까지 가세해 신라군보다 우위에 있었어요. 가야·일본 연합군은 서라벌(신라의 옛 이름) 남쪽의 남천에서 신라군을 격파한 뒤 서라벌을 함락했어요.

하지만 신라의 내물왕은 평양으로 내려온 고구려 광개토호태왕의 신하가 될 것을 자청하며 원군을 요청했고, 고구려는 기병 5만 명을 동원해 신라를 구원하지요(400년). 서라벌에서 노략질을 자행하던 왜군은 궤멸했고 가야군도 고구려·신라 연합군에게 패했습니다. 즉, 백제·가야·왜의 연합군이 신라를 침범했을 때 광개토호태왕의 고구려 군사는 가야의 종주국이라고 할 수 있는 금관가야의 종발성(從拔城)을 함락했던 거예요. 이렇게 전기 가야 연맹이 해체되면서 김해, 창원을 중심으로 하는 남동부 지역의 세력이 약화됐어요. 반면 그동안 변방에 머물렀던 북부 지역의 고령, 합천, 거창, 함양 등지의 세력이 5세기 말에 고령 지방의 대가야를 새로운 맹주로 후기 가야 연맹을 이룩했습니다.

6세기 초 대가야는 백제, 신라와 대등하게 세력을 다투었고 신라와 결혼 동맹을 맺어 국제적 고립에서 벗어나려 했어요. 『삼국사기』와 『신증동국여지승람』에 따르면 522년 대가야의 이뇌왕이 신라에 결혼 동맹을 청하자 법흥왕(재위 514~540년)이 이찬 비조부의 누이동생을 보냈다고 해요. 대가야는 백제의 고립 작전을 피하기 위해 신라에 결혼 동맹을 제의했고,

용봉 무늬 고리자루칼(가야 5세기)
손잡이 뒷부분에 둥근 고리가 달려 있고 용봉 무늬를 새겨 금이나 은으로 장식했다.

철의 나라 가야

우수한 철기 문화를 토대로 강력한 기마 군단을 양성
한 가야의 군사력은 4세기까지는 신라를 능가했다.
특히 가야의 철제 갑옷은 당시 최고의 명품이었다.
금관가야의 철제품은 왜와 신라에 수출됐다.

판갑옷과 투구(가야 5세기, 높이 49.6cm, 국립중앙박물관)
경상북도 고령 지산리에서 출토된 판갑옷과 투구다. 가야의 갑옷은 넓은
철판을 연결해 만든 판갑옷과 작은 철판을 물고기 비늘처럼 엮어 만든 비늘
갑옷으로 구분된다. 판갑옷은 보병이, 비늘 갑옷은 기마병이 주로 착용했다.

철 투구(5~6세기, 경상북도 고령 지산리 무덤, 국립중앙박물관)
철판 500여 개를 2단으로 배치하고 못을 박아 만든 투구다.
둥근 형태의 챙에는 삼각형 구멍이 뚫려 있다.

투구와 갑옷(5~6세기, 경상남도 합천, 국립중앙박물관)
작은 철판을 가죽끈으로 이어 붙인 투구다. 정수리 부분에 금동관모가
결합된 것으로 보아 신분이 높은 사람이 사용했음을 알 수 있다.

말 머리 가리개(5세기, 부산 복천동 10호분, 길이 49.5cm)
당시에 말을 타고 벌이는 기마전이 성행했고 철기 문화가 발달했다는 것을 보여 준다.

신라는 가야를 통합할 수 있는 기회로 보고 선뜻 받아들인 것이지요. 이 결혼식은 『일본서기』에 "가라 왕(가야 왕)이 신라 왕의 딸을 아내로 맞아들일 때 100인의 시종을 함께 보냈다."라고 기록됐을 정도로 성대하게 치러졌습니다. 그런데 이 결혼 동맹은 두 나라의 이해관계가 엇갈려 깨지고 말았어요.

당시 대가야의 이뇌왕은 결혼 동맹의 성과를 과시하기 위해 신라인 시종 100인을 각 지방에 배치했어요. 그런데 몇 년 후 법흥왕이 이들에게 신라의 의관을 입으라고 비밀리에 지시해 외교적 분란을 일으키면서 파경에 이른 것이지요.

이후 신라와 백제의 다툼 속에서 후기 가야 연맹은 분열됐습니다. 신라 법흥왕 때 김해의 금관가야가 신라에 의해 정복됐고(532년), 가야의 남부 지역은 신라와 백제에 의해 분할 점령됐어요. 결국 562년 진흥왕 때 이사부가 이끄는 신라군의 공격을 받고 고령의 대가야마저 무너졌습니다. 이때 함안의 아라가야, 고성의 소가야도 멸망했지요. 500년이나 유지돼 온 장수 국가 가야는 이렇게 역사에서 자취를 감췄습니다. 여러분이 잘 아는 김유신 장군이나 가야금을 만든 우륵 등은 원래 신라 출신이 아니라 가야 출신이랍니다.

2-8 신라와 가야의 역사

▣ 신라의 성립과 발전

- **성립** 경주 지방의 토착민 집단과 유민 집단의 결합, 진한 사로국에서 출발
- **3성의 시조 설화** 박혁거세 설화(건국 신화), 석탈해 설화, 김알지 설화
- **박혁거세** 태어난 알이 박과 같다 해 성을 박으로 삼았고, 세상을 밝은 빛으로 다스린다고 해 혁거세라 함 → 박혁거세 설화는 해모수가 하늘에서 내려왔다는 것과 주몽이 알에서 깨어났다는 것을 합쳐 놓은 것으로 보임
- **내물왕(4세기 말)** 김씨에 의한 왕위 세습, 마립간 칭호 사용, 고구려의 지원으로 왜 격퇴
- **지증왕(6세기 초)** 신라를 국호로, 왕을 왕호로 정함. 우산국 정벌, 우경 보급
- **법흥왕(6세기 초)** 율령 반포, 연호로 건원을 사용, 불교 공인, 공복제와 17관등제 마련, 금관가야 정복
- **진흥왕(6세기 중엽)** 화랑도와 불교 정비, 한강 유역 확보, 대가야 정복 → 삼국 항쟁에서 주도권 장악

▣ 가야의 성립과 발전

- **가야의 건국 신화** 금관가야의 수로왕 신화와 대가야의 정견모주 신화(전기 가야 연맹에서는 금관가야가, 후기 가야 연맹에서는 대가야가 중심을 차지했음을 나타냄), 수로왕 신화 → 하늘에서 상자가 내려오고 거기에 황금빛 알 여섯 개가 들어 있었는데, 맨 먼저 깨어난 아이를 수로라 하고 왕으로 세움. 나머지 다섯 명이 5가야의 통치자가 된 점으로 보아 여기서도 하늘 신 숭배 사상이 드러남. 신라의 석탈해 설화와 가야의 허황옥 설화 → 해상 활동과 관련된 내용이 나타남
- **금관가야(김해)** 3세기경 가야 연맹의 중심 세력으로 성장 → 고구려의 침략으로 주도권 상실 → 신라 법흥왕 때(532년) 멸망
- **대가야(고령)** 질 좋은 철을 생산했고, 전쟁의 피해를 입지 않았기 때문에 5세기 말에 금관가야를 대신해 가야 연맹의 중심 세력으로 성장 → 6세기 초에 백제 · 신라와 대등하게 세력을 다투었고, 국제적 고립에서 벗어나기 위해 신라와 결혼 동맹을 맺음 → 진흥왕 때(562년) 신라에 병합됨

일본의 임나일본부설은 왜 허구일까요?

우리나라 역사에서 백제보다 연구되지 않은 나라가 바로 가야입니다. 가야는 562년까지 강력한 나라로 존속했음에도 삼국 시대에 포함되지 않았어요. 『삼국사기』나 『삼국유사』에 가야가 42년에 건국됐다고 기록되어 있는데도 연대를 낮춰서 보는 경향까지 있습니다. 반면 일본은 한반도와 왜의 관계를 일찍부터 연구해 왔어요. 일본은 『일본서기』에 임나 (가야), 고구려, 백제, 신라 등이 기록된 것을 보고 임나일본부가 한반도에 존재했다고 주장하면서 침략을 정당화하기 위한 방편으로 연구해 왔던 것입니다.

일본은 가야, 백제, 왜의 연합군이 광개토호태왕에게 격파됐을 당시 임나일본부가 가야 지역에 있었으며 왜가 한반도 남부를 지배했다고 강조하고 있습니다. 하지만 당시 고구려, 백제, 가야, 신라 등 한반도 지역과 왜의 정치, 경제, 문화 등의 수준을 비교해 보면 설득력이 떨어집니다.

게다가 6세기경에 이르러서야 기내(畿內)의 대화(大和) 세력이 주변 세력을 통합하기 시작한 것으로 밝혀지고 있어요. 또 임나나 고구려, 백제, 신라라는 이름은 한반도에만 있었던 것이 아니라 대마도와 왜 열도에도 있었다고 합니다.

그렇다면 한반도 세력보다 사회 발전이 뒤진 왜 열도의 세력이 한반도 남부에 임나일본부를 설치하고 그 지역을 지배했다고 보는 데에는 무리가 있습니다. 오히려 가야, 고구려, 백제, 신라가 왜 열도에 진출했다고 보는 것이 합리적일 거예요.

한반도에 본국을 둔 세력이 일본 열도에 진출해 건국한 소국에 본국의 이름을 사용했을 가능성이 높습니다. 이것은 일본 열도에서 한반도와 관련된 유적과 유물이 많이 발견되고 있는 것에서도 확인할 수 있어요. 게다가 『일본서기』는 일본에서 일어난 사건을 중심으로 기록했을 가능성이 큽니다.

가야는 고구려, 백제, 신라처럼 강력한 국가였기 때문에 왜의 지배를 받지 않았을 거예요. 오히려 왜 열도의 지명에 가야, 고구려, 백제, 신라의 이름이 사용된 것은 이들 세력이 한반도에서 왜 열도와 대마도로 이주했기 때문에 나타난 현상입니다. 이런 한반도의 이주

세력으로 인해 왜 열도에 한민족의 우수한 문화가 전파됐지요.

고종의 밀사였던 헐버트 호머는 『한국사, 드라마가 되다』에서 당시의 사료를 근거로 "신라가 대마도(쓰시마 섬)를 정복했는지는 분명하지 않지만, 대마도는 척박한 땅 때문에 매년 신라에 의존해 지원을 받았던 것은 사실이다. 일본이 대마도를 차지하고 일본인을 섬에 이주시킨 것은 기원후 500년 무렵이었다."라며 대마도가 우리나라의 영향하에 있었음을 밝히고 있습니다.

9 여왕을 탄생하게 한 골품제 |
신라와 신분 제도와 화랑 제도

특이하게도 신라 시대에는 여왕이 등장합니다. 이는 신라의 골품제 때문에 가능했던 일이에요. 골품제는 신라 사회를 이해하는 데 중요한 시사점을 던져 줍니다. 신라가 어떻게 안정적으로 운영될 수 있었는지 보여 주기 때문이지요. 골품제는 신분 제도를 뜻합니다. 혈통에 따라 여덟 개의 신분으로 구분되는데, 그중 골족은 성골과 진골로 나뉘고 두품 층은 6두품에서 1두품으로 구성됩니다. 부계와 모계 중 어느 한쪽이 왕족이 아니면 진골이기 때문에 왕위에 오를 수 없고, 부계와 모계가 모두 왕족인 성골만이 왕위에 오를 수 있지요. 이런 골품제를 받쳐 준 것이 화랑 제도였습니다. 화랑도가 국가적으로 편입되는 과정에서 신라 정부의 이해에 맞게 조정된 것이지요.

- **553년** 진흥왕이 백제와의 연합 작전으로 고구려에게서 빼앗은 한강 유역의 땅을 독차지하다.
- **576년** 진흥왕이 뛰어난 인재를 국가에 등용하고자 화랑 제도를 만들다.
- **648년** 김춘추가 당에 건너가 나당 동맹을 맺고 고구려 협공을 약속하다.
- **654년** 김춘추가 진골 최초로 왕이 되다.

신분제에 갇힌 나라

신라는 고구려, 백제에 비해 중앙 집권 국가로 발전한 시기가 늦은 편이었습니다. 신라는 여러 부족의 대표가 모여 사회를 이끌어 가던 전통을 오랫동안 유지했어요. 대표적인 제도가 화백 제도(신라의 합의체 회의 기구)이지요. 화백 제도는 귀족의 단결을 강화하고, 국왕과 귀족 간의 권력을 조절하는 기능을 했습니다. 국왕을 폐위하거나 새 국왕을 추대하는 데 영향력을 발휘하기도 했지요. 진지왕(재위 576~579년)은 "정치가 어지럽고 음란하다."라는 이유로 화백 회의에 따라 폐위됐어요.

화백 제도처럼 삼국의 정치는 모두 합좌 제도(合坐制度)에 따라 행해졌습니다. 고구려에서는 귀족이 제가 회의를 통해 수상인 대대로를 선출했지요. 또한 백제에는 수상인 상좌평을 투표로 선거했다는 정사암(政事巖) 회의가 전해지고 있어요. 『삼국사기』에 따르면 호암사에 정사암이라는 바위가 있었는데, 나라에서 재상을 뽑을 때 후보서너 명의 이름을 써서 상자에 넣고 봉해 바위 위에 두었다가 얼마 뒤에 열어 보고, 이름 위에 도장이 찍혀 있는 사람을 재상으로 삼았다고 해요. 이는 귀족 연합적인 정치 특성을 보여 주는 것으로서, 오늘날의

토우(국립중앙박물관)
흙으로 만든 사람이나 동물의 상인 토우는 장난감이나 주술적인 용도, 죽은 자의 껴묻기용(부장용)으로 사용됐다. 경주시 용강동과 황성동의 후기 신라 시대 돌방무덤에서 발견된 문관상, 병사상, 여인상, 서역인상, 수레바퀴 등의 토우는 당시의 인물상, 복식, 동서 문화의 교류 등을 연구하는 데 중요한 자료다.

선거 방식과 비슷합니다.

신라의 왕족은 17관등 중 제1위인 이벌찬까지 올라갈 수 있었습니다. 하지만 두품 층 중 가장 높은 6두품은 제6위인 아찬까지, 5두품은 제10위인 대나마까지, 4두품은 제12위인 대사까지만 오를 수 있었어요.

신분의 차이가 관등의 범위로 나타나고 관등의 범위 안에서 관직이 주어진 거지요. 그런데 차별은 관직에만 해당한 것이 아니에요. 신분에 따라 공복(公服)의 색깔이나 종류, 관(冠)이나 요대(腰帶)및 신발의 재질, 수레에 사용하는 장식품의 종류, 일상생활에서 쓰는 용기까지 규제했어요.

이러한 골품제는 후기 신라 시대에 이르기까지 엄격하게 유지됐고, 이런 점에서 신라를 신분제 사회라고 규정할 수 있습니다.

신분제를 통해 사회의 근간을 유지해 왔다는 것은 고구려에서도 확인됩니다. 『삼국사기』「고구려본기」 등에서 관직보다 관등을, 관등보다 출신 성분을 중시했다는 사실을 확인할 수 있기 때문이에요. 어떤 사람의 관등이나 관직을 밝힐 때, '북부 소형 신성재 고노자'나 '전부 대사자 다혜환노'처럼 처음엔 북부나 전부와 같이 출신 지역을 먼저

토우 붙은 항아리
(국립중앙박물관)
경주 미추왕릉에서 발견된
목긴 항아리에 토우가 붙어 있다.

적었어요. 그리고 나서 소형이니 대사자니 하는 관등을 적고, 다음에는 관직을 적었지요.

지금은 신분보다 관직을 중요시합니다. 하지만 신분제 사회에서는 관직이 지금처럼 세분화되어 있지 않았기 때문에 신분이나 관등이 관직보다 중요했을 거예요. 골품제는 신라인의 일상생활을 규제하는 제도로 오랫동안 유지됐습니다. 『삼국사기』에는 그 기준을 자세히 밝혀 놓고 있어요.

첨성대(7세기 중엽, 높이 9.17m)
선덕 여왕 때 만들어진, 동양에서 가장 오래된 천문 관측대다. 정남쪽의 석단 아래로부터 제13단과 제15단 사이에 네모난 출입구가 있어 내부로 들어갈 수 있다. 이곳을 통해 꼭대기까지 올라가 하늘을 관찰했던 것으로 보인다.

4두품에서 백성에 이르기까지는 방의 길이와 너비가 15척을 넘지 못한다. 느릅나무를 쓰지 못하고, 우물 천장을 만들지 못하며, 당기와를 덮지 못하고, 짐승 머리 모양의 지붕 장식이나 높은 처마 등을 주지 못하며, 금은이나 구리로 장식하지 못한다. 섬돌로는 산의 돌을 쓰지 못한다. 담장은 6척을 넘지 못하고 보를 가설하지 못한다.

고구려도 신라처럼 신분제 사회였지만 신라만큼 엄격하지는 않았습니다. 신라에서 여왕이 나타났다는 것 자체가 그만큼 신분제를 엄격하게 적용했음을 보여 주는 것이니까요. 골품제의 실시로 신라 진평왕 이후 선덕 여왕(재위 632~647년)과 진덕 여왕(재위 647~654년) 등이 왕위를 이어받았는데, 선덕 여왕은 성군이라는 평가를 받기도 했어요.

신라의 골품제는 단군 조선의 노예제 사회로부터 신분제 사회로 발전하는 과정에서 나타난 제도입니다. 이로 미루어 볼 때 고구려나 백제, 신라 등은 기본적으로 신분제 사회라고 규정할 수 있지요.

왕권 강화를 위해 희생양이 된 이차돈

신라는 사로국의 6부를 중심으로 주변의 작은 나라들을 정복하면서 성장했습니다. 복속된 소국의 지배층 가운데 일부를 경주로 이주시켜 지배층인 6부에 편입시키거나 원거주지의 촌주로 삼아 복속 지역을 통치하는 데 이용하기도 했어요. 이런 6부 체제도 큰 틀에서 보면 신분제의 일환이라고 할 수 있겠지요.

하지만 왕을 중심으로 한 일원적이고 중앙 집권적인 관리 체제가 형성되면서 6부 체제는 더 이상 유지될 수 없었어요. 이는 왕권을 강화한 지증왕 시기에 6부 체제가 해체된 것에서 확인할 수 있습니다.

그렇다면 다음에 해야 할 일은 무엇일까요? 왕을 중심으로 사회 전반에 통용되는 원리를 적용하는 일입니다. 그래서 법흥왕 때 병부 설치, 율령 반포, 공복 제정 등을 통해 관직이나 관등 등을 통제하는 골품제를 시행한 거예요. 또 건원이라는 연호를 사용해 자주 국가로서의 위상을 높이고, 김해 지역의 금관가야와 우산국(울릉도)을 정복해 영토를 확장했습니다.

또한 법흥왕은 불교를 공인해 새롭게 성장하는 세력을 포섭하고자 했어요. 법흥왕의 불교 공인에는 왕권 강화라는 의미가 담겨 있습니다. 신분제 속에 있었던 귀족은 자신들의 존립 기반을 위협하는 불교가 두려웠을 거예요. 자연법칙을 인과론으로 설명하는 불교적 내세관은 모든 것을 하늘의 뜻으로 설명하는 부족 신앙보다 차원이 높았거든요. 그래서 법흥왕은 처음에는 불교를 공인할 수 없었던 거예요.

이에 이차돈은 법흥왕에게 자신이 희생양이 되겠다며 절을 짓는 공사를 벌였습니다. 예상대로 귀족은 거세게 반발했지요. 귀족의 반대에 못 이긴 법흥왕은 이차돈을 왕명을 사칭했다는 이유로 참살했어요.

삼국의 왕과 왕비의 복식

우리나라의 옷은 바지나 저고리를 입는 몽골 북방계의 호복(胡服)에서 출발했다. 삼국 시대의 옷치레는 고구려 고분 벽화에, 몸치레는 신라 고분에서 출토된 화려한 유물에 잘 나타나 있다. 신라는 한반도 남부 통합을 전후해 당의 관복을 들여옴으로써 이중적인 복식 구조를 지니게 됐다.

국립민속박물관 소장

신라 왕비복

고구려나 백제의 복식과 비슷하며 치마저고리 위에 포를 덧입었다. 포는 소매가 크고 길며 화려한 문양이 있는 자색의 선을 깃 도련, 소매부리에 둘렀고 띠를 매었다. 머리에는 금관을 쓰고 금반지, 귀고리, 목걸이, 팔찌 등을 착용했다.

신라 왕복

바지저고리 위에 포를 착용했다. 자색의 포는 바탕을 금직(錦織)했으며, 문양을 수놓은 붉은 자주색 선을 둘렀다. 머리에는 금제조익형관(金製鳥翼形冠)을 썼고 금장식의 과대를 착용했다.

고구려 왕복

고구려 시대 왕복은 오채복(五彩服)이라 했는데,
이는 옷감과 색채가 호화찬란함을 가리킨다.
머리에는 금동관이나 백라관(白羅冠)을 쓰고,
바지저고리 위에 자색포를 덧입었다. 허리에
과대를 둘렀으며, 황색 가죽신을 신었다.

고구려 왕비복

치마저고리 위에 포를 덧입었다. 포는 소매가
크고 길며 화려한 문양이 있는 자색이나 흑색의
선을 깃, 도련, 소매부리에 둘렀고 띠를 매었다.

백제 왕복

문헌에 백제 왕은 소매가 넓은 자색포에 청색
비단 바지를 입고 흰색 가죽대를 둘렀다고
기록돼 있다. 이를 통해 백제 왕의 복식이
고구려 왕의 복식과 흡사했음을 알 수 있다.

백제 왕비복

고구려의 복식과 비슷하고 치마저고리 위에 포를
덧입었다. 포는 소매가 크고 길이가 길며 화려한
문양이 있는 자색의 선을 깃, 도련, 소매부리에
둘렀고 띠를 매었다. 치마는 길고 폭이 넓었다.

기마인물형 토기가 말하는 신분 제도

신라는 고구려나 백제와는 달리 골품제를 통해 신분제를 엄격하게 적용했다. 잦은 전쟁을 통해 노예가 늘어나면서 노예제 사회를 형성했고, 이로부터 신분제 사회가 발전했다. 신라의 기마인 물상은 신분에 따른 복식, 무기, 말갖춤 상태 등을 연구하는 데 도움을 주는 중요한 유물이다.

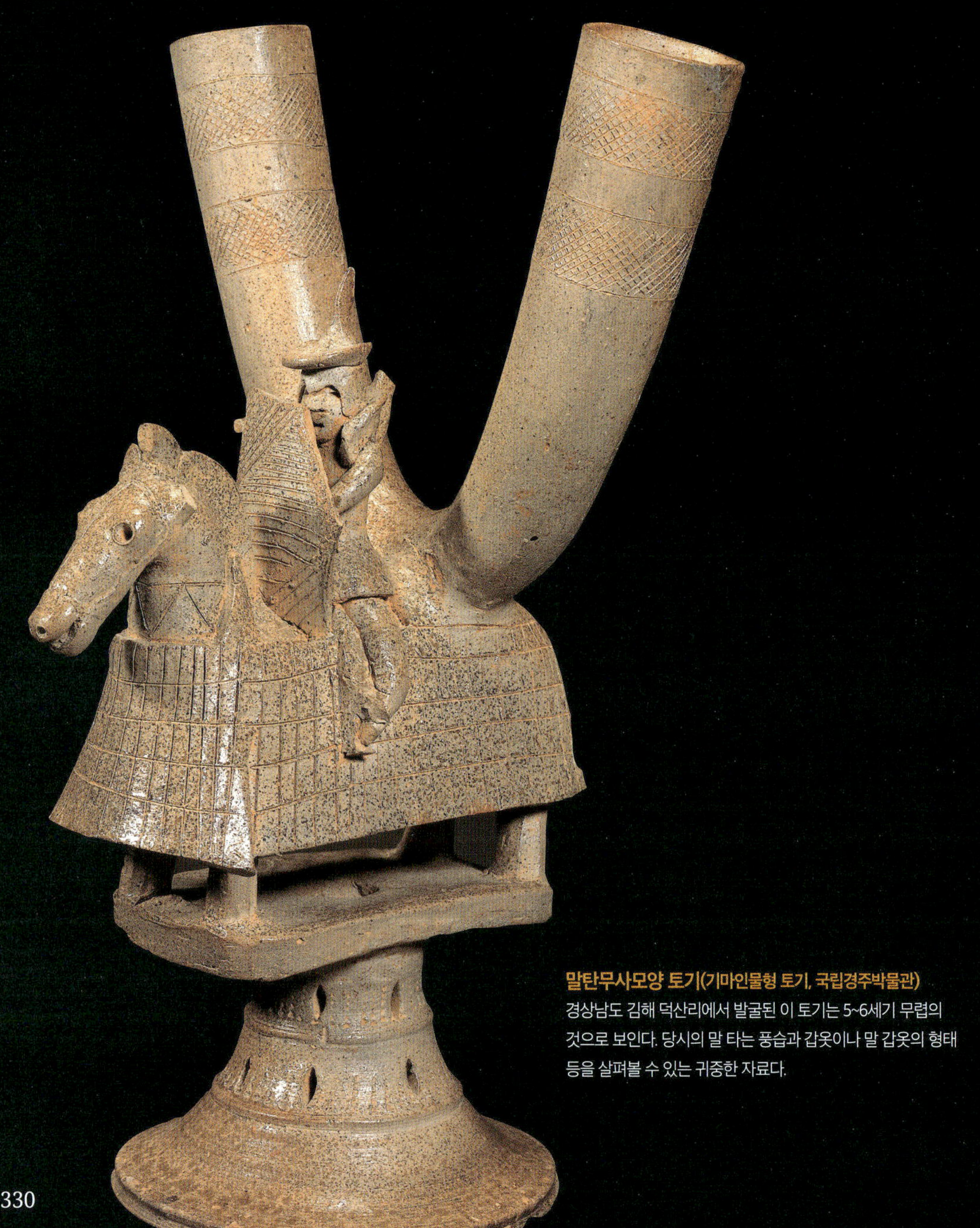

말탄무사모양 토기(기마인물형 토기, 국립경주박물관)
경상남도 김해 덕산리에서 발굴된 이 토기는 5~6세기 무렵의 것으로 보인다. 당시의 말 타는 풍습과 갑옷이나 말 갑옷의 형태 등을 살펴볼 수 있는 귀중한 자료다.

도제 기마 인물상(신라 6세기, 높이 23.4cm, 21.3cm, 국립경주박물관)

경주시 금령총에서 출토된 한 쌍의 토기다. 말 장식이 화려한 주인(위)은 띠와 장식이 있는 삼각모를 쓰고 있다. 하인(아래)은 상투머리에 등에 짐을 메고 손에 방울 같은 것을 들고 있다. 말의 앞가슴에는 물을 따르는 긴 부리가 나와 있다.

신라 고분의 비밀 1: 금관총

경주시 노서동에 있는 신라 고유의 돌무지무덤이다. 금관이 출토돼 금관총이라는 이름이 붙었다. 목곽 안에 옻칠한 목관이 들어 있었던 것으로 보인다. 금관을 비롯해 장신구, 무구(武具), 용기 등 이 출토됐는데 특히 구슬 종류만 3만 개가 넘는다.

금관총 금관(6세기, 높이 44.4㎝, 국립중앙박물관)
신라 금관 양식을 대표하는 작품이다.

금관총 금제 허리띠(6세기, 국립중앙박물관)
금관총에서 출토된 과대와 요패다. 과대는 띠의 겉에
39개의 순금 판을 붙여 만든 허리띠이고 요패는
허리띠에 17줄로 늘어뜨린 패물이다. 무늬를 뚫어서
조각한 수법이 매우 정교한 작품이다.

신라 고분의 비밀 2: 황남 대총

경상북도 경주시 황남동에 있는 황남 대총(황남동 제98호분)은 경주 시내의 고분군 중에서 가장 규모가 큰 돌무지덧널무덤이다. 두 개의 봉분이 남북으로 이어진 쌍무덤(표형분)인 이 고분은 돌무지덧널무덤의 형식상 비교적 초기에 속하는 것으로 볼 수 있다. 4~5세기경 돌무지덧널무덤과 그 구조를 연구하는 데 중요한 고분 유적이다.

국립경주박물관 소장

황남 대총 금관(5세기)
신라 금관의 전형적인 형태를 갖추고 있다. 굽은옥을 많이 달아 화려함이 돋보인다.

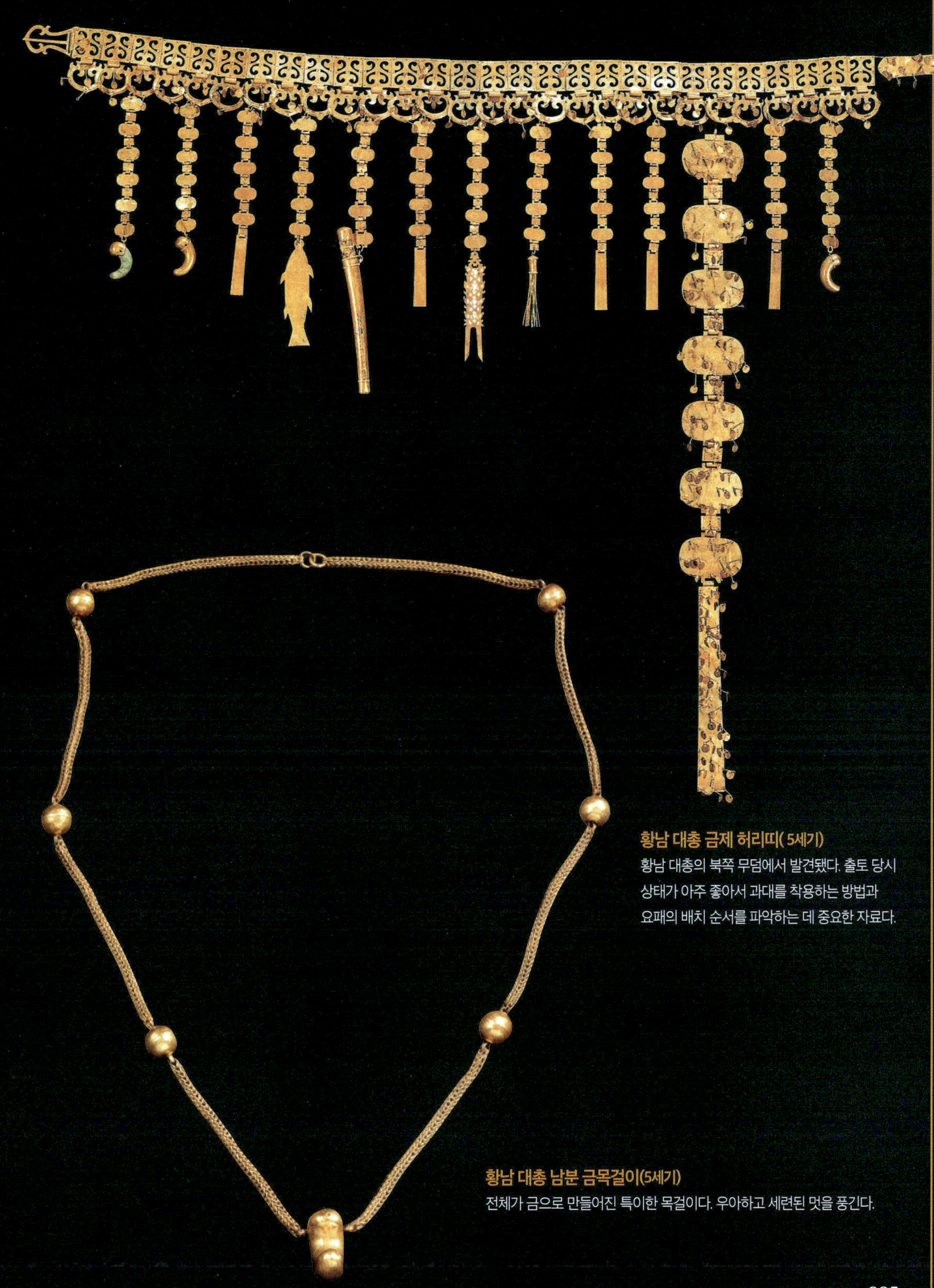

황남 대총 금제 허리띠(5세기)

황남 대총의 북쪽 무덤에서 발견됐다. 출토 당시
상태가 아주 좋아서 과대를 착용하는 방법과
요패의 배치 순서를 파악하는 데 중요한 자료다.

황남 대총 남분 금목걸이(5세기)

전체가 금으로 만들어진 특이한 목걸이다. 우아하고 세련된 멋을 풍긴다.

신라 고분의 비밀 3: 천마총

경상북도 경주시 황남동 고분군에 속하는 천마총(제155분)은 1973년에 발굴됐는데, 이때 천마도, 금모 등 1만 1,397점의 부장품이 출토됐다. 출토품 중에 순백의 천마 한 마리가 하늘로 날아 올라가는 그림이 그려진 천마도가 출토돼 천마총이란 이름이 붙었다.

천마총 금관(6세기, 국립경주박물관)
묻힌 사람이 쓴 채로 발견됐다. 함께 출토된 유물을 볼 때
5세기 말에서 6세기 초의 작품으로 추정된다.

돌무지무덤(적석목곽분)
시체 위에 돌을 쌓아 만든 무덤이다. 60대 남자로 밝혀진
피장자는 금동핀, 목걸이, 고리자루칼 등을 착용하고
있었고 껴묻거리 칸에는 무기류가 들어 있었다.

천마도(6세기, 75x43cm, 국립중앙박물관)

신라 회화 예술을 엿볼 수 있는 작품이다. 천마의 모습이나 덩굴무늬 등을 통해 신라 회화가
고구려의 영향을 받았음을 알 수 있다. 신라 회화로서 현재까지 남아 있는 거의 유일한 작품이다.

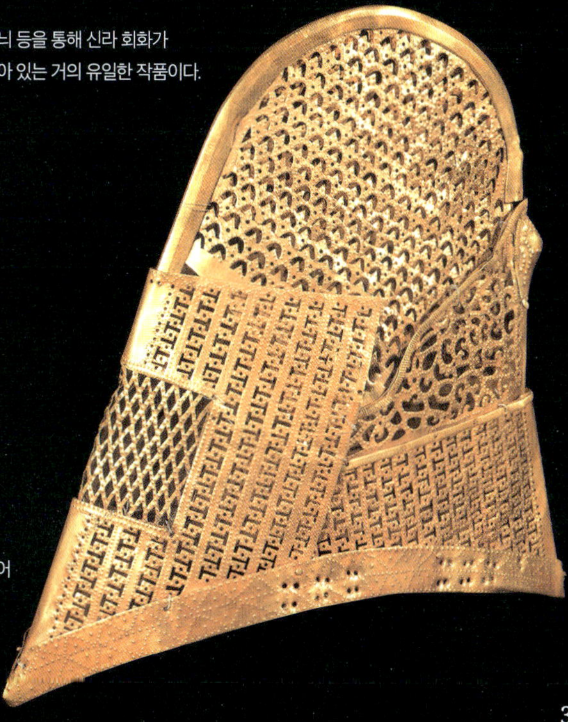

천마총 금제관모(6세기, 높이 16㎝, 국립경주박물관)

고깔 모양으로 얇은 금판을 결합해 만들었다. 머리에 쓴 천에 꿰매어
고정시킨 후 썼던 것으로 보인다.

신라 고분의 비밀 4: 부부총 귀고리와 계림로 보검

경주 보문동 부부총의 여자 무덤에서 출토된 금제 귀고리는 신라의 귀고리 가운데 중심 고리가 가장 크면서도 정교하다. 중심 고리에 0.7mm의 금 알갱이를 수백 개 붙여서 무늬를 표현했다. 부부총 귀고리와 계림로 보검은 당시의 뛰어난 세공술을 보여 준다.

부부총 귀고리 (6세기, 길이 8.7cm, 국립중앙박물관)
지금까지 발견된 신라 귀고리 가운데 가장 정교하고 화려하다.

계림로 보검(국립경주박물관)

경주 계림로 14호분에서 발견된 보검이다. 철제 칼집과 칼은 썩어서 없어지고 금으로 된 장식만 남아 있다. 이러한 형태는 동양에서 발견되는 일이 없어 동서양 문화 교류의 한 단면을 보여 준다.

그러자 갑자기 형장이 어두워지고 이차돈의 목에서 흰 피가 솟구쳤어요. 이 일이 있은 후 어느 신하도 절을 창건하는 데 반대하지 못했습니다. 율령을 반포하고 불교를 공인한 법흥왕은 화랑 제도의 기초도 마련했어요. 소수림왕이 유교를 받아들여 태학을 세우고 나라의 기둥이 될 젊은이를 키우려 했다면, 법흥왕은 우리 민족 고유의 풍류에 바탕을 둔 화랑 제도를 통해 인재를 키우려 한 것이지요.

빗나간 화랑 제도

우리나라 역사에서 강성했다가 쇠락의 길을 걷는 과정을 뚜렷이 보여 주는 사례가 신라의 화랑 제도입니다. 삼국 중에서 신라는 가장 약했고 고구려가 제일 강했어요. 황제의 나라를 자처한 백제의 근초고왕이 황색 깃발을 사용하며 열병식을 거행한 것에서 알 수 있듯이 백제의 위세도 고구려에 못지 않았지요. 하지만 강국이었던 고구려와 백제는 망하고 신라가 단군 조선의 남쪽 지역을 통합했습니다.

물론 당이라는 외세를 끌어들였기에 가능했다고 볼 수도 있고, 그것이 진정한 통일이냐고 되물을 수도 있습니다. 하지만 분명한 사실은 신라가 한강 유역을 차지하면서 힘을 비약적으로 키웠다는 거예요. 문제는 그 힘을 단군족의 통합에 사용하지 않고 자신들의 영토를 넓히는 데 만족해 한반도 남부 지역을 통합하는 데 멈춰 버렸다는 것입니다. 신라의 기회주의로 인해 고구려의 옛 백성과 땅을 잃어버린 것은 참으로 안타까운 일입니다.

신라가 반쪽짜리 통일을 한 원인 가운데 하나로 화랑 제도를 꼽을 수 있어요. 화랑 제도는 신라 진흥왕 때인 576년에 뛰어난 인재를 양성해 국가에 등용하기 위해 설치한 것입니다.

이차돈 순교비(국립경주박물관)
불교를 제창하다 527년(법흥왕 14년)에 순교한 이차돈을 기리기 위해 만든 것이다. 육모꼴의 형태로 제1면에 "목을 베자 머리는 날아가 경주 소금강산에 떨어지고, 목에서는 흰 피가 수십 장이나 솟아올랐으며, 갑자기 캄캄해진 하늘에서는 아름다운 꽃송이가 떨어지고, 땅이 크게 진동했다."라고 이차돈의 순교 장면을 설명해 놓았다.

하지만 화랑이 이때 처음 생긴 것은 아니에요. 그 이전인 562년에 "화랑 사다함이 대야성을 공격해 큰 공을 세웠다."라는 기록이 『삼국사기』에 나옵니다. 또 『동국통감』에는 "법흥왕 말년이자 진흥왕 원년에 풍월주라 불리는 화랑이 탄생했다."라고 기록돼 있어요. 진흥왕은 이전부터 존재했던 청소년 집단인 화랑을 국가 조직 속에 편입시킨 것이지요.

화랑은 과연 무엇을 했을까요? 이들의 수양 과정을 살펴봄으로써 어느 정도 유추할 수 있습니다. 『삼국사기』는 이들의 수행 방법에 대해 "서로 도의를 닦고 가악(歌樂)을 즐기며, 명산과 대천(大川)을 찾으니 멀리 가 보지 아니한 곳이 없다."라고 밝히고 있어요.

최치원의 '난랑비서문(鸞郎碑序文)'에는 "우리나라에는 현묘(玄妙)한 도(道)가 있으니 이를 풍류(風流)라고 한다. 풍류의 연원은 선사(仙史)에 상세히 실려 있는데, 그 가르침 속에는 이미 유불선 3교가 포함돼 있다. 안으로는 부모에 효도하고 밖으로는 나라에 충성하니 이는 공자의 가르침과 같고, 매사에 무위로 대하며 말없는 가르침을 행하는 것은 노자의 가르침과 같고, 악한 일들을 행하지 않고 선한 일을 받들어 실행함은 석가의 가르침과 같다."라고 기록돼 있어요. 이로 미루어 화랑은 풍류를 익히는 청소년의 무리라고 볼 수 있습니다.

중요한 것은 이 풍류의 연원이 선사에 상세히 실려 있다고 밝히고 있다는 점이에요. 결국 화랑도의 기원은 선교(仙敎)라고 볼 수 있어요. 선교는 단군이 선인 왕검으로 불렸다는 것에서 알 수 있듯이 단군 조

인면문 수막새(국립경주박물관)
'신라인의 미소'로 불리는 신라의 대표적 유물이다. 1934년 다나카 도시노부(田中敏信)라는 일본인이 경주의 한 고물상에서 입수해 광복 후 일본으로 가져가 소장하고 있다가 1972년 기증했다.

선의 종교이자 사상입니다. 그 지도자가 바로 선인이지요.

『삼국사기』에는 "247년 고구려 동천왕은 환도성에서 병란을 겪어 평양성에 성을 쌓고 종묘사직을 옮겼는데, 평양은 본래 선인 왕검의 집이다."라는 기록이 나옵니다. 선인 왕검이 누군지에 대해서는 논란이 있지만 '왕검'이란 표현 때문에 대체로 단군과 동일시되고 있어요. 단군 조선에서 선교가 활성화됐다는 기록은 『사기』에도 보입니다. "진시황제가 서불에게 선인들이 사는 봉래, 방장, 영주의 삼신산을 찾아가 불사약을 구해 오라고 명했는데, 서불이 중국의 동쪽 바다를 건너 찾아간 곳이 단주(亶洲)라는 땅이다."라는 내용이 그것이에요. 서불을 중국의 동쪽 바다로 보냈다는 것으로 보아 단주는 단군이 다스리는 땅으로 보는 것이 맞습니다.

이처럼 단군 조선에서 선교가 활성화된 데는 이유가 있습니다. 선교 자체가 단군 조선의 사상과 뿌리이기 때문이에요. 단군은 환인과 환웅, 즉 하늘의 아들입니다. 여기에는 깊은 뜻이 담겨 있어요. 환웅은 왜 홍익인간의 뜻을 품고 하늘에서 땅으로 내려왔을까요? 사람이 하늘과 땅을 연결시켜 주는 존재이자, 하늘과 땅의 뜻을 실현시켜 주는 존재이기 때문이에요. 그러므로 천지인 중에서 가장 으뜸인 것이 바로 사람입니다. 사람에 의해 천지인이 통일되는데 이런 경지에 도달한 사람이 선인이지요. 결국 단군은 하늘의 혈통을 받아 태어난 존재이면서, 한편으로는 궁극의 깨달음에 도달한 선인이었어요.

천지인 중에서 사람이 가장 으뜸이라는 사상으로부터 '사람을 사랑하라'라는 경천애인(敬天愛人) 사상과 '널리 인간을 이롭게 하라'라는 홍익인간 이념이 나왔고, 그 실현 방법으로 선교가 탄생했습니다.

선교의 수련 방법이 어떠했는지 정확히 알 수는 없지만 제천 행사의 진행 과정을 보면 어느 정도 추론할 수 있어요. 고구려의 동맹, 부여의 영고, 동예의 무천 같은 행사에서는 온 나라 사람이 연일 음식을 먹으며 노래와 춤을 즐겼다고 합니다. 이런 전통이 평상시의 선교 수련 방법에 스며들어 있었을 거예요. 예로부터 사람을 교화시키기 위해 예악을 중시했다는 기록도 자주 나옵니다. 예악을 즐기려면 글공부가 선행돼야 해요. 하늘의 이치와 땅의 이치를 알고, 그에 걸맞게 실천을 하기 위해서는 산천을 돌아다니면서 무예를 연마했을 것입니다.

단군 조선이 그토록 오랜 기간 영광과 번영을 누린 데는 여러 이유가 있어요. 청소년을 인재로 양성시키는 제도도 그중 하나이지요.

화랑도는 갑자기 실시된 것이 아니라 전통을 이어받은 것입니다. 법흥왕은 소수림왕이 유교를 받아들여 젊은이를 키우려 한 데서 한발 더 나아가 선교의 풍류에 바탕을 둔 화랑을 양성하기 시작했고, 진흥왕 때에 이르러서는 이를 국가적 차원에서 받아들였지요. 이런 전통은 신라뿐만 아니라 고구려나 백제에도 있었다고 보는 것이 옳을 거예요. 고구려에는 화랑에 해당하는 조의선인이 있었지요.

신라는 오랫동안 이어져 온 선교의 전통을 받아들여 국선, 화랑, 낭도 등으로 조직 체계를 정비했어요. 『삼국사기』에는 "현좌(賢佐)와 충신이 이로부터 솟아났고 양장(良將)과 용졸(勇卒)이 이로 말미암아 나왔다."라고 기록돼 있지요. 신라는 화랑정신에 힘입어 지난날과는 달리 강력한 역량을 지닌 나라로 발전해 나갔어요. 한때 광개토호태왕의 신하로까지 자처했던 신라가 이제는 단군 조선의 정통성을 놓고 고구려, 백제와 대등하게 어깨를 겨룰 수 있는 단계에 이른 것이지요.

복원한 화랑의 모습(전쟁기념관)

최치원 초상화
조선 시대 하동 쌍계사에 모셔져
있던 최치원의 초상화를 정조 8년
(1784년) 무성 서원에 봉안했다.

하지만 그렇게 수많은 현좌와 충신, 양장과 용졸이 나타났음에도 이후에는 왜 한심한 모습을 보였을까요? 여기서 생각해 볼 것이 있습니다. 신라가 선교를 국가적인 이념으로 삼을 때 과연 풍류 사상을 제대로 받아들였을까 하는 것입니다. 문제는 정권적 차원에서 필요한 부분만 받아들이고 그렇지 않은 부분은 의미를 축소하거나 제거해 버렸다는 거예요. 화랑 출신이었던 김유신이 당을 끌어들이는 것을 반대하지도 않았고, 단군 조선의 드넓은 영토를 놔두고 남부의 통합에만 만족한 것을 보더라도 그렇지요.

풍류는 단군 조선의 종교이자 수련 방법입니다. 그러면 당연히 그 목적에 맞게 천손족의 단합을 추구하는 방향으로 나아가야지, 신라 정권의 협소한 이해 관계 차원에 머물러서는 안 됩니다.

화랑도 하면 많은 사람들이 신라 진평왕 때 원광 법사가 귀산과 취항이라는 두 화랑에게 주었다는 세속오계를 떠올립니다. 하지만 화랑도의 기저가 되는 풍류는 이것이 전부가 아닙니다. 최치원은 '난랑 비서문'에서 "풍류는 유교와 불교, 도교를 자체 내에 포함하고 있다."라고 말했어요. 홍익인간의 사상으로 유교, 불교, 도교를 설명하지 못할 이유가 없습니다. 바라보는 관점이 다르다고 해도 유교나 불교, 도교 또한 근본 목적은 사람을 이롭게 하는 것이니까요. 하지만 전통적으로 이어져 왔던 풍류가 국가적 차원의 화랑도로 편입되고, 신라 정부의 이해에 맞게 조정되는 가운데 의미는 변질돼 갔지요.

이에 대해 『삼국사기』에는 "화랑도는 처음에 남모(南毛), 준정(俊貞) 두 미녀를 뽑아 원화(源花)라고 했다. 이들을 중심으로 300여 명의 무리가 모였으나 둘은 서로 시기했다. 준정이 남모를 자기 집으로 유인해 억지로 술을 권해 취하게 한 뒤 강물에 던져 죽이는 사건이 발생했는데, 이 일이 발각돼 준정도 사형에 처해졌다. 그 후 나라에서는 외모가 수려하고 품행이 바른 귀족 출신의 남자를 뽑아 곱게 단장한 뒤 화랑이라 했다. 그러자 화랑을 받드는 무리가 구름같이 모여들었다." 라고 기록돼 있습니다.

신라는 오랫동안 풍류의 사상과 수련 방법에 따라 심신을 연마해 온 청소년의 무리를 화랑 제도를 통해 국가적으로 편입시켜 초기에는 나라의 힘을 크게 신장시켰어요. 하지만 자신들의 정권적 이해타산에 기초해 풍류의 정신을 변질시켰고, 외세를 끌어들여 자기 땅을 넓히는 정도에 만족했지요. 외세를 끌어들이는 데 가장 큰 역할을 한 신라인은 바로 화랑 출신의 김춘추입니다. 김춘추는 개인적인 원한과 야심으로 당을 끌어들이지요. 642년(선덕 여왕 11년) 백제의 침입으로 대야성이 함락되고 사위인 성주 품석이 죽임을 당하자, 고구려

진감 선사 대공탑비
신라 말의 명승 진감 선사 혜소의 덕을 기려 경상남도 하동 쌍계사에 세운 탑비다. 887년 건립된 이 탑비에 최치원이 글을 짓고 썼는데 이는 그의 사산비명 중 하나로 꼽힌다.

와 힘을 합쳐 백제를 치기 위해서 연개소문을 만났어요. 하지만 영토 문제로 감금까지 당했다가 돌아옵니다. 연개소문은 당과 계속 싸워야 했기 때문에 김춘추의 요구를 들어줄 수 없었지요. 이에 반감을 품은 김춘추는 고구려의 숙적인 당을 찾아가 '함께 고구려와 백제를 멸망시킨 다음, 신라는 대동강 이남을 차지하고 당은 그 이북의 땅을 차지하자'는 밀약을 맺고 고구려와 백제를 공격할 원군을 요청했습니다.

김춘추는 654년 진덕 여왕이 죽자 군신들의 추대를 받아 신라 최초의 진골 출신 왕(무열왕)이 되었습니다. 660년 무열왕은 김유신에게 5만의 군사를 주어 당의 군사와 연합해 백제를 멸망시켰습니다. 이듬해 백제 부흥군을 격파하고, 이어 고구려 정벌을 위해 군사를 일으켰어요. 그 결과 삼국 통일은 남부를 통합하는 정도에 머물렀고, 단군 조선의 전통을 오랫동안 이어 온 풍류의 맥을 크게 약화시켰지요. 

임신서기석(국립경주박물관)
비석의 첫머리에는 '임신(壬申)'이라는 간지가 새겨져 있다. 그리고 내용에 충성을 서약하는 글귀가 있어 '임신서기명석'이라고도 부른다. 임신년은 확실하지 않으나 비문 가운데 충도(忠道)의 실천을 다짐하는 내용이 있는 것으로 보아 화랑도가 크게 일어난 552년(진흥왕 13년)이나 612년(진평왕 34년) 가운데 하나일 것이라고 본다.

2-9 신라의 신분 제도와 화랑 제도

1 삼국의 통치 체제

- **초기의 삼국** 연맹체 국가에서 출발 → 각 부의 대표가 모여 국가의 중대사 협의 → 고구려의 제가 회의, 백제의 정사암 회의, 신라의 화백 회의의 기원이 됨
- **관등제 성립** 고구려의 10여 관등, 백제 16관등(상좌평이 최고 책임자), 신라 17관등과 골품제
- **중앙 행정 정비** 고구려는 대대로, 신라는 상대등이 국정 총괄(통일 이후 집사부의 시중이 행정 총괄), 백제는 6좌평과 22부 설치
- **지방관 파견** 고구려는 욕살, 백제는 방령(700~1,200여 명의 군사를 거느림), 신라는 군주(주 단위로 설치한 부대인 정을 거느림)를 지방에 파견
- **율령 반포** 백제 고이왕(262년), 고구려 소수림왕(373년), 신라 법흥왕(520년). 율령제를 실시했다는 것은 중앙 집권 체제를 정비해 고대 국가 체제를 만들었음을 의미

2 신라의 신분 제도

- **신라의 왕위 호칭의 변화** 거서간(박혁거세, 기원전 57년) → 차차웅(남해왕, 4년) → 이사금(유리왕, 24년) → 마립간(내물왕, 356년) → 왕(지증왕, 503년)
- **골품** 여덟 개의 신분층으로 구분해 그중 골족은 성골과 진골로 나누고 두품 층은 6두품에서 1두품 까지 구성함(4~6품은 일반 귀족, 1~3품은 평민). 진덕 여왕 때까지 성골만이 왕위를 계승할 수 있었음. 무열왕(김춘추)은 진골 출신으로 왕이 됨

3 화랑 제도

- **화랑 제도** 신라 진흥왕 37년(576년)에 인재를 양성해 등용하고자 하는 목적으로 설치. 원광의 세속 오계(사군이충, 사친이효, 교우이신, 임전무퇴, 살생유택)를 가르침
- **평가** 풍류가 국가적 차원의 화랑 제도로 편입되는 과정에서 신라 정부의 이해관계에 맞게 조정되는 가운데, 유교 · 불교 · 도교 3교를 포함한 풍류를 더욱 변질시킴

당에 의존했던 선덕 여왕을
어떻게 평가할 수 있을까요?

진위가 밝혀지지 않은 필사본『화랑세기』에는 선덕 여왕이 진평왕의 둘째 딸 덕만 공주이고 언니는 천명 공주라고 기록돼 있습니다. 아들이 없었던 진평왕이 화랑의 수장인 풍월주 용춘(제25대 진지왕의 둘째 아들)에게 후사를 물려주려 하자 천명 공주는 왕위를 양보했다고 해요. 그러나 덕만 공주는 왕통의 정당성을 주장하면서 용춘을 남편으로 받아들이고 왕위를 계승했는데, 이후 흠반과 을제라는 두 명의 남편을 더 두었다고 합니다.

선덕 여왕은 총명하고 지혜로웠어요. 선덕 여왕이 공주였던 시절, 당이 진평왕에게 모란꽃 그림과 꽃씨를 보내 왔지요. 선덕 여왕은 이 그림을 보더니 아름다운 꽃이지만 나비가 없으니 향기를 지니고 있지 않을 것이라고 말합니다. 꽃씨를 궁궐의 뜰에 심어 보니 과연 꽃에 향기가 없었어요.

선덕 여왕의 예지력을 보여 주는 또 다른 일화가 있습니다. 어느 겨울날 영묘사(靈廟寺) 옥문지(玉門池)에 많은 개구리가 모여 3일 동안 울었어요. 이 소식을 들은 선덕 여왕은 알천 장군에게 군사 2,000명을 거느리고 속히 서쪽 교외의 여근곡(女根谷)으로 가서 숨어 있는 적병을 잡아 죽이라고 명령했습니다. 알천 장군이 군사를 이끌고 여근곡에 이르자 과연 백제의 군사가 매복하고 있었지요. 알천은 그들을 격퇴해 큰 승리를 거뒀어요.

신기하게 여긴 군신들은 여왕에게 어떻게 백제군이 숨어 있다는 것을 알았냐고 물었어요. 이에 선덕 여왕은 "개구리가 성내는 형상은 군사를 상징하고, 옥문은 여근이요, 여자는 음인데 그 색이 흰 것은 서쪽이다. 그래서 서쪽에 군사가 있음을 알았고, 남근은 여근에 들어가면 반드시 항복하게 마련이므로 쉽게 물리칠 수 있음을 알았다."라고 대답했습니다.

이런 일화를 보면 선덕 여왕은 참으로 총명하고 지혜로운 왕으로 보입니다. 하지만 왕의 업적을 단순히 지혜롭고 총명하다는 것으로만 평가할 수 있을까요? 왕의 업적은 역사적 맥락에서 판단해야 합니다. 선덕 여왕은 주로 백제와 싸움을 벌였으며, 어려움에서 벗어나기 위해 고구려에 도움을 요청하다가 그것도 안 되자 당에 지원병을 요청했어요. 물론

이 일의 주역은 김춘추였습니다. 하지만 그렇다고 해도 선덕 여왕이 책임을 져야 하지 않을까요?

이런 점에서 선덕 여왕은 역사적으로 큰 업적을 쌓았다고 할 수는 없어요. 외세를 우리 역사 속으로 끌어들인 점은 많은 아쉬움을 남깁니다. 선덕 여왕의 뒤를 이은 진덕 여왕이 당의 의관 제도를 본떠서 시행한 점이나 5언시의 「태평송(太平頌)」을 지어 당 고종에 바친 점, 당의 연호인 영휘를 사용한 점 등을 보면 신라의 자주성이 얼마나 크게 훼손됐는지 알 수 있기 때문이에요.

세계사와 한국사를 비교해 살펴보면 상호 관련성을 파악할 수 있습니다. 또 문명사 비교를 통해 당시 우리의 모습을 파악하는 데도 큰 도움이 되지요. 연표는 무작정 외우려고 하지 말고 주요 사건이나 잘 아는 사건의 연도를 중심으로 흐름을 파악하세요. 주요 사건의 연도는 굵게 표시했습니다. 주요 연도를 중심으로 앞뒤를 연결해 보면 흐름을 잡기가 훨씬 쉬울 거예요. 『세계사를 보다』(리베르스쿨)와 함께 읽으면 더욱 이해하기 쉽습니다.

세계사		한국사
구석기 시대 시작	약 70만 년 전	평양 검은모루 동굴, 단양 금굴 등에서 구석기인 유물 발견
	약 4만 년 전	청원군 두루봉 동굴에서 어린이(흥수 아이) 화석 발견
	B.C. 1만 년경	오늘날과 비슷한 한반도 모습 형성
	B.C. 8000년경	만주와 한반도에 신석기 시대 시작
이라크 메소포타미아 지역에서 세계 최초로 문명 성립	B.C. 3900년경	
이집트 문명 시작, 메소포타미아 문명 시작 에게 문명(미노아·미케네·트로이 유적) 성립	B.C. 3000년경	
황허 문명 시작, 인더스 문명 시작	B.C. 2500년경	
	B.C. 2333년	단군왕검, 고조선 건국
	B.C. 2000년경	만주와 한반도에 청동기 문화 시작
바빌로니아의 함무라비 왕, 메소포타미아 통일, 『함무라비 법전』 편찬	B.C. 1800년경	
상(商), 은허를 수도로 일어남	B.C. 1600년경	
주(周), 상을 무너뜨리고 중국을 지배(~B.C. 256)	B.C. 1046년경	
	B.C. 1000년경	고조선 발전, 랴오허 문명 번성
인도 아리아 인, 태양·물·불 등 자연 현상을 신성시하는 브라만교 숭배	B.C. 800년경	
· 주(서주) 서서히 약해짐 · 춘추 전국 시대 시작	B.C. 771년	

세계사	연대	한국사
아시리아, 오리엔트(메소포타미아, 시리아, 이집트) 통일	B.C. 706	
석가모니 탄생	**B.C. 600년경**	
공자 탄생	B.C. 551년경	
페르시아, 오리엔트를 두 번째로 통일	B.C. 525	
아테네, 민주 정치(도편 추방제) 실시	B.C. 508	
그리스, 페르시아와의 전쟁에서 승리	B.C. 479	
	B.C. 400년경	철기 문화 보급, 철제 농기구 사용으로 농업과 수공업 발달
소크라테스, 아테네 시민들이 고소해 사형을 당함	B.C. 399	
마케도니아 필리포스 왕, 그리스 정복	B.C. 338	
마케도니아의 **알렉산드로스 대왕**, 페르시아를 멸망시킴	B.C. 330	
찬드라 굽타, 인도 최초의 통일 왕조인 마우리아 왕조 세움	B.C. 317	
로마, 민주 공화정 세움	B.C. 287	
진시황제, 중국 통일(중국 최초의 중앙 집권적 통일 제국)	B.C. 221	
유방, 항우를 물리치고 한 건국	B.C. 202	
일본, 야요이 시대 시작, 중국과 한반도로부터 청동기, 철기, 벼농사 전래됨	B.C. 200	
흉노가 대제국으로 성장해 진과 한을 위협	B.C. 3세기	
	B.C. 3~2세기	만주와 한반도 중북부에 예맥이 **부여, 옥저, 동예** 등을 세움
	B.C. 194	위만, 준왕을 몰아내고 고조선의 왕이 됨
로마, **포에니 전쟁** 승리, 지중해 장악	B.C. 146	
	B.C. 108	한이 고조선 **왕검성**을 함락
	B.C. 57	박혁거세, 신라 건국
	B.C. 37	주몽, 압록강 유역의 **졸본**을 수도로 고구려 건국
로마의 아우구스투스, 안토니우스와 클레오파트라의 연합군을 격파하고 이집트 정복	B.C. 30	

	연도	
로마의 아우구스투스, 제정 시작	B.C. 27	
	B.C. 18	온조, 백제 건국
그리스도 탄생	B.C. 4	
	8	백제, 마한의 일부 지역을 차지
	13	고구려, 부여의 침입을 격퇴
안드라 왕조, 북인도 통일	28	
	42	김수로, 금관가야를 세움
인도, 쿠샨 왕조 성립	45	
쿠샨 왕조, 북서 인도 지배	90	
한(후한) 말기에 '황건적의 난' 일어남	184	
	194	고구려, 진대법(흉년에 국가에서 양곡을 대여해 주는 제도) 시행
후한 무너짐, 위진 남북조 시대 시작	220	
	246	고구려, 위의 침입으로 환도성을 내줌
	260	백제 고이왕, 관등 제도 제정, 율령 반포
진(晉), 중국 통일	280	
	285	백제 근초고왕 때 왕인이 일본에 천자문 전함
일본을 최초로 통일한 야마토 정권 들어섬	3세기 말	
	293	고구려, 선비족의 침입을 격퇴
로마, 크리스트교 공인	313	고구려 미천왕, 낙랑군 축출
중국, 5호 16국 시대	316	
	371	백제 근초고왕, 평양성 공격, 광개토호태왕의 할아버지인 고국원왕 전사
	372	· 고구려에 불교가 전래됨, 태학(귀족 자제를 대상으로 한 교육 기관) 설치 · 백제, 동진에 사절을 보냄
	373	고구려 소수림왕, 율령 반포
게르만 족, 대이동 개시(훈족의 서진에 자극을 받아 로마 제국 영토로 이주)	375	
	384	침류왕 때 동진의 마라난타가 백제에 불교 전래

	연대	
수(隋), 남북조 시대 통일	589	
무함마드, 메카에서 이슬람교 창시	610	
수양제, 고구려 침략	612	고구려의 을지문덕, 살수(청천강)에서 수양제를 물리침
이연, 당 건국	618	
헤지라(무함마드가 박해를 피해 메카에서 메디나로 이주한 일로, 이해가 이슬람 기원 원년임)	622	
현장, 「대당서역기」(서역에서 불경을 구한 행적을 기록한 견문록)를 씀	629	
· 일본, 쇼토쿠 태자 때 당에 견당사 파견 · 동돌궐, 당에 크게 패해 흩어짐	630	
	642	백제 의자왕, 신라의 40여 개 성을 점령
일본, 당의 통치 제도를 받아들여 다이카 개신 단행, 중앙 집권적 정치 체제 구축	645	· 고구려 안시성 성주 양만춘, 당 태종의 군대를 격퇴 · 신라, 황룡사 9층 목탑을 세움
	660	백제 의자왕 때 나당 연합군이 사비성 함락, 백제 멸망
우마이야 왕조, 칼리프를 세습하며 이슬람 세계를 지배하기 시작	661	
	668	고구려, 보장왕 때 나당 연합군에 의해 멸망
	676	신라 무열왕, 삼국 통일
	685	신라 신문왕, 9주 5소경 설치
	698	대조영, 고구려 유민을 이끌고 동모산에서 발해 건국
야마토 정권, 나라 이름을 일본으로 정함	8세기 초	
야마토 정권, 수도를 헤이조쿄로 옮김	710	
	722	신라 성덕왕, 15세 이상 남자에게 정전 지급
	727	신라 혜초, 「왕오천축국전」 지음
	732	발해 장문휴, 당의 덩저우 공격
이슬람, 아바스 왕조 들어섬	750	
	751	신라, 불국사 건립, 석굴암 창건
당, 안녹산과 사사명이 난을 일으킴	755	
카롤루스 대제, 프랑크 왕국 통일	771	신라, 성덕 대왕 신종 주조
	788	신라 원성왕, 독서삼품과(국학 학생들을 독서 능력에

		따라 구분해 관리로 등용하던 제도) 설치
일본, 수도를 헤이안쿄로 옮김, 헤이안 시대 개막	794	
카롤루스 대제, 서로마 황제의 관을 받음	800	
자야 바르만 2세, 캄보디아에 앙코르 왕조를 세움	802	
	828	장보고, 청해진(해상권을 장악하고 중국·일본과 무역하던 요충지) 설치
잉글랜드 왕국 성립	829	
당, 황소의 난(농민 반란, 당 멸망의 계기)	875	
	900	견훤, 전라도 일대에서 세력을 키워 후백제 건국
	901	신라 왕자 출신 궁예, 후고구려 건국
당 멸망, 5대 10국 시대	907	
노르망디 공국 성립	911	
야율아보기, 거란족 통일	916	
	918	궁예의 부하 왕건, 고려 건국
	926	발해, 거란의 침입으로 멸망, 15대 228년간 존속
	935	신라 경순왕, 왕건에 항복
거란, 베이징 주변까지 진출	936	고려 왕건, 후백제를 무너뜨리고 후삼국 통일
베트남, 중국으로부터 독립	939	
	943	고려 태조 왕건, 훈요십조를 남김
거란, 국호를 요(遼)로 바꿈	946	
	956	광종, 노비안검법(양민이었던 노비를 해방시켜 주기 위한 법) 실시
	958	광종, 후주에서 온 쌍기의 건의를 받아들여 과거제 실시
송(宋) 건국	960	
오토 1세, 신성 로마 황제 대관	962	송과 국교를 맺음
	976	전시과(관리·공신 등에 토지 및 임야를 나누어 주던 제도) 실시
	983	고려 성종, 12목, 2성 6부 설치
	993	거란의 1차 침입, 서희가 담판을 지어 물리침

	연대	
	1019	강감찬, 귀주 대첩(현종 때 거란 침략군을 귀주에서 격퇴)
	1033	천리 장성 축조(~1044, 거란 · 여진족 등의 침입을 막기 위함)
셀주크 제국 건국	1037	
크리스트교 동서로 분열	1054	
셀주크 제국, 서아시아 지배	1055	
	1076	전시과 개정, 관제 개혁
	1086	의천, 초조대장경을 보완한 속장경 편찬
교황 우르바누스 2세, 성지 회복 선언, 십자군 원정(~1270)	1096	
	1107	윤관, 동북 9성 축조(함흥평야에서 길주에 이르는 지역을 점령한 후 9개의 성 축조)
아구다, 여진족을 통일해 금(金) 건국	1115	
금, 요를 멸망시킴	1125	
	1126	이자겸의 난(인조를 폐위시키고 왕위를 찬탈하고자 일으킨 난)
금의 침입으로 송(북송) 멸망, 남송 건국	1127	
	1135	묘청, 서경 천도를 주장하며 서경에서 난을 일으킴
	1145	김부식, 인종 때 『삼국사기』 편찬
	1170	정중부, 의종 때 무신의 난을 일으켜 무신 정권을 세움
일본, 가마쿠라 막부 성립	1192	
	1198	최충헌의 사노 만적, 개경의 노비를 모아 반란을 일으킴
칭기즈 칸, 몽골 통일	1206	
영국, 대헌장 제정	1215	
	1231	몽골, 사신이 국경에서 피살된 것을 핑계로 1차 침입
	1232	최우, 수도를 강화도로 천도
몽골 제국, 금을 무너뜨림	1234	세계 최초의 금속 활자본으로 추정되는 『상정고금예문』 간행
	1236	팔만대장경 제작(~1251)

신성 로마 제국, 한자 동맹 성립	1241	
베트남, 세 차례에 걸친 몽골의 침입을 물리침	1257~1288	
	1258	고종 때 원이 쌍성총관부(지금의 함경도 영흥인 화주에 둔 통치 기구) 설치
	1270	· 원종 때 몽골과 강화, 개경 환도 · 삼별초의 대몽 항쟁(~1273, 개경 정부와 몽골에 대항해 일으킨 싸움)
몽골 제국, 나라 이름을 원으로 함	1271	
	1274	여몽 연합군, 제1차 일본 원정, 태풍이 불어 실패
마르코 폴로, 원 세조 쿠빌라이 접견	1275	
원, 남송을 무너뜨림	1279	
	1285	일연, 『삼국유사』 지음
튀르크 족 출신의 오스만 1세, 오스만 제국을 세움	1299	
프랑스, 삼부회 성립	1302	
교황, 아비뇽에 유폐	1309	
아즈텍 족, 오늘날 멕시코에 아스테카 왕국의 수도인 테노치티틀란 건설	1325	
· 아시카가 다카우지가 무로마치에 두 번째 막부를 세움 · 영국·프랑스, 백 년 전쟁(1337~1453)	1338	
원 말기에 홍건적의 난이 일어남	1351	
	1356	공민왕, 쌍성총관부 탈환
	1359	홍건적의 침입(~1361, 원에 쫓겨 요동으로 물러선 홍건적이 고려를 침공)
홍건적 출신인 주원장, 원 멸망 명(明) 건국	1368	
티무르, 중앙아시아에서 서아시아에 걸친 대제국 건설	1369	
	1377	세계 최초의 금속 활자본 『직지심체요절』 인쇄
	1388	요동 정벌에 나선 이성계, 위화도에서 회군
	1389	박위, 쓰시마 섬 토벌
	1391	이성계 등 혁명 세력, 공양왕 때 과전법(전·현직 관료에게 지급한 토지) 제정

	1392	· 이방원, 정몽주 제거 · 이성계, 조선 건국
	1394	이성계, 한양 천도
	1402	태종, 호패법 (16세 이상의 남자에게 호패를 가지고 다니게 하던 제도) 실시
명의 무장 정화, 남해 원정 (~1433)	**1405**	
	1413	성종 때 조선 8도의 지방 행정 조직 완성
콘스탄츠 공의회 (~1418), 교황에 대한 종교 회의의 우월성을 인정	**1414**	
	1416	최윤덕, 4군 설치 (~1443)
	1420	집현전 (학자 양성과 학문 연구를 위한 기관) 확장
잔 다르크, 오를레앙에서 영국군 격파	**1429**	『농사직설』 (우리나라의 농업 현실을 반영한 농서) 편찬
	1432	『삼강행실도』 편찬
	1433	최윤덕, 압록강 유역의 여진족을 몰아냄, 국경선을 압록강~두만강으로 넓힘
	1434	김종서, 6진 설치 (~1449)
	1441	장영실, 세종 23년에 측우기 제작
	1443	세종, 집현전 학자들과 함께 훈민정음 창제
	1444	『칠정산』 (원의 수시력에 대한 해설서) 편찬
	1446	훈민정음 반포
구텐베르크, 활판 인쇄술 발명	**1450**	
오스만 제국, 동로마 제국 (비잔틴 제국)을 무너뜨림	**1453**	
	1451	『고려사』 편찬
	1466	세조, 직전법 (현직 관리에게만 토지를 지급) 실시
일본 쇼군의 후계자 문제를 둘러싸고 지방 영주가 두 패로 나뉘면서 전국 시대 시작	**1467**	
오스만 제국, 발칸 정복 완료	**1468**	
	1481	『동국여지승람』 편찬
	1485	성종, 『경국대전』 (고려 말부터 조선 성종까지의 법령 및 관례 등을 망라한 법전) 완성

	연도	
콜럼버스, 아메리카 항로 발견	1492	
바스쿠 다가마, 인도 항로 발견	1498	**무오사화**(김종직의 사초 사건으로 훈구파가 사림파에 일으킨 사화)
	1504	**갑자사화**(연산군의 생모 윤씨가 폐위당한 일과 관련된 사화)
	1506	**중종반정**(박원종 등이 반정을 일으켜 연산군을 쫓아내고 중종을 왕으로 추대)
	1510	**삼포 왜란**(제포·부산포·염포에서 왜인들이 활동 제한에 불만을 품고 일으킨 폭동), 임시 비상 대책 기구로 비변사를 둠
	1512	**임신약조**(삼포 왜란으로 끊어진 교역을 재개하기 위해 쓰시마 도주가 간청해 이루어짐)
· 루터, 교황청의 강제적인 면죄부 판매에 항의하면서 종교 개혁이 시작됨 · 오스만 제국의 셀림 1세, 아바스 왕조로부터 칼리프 칭호를 물려받음	1517	
마젤란, 세계 일주(~1522)	1519	**기묘사화**(훈구파가 조광조를 비롯한 신진 사류 제거)
에스파냐의 **코르테스**, 아스테카 왕국을 무너뜨림	1521	
티무르의 후손 바부르, 델리를 수도로 무굴 제국(~1858) 세움	1526	
에스파냐의 **피사로**, 잉카 제국을 정복함	1532	
칼뱅의 종교 개혁	1536	
	1543	주세붕, 풍기(영주)에 **백운동 서원**(최초의 사액 서원) 세움
	1545	**을사사화**(명종 외척 윤원형이 인종 외척 윤임 제거)
	1554	명종 때 **비변사**(군국의 사무를 맡아보던 관아)가 독립된 합의 기구가 됨
	1555	**을묘왜변**(왜선 60여 척이 전라남도 연안 지방을 습격)
	1574	퇴계 이황을 기리기 위해 **도산 서원** 건립
	1575	동인과 서인으로 **붕당** 형성(이조전랑 임명 문제로 김효원과 심의겸이 대립한 것이 계기가 됨)
도요토미 히데요시, 일본 통일	1590	
	1592	· 임진왜란, 이순신의 한산도 대첩 · 비변사가 국정을 총괄하는 기관으로 변모
	1593	권율의 **행주 대첩**

세계	연대	한국
	1597	정유재란(일본의 14만 대군이 재침)
프랑스, 낭트 칙령 발표	1598	
· 영국, 향료 무역을 위해 동인도 회사 설립 흑인 노예, 아메리카로 유입됨	1600	
네덜란드, 동인도 회사 설립	1602	
도쿠가와 이에야스, 세 번째이자 마지막 막부인 에도 막부를 세움	1603	
	1608	경기도에 대동법(공물을 쌀로 통일해 바치게 한 납세 제도) 시행
	1610	허준, 광해군 때 『동의보감』 완성
	1614	이수광, 『지봉유설』(우리나라 최초의 백과사전적인 저술) 편찬
여진족의 누르하치가 후금 건국, 후에 청(淸)으로 바꿈	1616	
독일, 30년 전쟁(~1648)	1618	
	1623	인조반정(서인 일파가 광해군을 몰아내고 인조를 즉위시킨 정변)
	1627	정묘호란(후금이 인조반정의 부당성을 내세우며 침입)
영국, 권리 청원 제출	1628	
	1635	영정법(전세를 풍흉에 관계없이 정액화함) 시행
	1636	병자호란(청에서 군신 관계 요구하며 침입)
영국, 청교도 혁명(~1649)	1642	
이자성의 난으로 명 멸망 후 청이 중국 지배	1644	
	1649	효종 즉위, 북벌 계획
	1653	네덜란드 인 하멜, 제주도에 표착
	1654	나선 정벌(1654, 1658년 두 차례에 걸쳐 청의 요청으로 러시아 공격)
	1659	호서 지방에 대동법 실시
	1678	숙종 때 상평통보를 주조해 서울과 서북 일부에 유통
영국, 명예혁명	1688	
영국, 의회 제정법인 권리 장전 발표	1689	
	1696	안용복, 일본에 가서 울릉도 · 독도가 조선 땅임을 주장

	연도	
	1708	숙종 때 **대동법** 전국 확대 시행
	1712	**백두산정계비**(조선과 청의 경계비) 건립
	1725	영조, 인재를 골고루 등용하기 위해 **탕평책** 실시
	1737	유수원, 『**우서**』(정치·경제·사회·문화 전반에 걸쳐 개혁안을 제시) 지음
	1750	**균역법**(군역 대신 내는 군포를 반감하면서 쌀이나 돈으로 받음) 실시
영국, 플라시 전투에서 승리해 벵골 지방 확보	1757	
와트, 개량된 증기 기관 발명	1765	
아크라이트, 수력 방적기 개발	1768	
미국, 독립 선언	1776	정조, **규장각**(왕실 도서관) 설치
	1778	박제가, 『**북학의**』(청의 풍속과 제도를 시찰한 후 쓴 기행문) 지음
아메리카 합중국을 세움, 초대 대통령은 독립군을 이끌었던 조지 워싱턴	1783	
프랑스 시민들이 전제 정치와 신분 제도에 반대해 프랑스 혁명을 일으킴	1789	
	1796	**수원 화성**(사도 세자의 묘를 수원으로 옮기면서 축조한 성) 완공
	1800	순조 즉위, 정순 왕후 수렴첨정
	1801	**신유박해**(정순 왕후, 남인을 몰아내기 위해 천주교도를 박해)
나폴레옹 황제 즉위	1804	
	1805	안동 김씨, **세도 정치** 시작
	1811	**홍경래의 난**(홍경래·우군칙 등의 주도로 평안도에서 일어난 농민 항쟁)
나폴레옹, 러시아 원정	1812	
프랑스 혁명과 나폴레옹 전쟁에 대한 사후 수습을 위해 빈 회의(~1815) 개최	1814	
영국, 최초로 증기 철도 개통	1825	
	1831	천주교 조선 교구 설치
오스만 제국, 근대화를 위해 **탄지마트**(은혜 개혁) 시작	1839	**기해박해**(제2차 천주교 박해 사건)

세계	연도	한국
청·영국, 아편 전쟁(~1842)	1840	
독일의 마르크스와 엥겔스, 공산당 선언 발표	1848	
청, 태평천국 운동(~1864)	1851	
미국 페리 제독의 무력시위	1853	
미일 화친 조약 체결, 일본 개국	1854	
제2차 아편 전쟁	1856	
영국의 동인도 회사에 고용된 인도인 용병 세포이, 인종 차별에 반발해 반란을 일으킴	1857	
· 영국령 인도 제국 성립, 무굴 제국 멸망 · 미일수호통상 조약	1858	
프랑스, 인도차이나 침공	1859	
	1860	최제우, 민간 신앙과 유교·불교·도교를 융합한 동학 창시
· 미국, 노예 제도 폐지를 둘러싸고 남북 전쟁(~1865) 시작 · 중국, 양무운동(~1894) 시작	1861	김정호, 대동여지도 제작
	1862	임술 농민 봉기(철종 때 삼남 약 71개 지역에서 일어난 농민 항쟁)
링컨, 노예 해방 선언	1863	고종 즉위, 흥선 대원군 집권
	1864	동학 탄압, 혹세무민을 이유로 최제우 처형
	1865	경복궁 중건(~1868)
	1866	· 병인박해(흥선 대원군이 프랑스 신부 9명과 8,000여 명의 천주교 신자 처형) · 제너럴셔먼호 사건(미국 상선이 평양에 이르러 통상을 요구하다 충돌 끝에 불타 버림) · 병인양요(병인박해를 이유로 프랑스 함대가 강화도를 침범)
일본, 막부를 무너뜨리고 일왕에게 실권 부여, 메이지 유신 단행	1868	· 독일인 오페르트, 남연군(흥선 대원군의 아버지) 묘를 도굴
수에즈 운하 개통	1869	
이탈리아 통일	1870	
독일 제국 성립	1871	· 신미양요(미국이 제너럴셔먼호 사건을 빌미로 조선을 개항시키려고 침략) · 호포제(호를 단위로 포를 징수하던 세금 제도) 실시 · 서원 철폐(흥선 대원군이 면세·면역 특권을 누리던 서원을 47개소만 남기고 헐어 버림)

	1873	흥선 대원군 실각, 고종의 친정 수립
영국, 수에즈 운하 주권 매수	1875	운요호 사건(일본의 운양호가 강화 해협에 불법으로 침입)
에디슨, 전화기 · 전구 발명	1876	· 강화도 조약(운요호 사건을 구실로 문호 개방 강요, 조일수호조규, 최초의 불평등 조약) 체결 · 조일수호조규 부록(개항장에서 일본인 거류지인 조계지 설정) · 조일통상장정(양곡의 무제한 유출 허용) · 1차 수신사(김기수) 파견
	1880	· 2차 수신사(김홍집) 파견, 황준헌의 『조선책략』을 들여옴 · 통리기무아문(조선 후기 정치 · 군사에 관한 사무를 총괄하던 관아) 설치
	1881	· 일본에 조사 시찰단 파견(개화 정책 추진 뒷받침) · 청에 영선사 파견(근대식 무기 제조법 습득) · 별기군(일본인 교관을 채용해 근대식 군사 훈련을 시킨 신식 군대) 창설 · 영남 만인소 사건(영남의 유생들이 『조선책략』을 유포하는 등 정부의 개화 정책에 반대해 상소를 올림)
· 영국, 이집트 점령 · 독일 · 오스트리아 · 이탈리아, 삼국 동맹 성립	1882	· 조미수호통상 조약(서양과 맺은 최초의 조약) · 임오군란(구식 군대의 군인들이 별기군과의 차별 대우에 불만을 품고 일으킨 난리) · 조청상민수륙무역 장정(청 상인에게 내지 통상권 부여) · 제물포 조약(임오군란으로 발생한 문제를 처리하기 위해 일본과 맺은 조약, 일본에 배상금 지급 등을 규정)
	1883	· 기기창(우리나라 최초의 근대 무기 공장) 설치 · 전환국(화폐의 주조를 맡아보던 관아) 설치 · 박문국(인쇄에 관한 일을 맡아보던 관아) 설치 · 〈한성순보〉(우리나라 최초의 근대 신문) 발간 · 원산 학사(근대식 사립 학교) 설립 · 보빙사(미국 등 서방 세계에 파견된 외교 사절단) 파견
청 · 프 전쟁(~1885)	1884	· 우정총국(체신 사무를 맡아보던 관아) 설치 · 갑신정변(김옥균 · 박영효 등이 우정총국에서 거사해 개화당 정부 수립, 청군 개입으로 3일천하로 끝남)
· 청 · 일, 톈진 조약 체결 · 인도 국민 회의 창립	1885	· 한성 조약(갑신정변 뒤처리를 위해 일본과 맺은 조약) · 톈진 조약(조선에서 청과 일본 군대 철수, 파병 시 사전 통보 약속, 청일 전쟁의 계기가 됨) · 거문도 사건(영국이 러시아의 조선 진출을 견제하기 위해 거문도를 불법 점령) · 광혜원(우리나라 최초의 근대식 병원) 설립
	1886	육영 공원(최초의 근대 공립 학교), 이화 학당 설립
프랑스령 인도차이나 성립	1887	
일본, 메이지 헌법 제정	1889	함경도에 방곡령(일본에 곡물 수출을 금지) 시행
	1892	삼례 집회(동학도들이 최제우의 신원을 내걸고 행한 최초의 교권 운동)

세계	연대	한국
	1893	보은 집회(동학도들이 정치 개혁과 외세 배격을 요구)
청일 전쟁(~1895)	1894	· 동학 농민 운동(조병갑의 학정에 저항해 농민이 전봉준의 지휘 아래 고부관아를 습격) · 농민군 1차 봉기(부안군 백산에서 집결, 정부는 청에 원병 요청) · 전주 화약(농민군과 정부가 휴전) · 청일 전쟁(1894. 6~1895. 4, 일본군의 궁성 침입과 청 함대 기습 공격) · 갑오개혁(1894. 7~1896. 2, 3차에 걸쳐 추진, 신분제 폐지) · 농민군 2차 봉기(남접과 북접 논산 집결, 공주 우금치에서 패배)
	1895	· 삼국 간섭(러시아 · 프랑스 · 독일이 청일 전쟁에서 승리한 일본에게 랴오둥 반도를 반환할 것을 요구) · 을미사변(일본 공사 미우라 고로가 명성 황후 시해) · 을미개혁(을미사변을 계기로 추진된 개혁 운동) · 을미의병(명성 황후 시해 사건과 단발령에 격분한 유생들의 항일 의병)
	1896	· 아관 파천(일본군에 위협을 느낀 고종과 왕세자가 러시아 공관으로 거처를 옮김) · 독립 협회(서재필 · 이상재 · 윤치호 등이 자주독립을 위해 조직) 설립 · 〈독립신문〉 창간
디젤 기관 발명	1897	대한 제국 수립, 광무개혁 추진
· 청, 무술 개혁, 무술정변 · 변법자강 운동 · 파쇼다 사건 · 미국, 필리핀 점령	1898	· 만민 공동회(독립 협회 주최로 열린 민중 대회) 개최
· 헤이그 만국 평화 회의 · 청, 의화단 운동	1899	· 독립 협회 해산 · 대한국 국제(우리나라 최초의 근대적 헌법) 반포 · 전차 개통 · 경인선 개통
제1차 영일 동맹	1902	하와이 이민 시작
러일 전쟁(~1905)	1904	· 한일 의정서 체결(한국의 대일 협력을 강요, 군사 기지 사용권 차지) · 제1차 한일 협약(일본인 차관 배치, 행정권 장악) · 세브란스 병원 설립
· 러시아, 피의 일요일 사건 · 미국 · 일본, 가쓰라 태프트 밀약 · 제2차 영일 동맹 · 쑨원, 중국 동맹회 결성 · 인도, 스와라지 운동	1905	· 화폐 정리(일본의 제일 은행권을 본위 화폐로 삼음) 단행 · 을사조약(제2차 한일 협약, 외교권 박탈) · 장지연, 시일야방성대곡(을사조약에 대한 울분을 표현한 논설) 발표 · 일본, 독도를 '다케시마'로 고치고 시네마 현에 귀속시킴
	1906	· 통감부(일제가 한국을 병탄할 목적으로 설치한 감독 기관) 설치

세계	연도	한국
영국 · 프랑스 · 러시아, 삼국 협상	**1907**	· 서상돈 등, **국채 보상 운동**(일본에 빌린 돈을 갚아 주권을 회복하고자 한 운동) 시작 · 안창호 등, **신민회**(항일 비밀 결사 단체) 창립 · 고종, **헤이그 특사** 파견(만국 평화 회의가 개최되는 헤이그에 이상설 · 이준 · 이위종을 파견) · **한일 신협약**(정미칠조약, 차관 정치로 전환) · 고종 황제 강제 퇴위, 군대 해산 · **정미의병**(고종 강제 퇴위와 군대 해산을 계기로 확대됨)
· 청, 서태후 사망 · 선통제 즉위	1908	· **13도 창의군**, 서울 진공 작전 시도 · 일본, 식민지 개척 사업을 위해 **동양 척식 주식회사** 세움
일본, 청과 **간도 협약**을 체결해 간도를 청에 넘겨줌	1909	· 나철, **대종교**(단군을 숭배하는 종교) 창시 · **남한 대토벌 작전**(~10. 30, 일본이 항일 의병 진압을 위해 시행) · **안중근**, 이토 히로부미 사살
	1910	· 국권 피탈, 조선 총독부 설치 · 덕수궁 석조전 완공 · **회사령** 공포(회사 설립 시 조선 총독부의 허가를 받도록 규정) · **토지 조사 사업**(~1918, 신고 주의를 채택해 토지 강탈)
신군 장교들이 중심이 된 신해혁명 일어남, 쑨원의 삼민주의(민족 · 민권 · 민생)가 사상적 배경이 됨	1911	· **105인 사건**(일본 총독부가 신민회원을 체포해 고문) · **제1차 조선 교육령**(일본어 사용 강요, 고등 교육 기회 박탈) 발표 · **삼림령**(식민지적 산림 정책 수행을 위한 법) 발표
· 청이 **신해혁명**에 의해 무너지고 중화민국 들어섬 · 쑨원, 중화민국 임시 정부 총통이 됨 · 청 황제 푸이 퇴위	1912	· 조선 총독부, 토지 조사령 공포, 우리나라 논밭과 산림의 40%를 차지 · **조선 태형령** 시행 · **독립 의군부**(임병찬 등 유림이 고종의 명령으로 조직)
오스트리아 황태자 암살이 발단이 되어 **제1차 세계 대전**(~1918) 발발	1914	· 호남선 · 경원선 철도 개통 · 이상설, **대한 광복군** 정부 수립
중국, 신문화 운동 시작(반유교적 · 반봉건적 계몽 운동)	1915	
러시아 혁명	1917	대동단결 선언 발표(임시 정부 수립을 위함)
· 제1차 세계 대전 종전 · 윌슨 대통령, 14개조 평화 원칙 발표	1918	· 이동휘 등, **한인사회당**(사회주의 정당) 결성 · 여운형 등, **신한청년당**(항일 독립운동 단체) 결성
· 파리 강화 회의 · 베르사유 조약 · 간디, 비폭력 불복종 저항 운동 시작 · 중국, 5 · 4 운동 · 무솔리니, 파시스트당 창설	**1919**	· 2 · 8 독립 선언 · 3 · 1 운동 · **대한민국 임시 정부** 수립(상하이에서 선포) · 제암리 학살 사건 · 강우규, 사이토 총독에게 폭탄 투척 · **의열단**(항일 무장 독립운동 단체) 결성
국제 연맹 창설	1920	· 〈조선일보〉 · 〈동아일보〉 창간 · 조선교육회(민립 대학 설립을 위한 민족 교육 운동 단체) 설립 · **봉오동 전투**(홍범도가 이끈 대한 독립군이 일본군을 무찌름)

	연도	
		· **청산리 대첩**(김좌진·홍범도가 주축이 되어 일본군을 대파)
		· **간도 참변**(간도에서 일본군이 한국인을 무차별 학살) 발생
마오쩌둥, 중국 공산당 결성	1921	· **자유시 참변**(자유시에서 한국 독립군 부대와 러시아 적군이 교전)
		· **조선어 연구회**(국어의 연구와 보급을 위한 학술 단체) 설립
· 코민테른 창설 · 소련 연방 수립 · 이집트, 영국으로부터 독립 선언	1922	· 조선 민립 대학 기성회 발기 · 어린이날 제정
· 관동 대지진, 조선인이 일본인에게 학살당함 · 청년튀르크당, 오스만 제국을 무너뜨리고 터키 공화국을 세움	1923	· **조선 물산장려회** 창립(국산품 장려 운동을 통해 경제 자립정신을 함양)
중국, 제1차 국·공 합작	1924	· **참의부**(대한민국 임시 정부 직할의 군단) 조직 · **정의부**(만주에서 조직한 항일 독립운동 단체) 조직 · 경성 제국 대학 설립
쑨원 사망	1925	· **신민부**(북만주에서 김좌진을 중심으로 조직된 독립군 단체) 조직 · **조선 공산당** 창립(독립 투쟁을 공산주의적 방식으로 수행하기 위해 조직) · **미쓰야 협정**(일본과 중국이 독립군 탄압을 위해 맺은 조약) 체결 · 카프(KAPF, 조선 프롤레타리아 예술가 동맹) 결성
장제스, 북벌 시작	1926	· **6·10 만세 운동**(순종 황제 장례 일에 맞춰 일어난 항일 만세 시위운동) · **나석주**, 동양 척식 주식회사와 식산 은행에 폭탄 투척
인도네시아, 국민당 결성	1927	· **신간회** 창립(이념을 떠나 민족 단일 전선을 펼 목적으로 조직) · **근우회** 창립(여성의 지위 향상과 항일 구국 운동을 위해 결성)
뉴욕 주식 시장 붕괴, 세계 경제 공황(대공황) 시작됨	1929	· 원산 노동자 총파업 · 광주 학생 항일 운동
일본, 만주 철도를 폭파하고 중국인 소행이라며 만주 사변을 일으킴	1931	· 조선어 연구회, 조선어 학회로 개칭 · 김구, **한인 애국단** 조직
일본, **만주국**이란 꼭두각시 정권을 세움	1932	· 이봉창 의거 · **윤봉길** 의거
· 히틀러, 독일 수상에 취임 · 루스벨트, 뉴딜 정책 선언 · 미국, 테네시 강 유역 개발 공사	1933	한글 맞춤법 통일안 제정
중국 공산당, **대장정** 시작	1934	· **조선 농지령**(농지의 임대차에 관한 법령) 공포

세계사	연도	한국사
		· 진단 학회(한국의 역사 · 언어 · 문학 등을 연구하는 학술 단체) 조직
	1935	· 민족 혁명당(중국 난징에서 결성된 독립운동 단체) 결성 · 한국 국민당(김구를 중심으로 설립된 한국의 보수 정당이자 독립운동 단체) 결성
중국의 홍군, 국민당과 싸우며 대장정 완수	1936	손기정, 베를린 올림픽에서 마라톤 우승
· 중 · 일 전쟁 발발 · 중국, 제2차 국 · 공 합작 · 난징 대학살	1937	연해주 동포, 중앙아시아 강제 이주
독일, 오스트리아 합병	1938	· 한글 교육 금지 · 국가 총동원법(일본이 전쟁 수행을 위해 인적 · 물적 자원을 통제할 목적으로 제정) 공포 · 김원봉, 조선 의용대 조직
· 독소 불가침 조약 · 제2차 세계 대전(~1945) 발발 · 소련, 폴란드 침공	1939	국민 징용령 공포
· 독일, 파리 점령 · 추축국(독일 · 이탈리아 · 일본 등의 세 나라가 중심) 형성	1940	· 총독부, 일본식 성명 강요 · 한국 독립당 창당(임시 정부 요인들이 중심이 됨) · 한국광복군 창설
· 스탈린, 소련 수상에 취임 · 일본, 진주만 공격, 태평양 전쟁(~1945) 일어남	1941	· 대한민국 임시 정부, 대한민국 건국 강령 발표, 대일 선전 포고
일본, 미드웨이 해전 패배	1942	· 조선 의용대, 광복군 편입 · 조선어 학회 사건(한글 연구를 한 학자들을 탄압 · 투옥)
· 이탈리아 항복 · 카이로 회담	1943	총독부, 학도 지원병제 실시
아이젠하워, 노르망디 상륙 작전 성공	1944	여운형, 건국 동맹(독립운동 비밀 결사) 조직
· 2월 얄타 회담 · 5월 독일 항복 · 7월 포츠담 선언 · 9월 일본의 무조건 항복 · 8월 미국, 히로시마 · 나가사키에 원자 폭탄 투하 · 10월 뉘른베르크 재판 · 10월 유엔(국제 연합) 정식으로 발족	1945	· 8 · 15 광복 · 여운형, 조선 건국 준비 위원회 발족 · 12월 16일 모스크바 3국 외상 회의(한국 신탁 통치에 대한 언급) · 신탁 통치 반대 운동 일어남
베트남, 프랑스와 9년에 걸쳐 전쟁을 벌임, 전쟁에는 승리했지만 휴전 협정으로 남북으로 분단	1946	· 북한, 토지 개혁 실시 · 제1차 미소 공동 위원회(한국 문제 해결을 위한 미 · 소 양국의 회의) 개최 · 좌우 합작 위원회(임시 정부 수립을 위해 좌우 정파 정치인들이 구성) 설립
· 인도와 파키스탄, 영국 연방의 자치령으로부터 각각 분리 독립 · 미국의 트루먼 대통령, 트루먼 독트린을 발표하면서 냉전 시작	1947	· 제2차 미소 공동 위원회 개최 · 유엔 한국 임시 위원단 구성(국제 연합에서 한국의 통일을 위해 세움)

세계	연도	한국
· 유엔 총회, 세계 인권 선언 채택 · 시오니즘 운동으로 이스라엘 공화국 들어섬, 　제1차 중동 전쟁 시작됨	1948	· 제주 4 · 3 사건(미군정 체제와 남한 단독 정부 수립에 　반대하는 민중 항쟁) · 남북 협상(통일 정부 수립을 꾀했으나 실패) · 5 · 10 총선거(대한민국 제헌 국회 구성을 위한 　첫 번째 국회 의원 선거) · 8월 15일 대한민국 정부 수립 · 9월 9일 북한, 조선 민주주의 인민 공화국 수립 · 10월 여순 사건(여수 · 순천의 좌익 계열 　군인들이 반란을 일으킴) · 10월 반민족 행위 특별 조사 위원회(친일파의 　반민족 행위를 처벌하기 위한 기구) 발족
· 북대서양 조약 기구(NATO) 창설 · 중국 공산당, 국민당과의 내전에서 승리한 뒤 　중화 인민 공화국 수립	1949	김구 암살
· 애치슨 선언, 한국 · 타이완 · 인도차이나 반도가 　미국의 방위에서 제외됨 · 유엔, 한국 파병 결의	1950	6 · 25 전쟁
	1951	거창 양민 학살 사건(국군이 공비와의 내통을 이유로 양민을 학살)
	1952	발췌 개헌(제1차 개헌, 이승만의 재선과 독재 정권 기반 확립을 위한 개헌)
	1953	· 반공 포로 석방 · 7월 27일 휴전 협정 조인 · 한미상호방위 조약(평화 안전의 유지와 집단적 　방위를 목적으로 함) 체결
· 제네바 휴전 협정 · 일본, 자위대 창설	1954	사사오입 개헌(제2차 개헌)
· 제3세계 국가, 인도네시아 반둥에서 회의를 　열고 자신들의 행동 원칙을 세움 · 바르샤바 조약 기구(WTO) 창설	1955	
· 이집트, 수에즈 운하 접수 · 헝가리 · 폴란드, 반공 의거	1956	
	1957	한글 학회, 우리말 큰사전 완간
중국, 대약진 운동	1958	· 진보당 사건(진보당이 북한의 주장과 유사한 평화 　통일 방안을 주장했다는 혐의로 정당 등록이 취소됨) · 국가 보안법 파동(국회에서 여당 단독으로 　국가 보안법 개정안을 통과시킴)
쿠바 혁명(카스트로 집권)	1959	
북베트남과 남베트남 사이에 제2차 베트남 전쟁이 일어남	1960	· 3 · 15 부정 선거 · 4 · 19 혁명(자유당 정권의 장기 집권 종식을 위한 항쟁) · 제3차 개헌(내각 책임제 개헌) · 장면 내각 성립

	연도	
동독, 베를린 장벽 설치	1961	· 5 · 16 군사 정변 (박정희의 주도로 군인들이 정권을 장악) · 북한, 제1차 경제 개발 7개년 계획 (~1970)
쿠바, 미사일 위기	1962	제1차 경제 개발 5개년 계획 (~1966)
핵 실험 금지 협정	1963	박정희 정부 성립
미국, 대공산주의 봉쇄 전략의 일환으로 미군 파견, 베트남 전쟁 (~1973) 발생	1964	6 · 3 시위 (박정희 정권의 한일 협상에 반대한 운동)
	1965	· 한 · 일 기본 조약 (양국의 국교 관계를 규정한 조약) 조인 · 베트남 파병
마오쩌둥, 극좌 사회주의 운동인 중국 문화 대혁명	1966	한미 행정 협정 (미국 군대의 법적 지위에 관한 합의) 조인
· 동남아시아 국가 연합 (ASEAN) 창설 · 제3차 중동 전쟁 (아랍과 이스라엘의 6일 전쟁)	1967	· 제6대 대통령 선거 · 제7대 국회의원 총선거 · 제2차 경제 개발 5개년 계획 (~1971)
체코슬로바키아 민주화 선언에 소련군 개입	1968	· 1 · 21 사태 (북한군이 청와대를 습격하기 위해 서울에 잠입한 사건) · 향토 예비군 (한국의 비정규군) 창설
미국, 아폴로 11호가 세계 최초로 달에 착륙	1969	
	1970	· 새마을 운동 (범국민적 지역 사회 개발 운동) 시작 · 경부 고속 국도 개통 · 전태일 분신 (노동 환경 개선을 위해 희생)
· 중국, 미국 탁구 팀 초청 (핑퐁 외교) · 중국, 유엔 가입 · 파키스탄, 방글라데시와 파키스탄으로 나뉨	1971	· 남북 적십자 예비회담
닉슨, 중국 방문	1972	· 7 · 4 남북 공동 성명 발표 (자주 · 평화 · 민족적 대단결을 원칙으로 한 조국 통일의 원칙을 발표함) · 제1차 남북 적십자 회담 · 박정희, 장기 집권을 위해 10월 유신 단행 · 북한, 사회주의 헌법 채택
· 제4차 중동 전쟁 · 전 세계 유류 파동	1973	· 포항 제철소 준공 · 6 · 23 평화 통일 선언
베트남 통일, 사이공 함락	1975	
	1977	수출 100억 달러 달성
미국 · 중국, 국교 정상화	1978	
· 소련, 아프가니스탄 침공 · 제2차 오일 쇼크	1979	· YH 무역 사건 · 부마 민주화 항쟁 (박정희의 유신 독재에 반대) · 10 · 26 사태 (김재규가 박정희 대통령을 시해한 사건)

세계	연도	한국
		· 12 · 12 사태(전두환 · 노태우 등 신군부 세력의 군사 반란 사건)
· 이란 · 이라크 전쟁 · 폴란드, 자유 노조 출범	1980	· 5 · 18 민주화 운동(전라도 광주 시민들이 계엄령 철폐와 김대중 석방을 요구) · 김정일, 당 중앙 위원회 비서 취임
	1981	· 전두환 정부(제5공화국) 출범 · 수출 200억 달러 달성
	1983	· KBS, 이산가족 찾기 방송 · 아웅산 사건(북한 테러 분자가 아웅산 묘소에서 한국 외교 사절 암살)
영국 · 중국, 홍콩 반환 협정 조인	1984	· 북한, 합영법 제정 · 남북 경제 회담
고르바초프 소련 공산당 서기장 취임, 개혁(페레스트로이카) 단행	1985	· 남북 고향 방문단 상호 교류
미 · 소, INF 폐기 협정 조인	1987	· 박종철 고문치사 사건 · 4 · 13 호헌 조치(전두환이 일체의 개헌 논의를 중단시킨 조치) 선언 · 6월 민주 항쟁(전국적으로 일어난 민주화 시위) · 6 · 29 민주화 선언(국민들의 민주화와 직선제 개헌 요구를 받아들임) · KAL기 폭파 사건
· 이란 · 이라크 종전 · 팔레스타인 해방 기구(PLO) 독립 선포	1988	· 노태우 정부(제6공화국) 출범 · 제24회 서울 올림픽 대회 · 7 · 7 선언(민족 자존과 번영을 위한 대통령 특별 선언)
· 중국, 텐안먼 사건 · 루마니아, 공산 독재 정권(차우셰스쿠) 붕괴	1989	· 헝가리와 수교 · 한민족 공동체 통일 방안 발표(자주 · 평화 · 민주의 원칙 아래 통일의 중간 단계로 남북 국가 연합 제안)
· 동서로 분열되었던 독일이 통일됨 · 폴란드, 바웬사 집권	1990	· 민정당 · 민주당 · 공화당 3당 합당 · 소련과 수교
· 이라크의 사담 후세인, 쿠웨이트 침공, 걸프 전쟁 발발 · 남아프리카 공화국, 인종 차별 정책 폐지 · 발트 3국 독립 · 독립 국가 연합(CIS) 탄생	1991	· 남북한 유엔 동시 가입 · 남북 기본 합의서 채택 · 북한, 나진 · 선봉 특구 지정
· 탈이데올로기 물결로 소련 해체 · 유고 연방 해체 · 체코와 슬로바키아 분리	1992	· 국내 최초 인공위성 우리별 1호 발사 · 중국과 수교
· 마스트리히트 조약으로 유럽 연합(EU) 창설 · 북미 자유 무역 협정(NAFTA) 체결	1993	· 김영삼 정부 출범 · 북한, NPT(핵 확산 금지 조약) 탈퇴 · 김정일 국방 위원장 취임 · 상록수 부대, 소말리아 파병 · 금융 실명제 실시

	연도	
	1994	북한, 김일성 주석 사망
세계 무역 기구(WTO) 출범	1995	4대 지방 선거 동시에 실시, 지방 자치제 재개
	1996	경제 협력 개발 기구(OECD) 가입
영국, 중국에 홍콩 반환	1997	IMF 구제 금융 신청
	1998	· 김대중 정부 출범 · 정주영, 북한 방문 · 북한, 국가 주석제 폐지 · 금강산 관광 사업 시작
· 유로(EURO) 체제 출범 · 미국, 파나마 운하 반환 · 포르투갈, 마카오를 중국에 반환	1999	· 상록수 부대, 동티모르 파병
	2000	· 6 · 15 남북 공동 선언(남북 정상 회담)
· 오사마 빈 라덴의 테러 조직 알 카에다, 9 · 11 테러 감행	2001	· 인천 국제공항 개항
	2002	· 한일 월드컵 개최 · 개성 공업 지구 지정
· 미국, 아프가니스탄 공격 · 미국 · 이라크 전쟁	2003	· 노무현 정부 출범 · 6자 회담 개최
	2005	아시아 · 태평양 경제 협력체(APEC) 정상 회의 개최
	2006	· 반기문, 유엔 사무 총장 취임 · 수출 3,000억 달러 돌파
	2007	노무현 · 김정일, 제2차 남북 정상 회담
	2008	이명박 정부 출범

찾아보기